Europa zur Zeit Friedrichs II.

Eva Sibylle und Gerhard Rösch

Kaiser Friedrich II. und sein Königreich Sizilien

Eva Sibylle und Gerhard Rösch

Kaiser Friedrich II. und sein Königreich Sizilien

Jan Thorbecke Verlag Sigmaringen

Die Deutsche Bibliothek – CIP-Einheitsaufnahme

Rösch, Eva Sybille: Kaiser Friedrich II. und sein Königreich Sizilien / Eva Sybille und Gerhard Rösch. – Sigmaringen: Thorbecke, 1995
ISBN 3-7995-4246-9

NE: Rösch, Gerhard:

2. Auflage 1996

Dieses Buch ist aus säurefreiem Papier hergestellt und entspricht den Frankfurter Forderungen zur Verwendung alterungsbeständiger Papiere für die Buchherstellung.

Gesamtherstellung: M. Liehners Hofbuchdruckerei GmbH & Co. Verlagsanstalt, Sigmaringen
Printed in Germany · ISBN 3-7995-4246-9

Inhalt

Der Verwandler der Welt

Die Epoche Kaiser Friedrichs II. war eine Zeitenwende. Europa erlebte ein Zeitalter raschen Wandels, der bei den meisten bange Furcht, bei wenigen Hoffnung wachrief. Sozial, wirtschaftlich, kulturell, geistig und nicht zuletzt im Glauben der Menschen vollzogen sich Brüche, die alle Traditionen und Bindungen zu bedrohen schienen. Der gläubige Mensch erkannte darin allein den Niedergang der gottgewollten Ordnung und in diesem die Verkündigung des bevorstehenden Untergangs der Welt. Wer die Erde als Abbild göttlicher Schöpfung und Ordnung begriff, für den konnten Neuerungen nur Werk des Antichrist sein.

»Friedrich II., der größte unter den Fürsten der Erde, das Wunder und der Verwandler der Welt«, so nannte der englische Mönch und Chronist Matthäus Parisiensis den Kaiser. Neben Bewunderung überwiegen beklommene Furcht und Angst vor dem Neuen; der Herrscher, der in seiner antik-byzantinischen Vergottung durch das Hofzeremoniell manchem Zeitgenossen fremd war, wird so für Salimbene von Parma wie für Dante ein Epikuräer, dem die Hölle gebührt, für Jamsilla ist er der Weise und Gerechte und für Saba Malaspina ein Magier – daß er Herrscher der Endzeit sei, daran glaubte er selbst. Die eigene Lebenszeit als eschatologisches Phänomen – nur so läßt es sich begreifen, wenn Kaiser und Papst sich gegenseitig als Schreckensgestalten aus der Apokalypse des Johannes öffentlich bekriegen: »Er, der Papst allein dem Namen nach, schrieb nämlich, Wir seien die Bestie, die aus dem Meere steigt, voll Namen der Lästerung, mit der Buntheit des Leoparden übermalt. Und Wir behaupten, er sei jenes Ungeheuer, von dem man liest: ›Es ging heraus ein anderes Pferd, ein rotes, aus dem Meere, und der darauf saß, nahm den Frieden von der Erde, daß die Lebenden sich gegenseitig erwürgten (Ap. 6,4)‹.« Wenn der Kaiser solches als Flugschrift verbreiten ließ, mußte er sich der Wirkung bei seinen Zeitgenossen sicher sein. In jenen Reigen apokalyptischer Gestalten reihten sie ihn als Kenner geheimer Künste, Übermenschen, Tyrannen, Gottkaiser, Ketzer, Antichrist, Epikuräer oder Unsterblichen ein – je nach Parteienstandpunkt. Nur gleichgültig hat er keinen gelassen.

Salimbene von Parma, Johann von Viktring, Dante, Boccaccio, Benvenuto von Imola, Petrarca, Aeneas Silvio Piccolomini, Nikolaus von Kues, Wimpheling, Luther, Hutten, Melanchthon, Muratori, Herder, Grabbe, Nietzsche und Jacob Burckhardt haben dem großen Kaiser ihre Bewunderung gezollt. Aber auch in unserem Jahrhundert wollte die Diskussion nicht verstummen. Vor allem die populären Darstellungen interpretieren den Staufer mit der Betonung eines beliebigen Zuges seines Wesens, wodurch sie jedoch der Epoche nicht gerecht werden. So gerät er zu einem Freidenker und einem Aufklärer, zu einem frühen Absolutisten und einem Kämpfer für das Recht, zu einem Antiklerikalen und einem grausamen Despoten und Ketzerverfolger, dem man die Schreckensgestalten unseres Jahrhunderts an die Seite stellen kann. Die große wissenschaftliche und auch literarisch anspruchsvolle Biographie von Ernst Kantorowicz pries ihn als einen der großen Männer der Weltgeschichte, dessen Verbundenheit mit den Hauptlinien der abendländischen Geistesgeschichte der Autor hervorhob. Seither hat die Frage nach der Eingebundenheit des Kaisers in sein Jahrhundert die Gemüter erhitzt. War er ein Künder des Neuen, der »erste moderne Mensch auf dem Thron« (J. Burckhardt) und der »Wegbereiter der Renaissance« (F. Kampers)? Oder war er nicht eher verankert in den Traditionen des 12. Jahrhunderts, erwachsen aus den Wurzeln der Herrscherideen von Normannen und Staufern, wie die Forschung mit viel Aufwand zu zeigen bemüht war? Die ebenso banale wie unbefriedigende Antwort »er war ein Kind seiner Zeit« (D. Abulafia), wird dem Aufsehen bei Zeitgenossen und Nachwelt nicht gerecht. So viele Biographen Friedrich II. gefunden hat, so viele Antworten haben sie auch gegeben.

Das findet seinen Grund nicht zuletzt in der Tatsache, daß bereits seine Zeitgenossen nicht alle Züge seines Wesens verstanden haben und daß auch die Nachkommenden ähnliche Schwierigkeiten hatten. Er war ein Kaiser, dem der Mythos des Hauses Hohenstaufen anhing, dabei aber auch von arabischer Kultur geprägter Orientale, Wissenschaftler in einer Zeit, der man derartige Regungen nicht zutrauen wollte, und all dies hat zur Mythenschau beigetragen. Dazu haben ihn die Erzählungen über seine Jugend in Palermo mit einem Hauch von Romantik umgeben, und der Untergang seines Hauses hat der Geschichte Tragisches verliehen. So hat die Geschichte Friedrichs II. über die Jahrhunderte Bausteine für viele Interessen geliefert. Was er selbst wollte und anstrebte, was seine Beweggründe waren, das hat uns der Staufer in seinen Staatsbriefen immer wieder selbst mitgeteilt; wie kein mittelalterlicher Herrscher vor ihm legt er sein Handeln dar und erläutert es der Öffentlichkeit des Abendlandes. Außerdem hat er wie die antiken Kaiser verstanden, die Auffassung staufischer Herrschaft in Kunstwerken aller Art der Mitwelt anschaulich zu machen. Seine Münzen, seine Siegel, seine Insignien sprechen eine beredte Sprache. Seine steinernen Statuen, die höfische Kleinkunst, aber auch sein Triumphtor in Capua verdeutlichen das antike Fundament seiner Kaiseridee, und die Kastelle Süditaliens sind gemauerte Zeugen einer Herrschaft, die er bis zum jüngsten Tage währen glaubte.

Imago Caesaris

Die Meinungsvielfalt besteht fort, wenn wir uns der Frage seiner äußeren Erscheinung nähern. Die erhaltenen Bilder geben im Sinne der Zeit kein Portrait Friedrichs, keine individuellen Züge, die dem modernen Menschen so wichtig scheinen, sie sind die in Stein gemeißelte, geprägte oder gemalte Idee des Herrschers. Auch auf die Lobredner seines Hofes dürfen wir uns nicht verlassen, eher auf skeptische Zeitgenossen wie jenen Araber, der seinen Orientalen berichtete: »Der Kaiser war rotblond, bartlos und kurzsichtig; wenn er ein Sklave gewesen wäre, hätte man keine 200 Drachmen für ihn gegeben. Aus seinen Reden entnahm man, daß er Aeternist [das heißt, daß er die Erschaffung der Welt leugnete und an die Ewigkeit der Materie glaubte – die Verf.] war und sich aus Spaß zum Christentum bekannte.« Riccobaldus von Ferrara urteilt: »Friedrich war nicht groß, von gedrungenem Körperbau, leicht rötlichem Haar, übermenschlich klug, sehr gebildet und sprachenkundig; ein erfahrener Fachmann in allen mechanischen Künsten, mit denen er sich gern beschäftigte … Er war ein außerordentlicher Liebhaber weiblicher Reize, denn er hielt sich Scharen schöner Frauen.«

Ansonsten stimmen die abendländischen Stimmen darin überein, daß sie des Kaisers Schönheit und sein ungewöhnliches Gesicht priesen. Nicht gerade groß, mit rotblonden, später schütteren Haaren, bartlos nach der Mode seiner Umgebung, mit bräunlicher Haut und lebhafter Färbung der Wangen – so schildern ihn Augenzeugen. Er war von kräftiger Statur, geübt durch Jagd und Kriegshandwerk, ausdauernd und von guter Gesundheit. Einige fiebrige Erkrankungen des Staufers sind bekannt, ansonsten blieb er von schwerer Krankheit verschont. Ein Drittel seines Lebens hat er im Sattel verbracht, ein Krieger und Kämpfer, was in eigenartigem Kontrast steht zu dem Förderer der Wissenschaften und Verehrer des Schönen, der er auch war.

Er war ein Mann mit »heitrer Stirn und der noch strahlenderen Heiterkeit der Augen«, dem selbst einer seiner Feinde zugesteht: »… wollte er aber seine Huld beweisen, dann konnte er freundlich heiter und voller Anmut sein«. Es sind dies Eigenschaften, die seinen staufischen Verwandten, dem Großvater Friedrich Barbarossa und vor allem dem Onkel Philipp von Schwaben gleichermaßen eigen waren. Doch steckte auch das Wesen seines Vaters Heinrich in ihm: »Durchtrieben, verschlagen, sinnlich, bös und jäh«, war er ein Schrecken nicht nur seiner Feinde. Abschreckende Strenge, unnachgiebige Härte und Grausamkeit kennzeichneten sein Wesen. Jähzorn und Brutalität haben genug Spuren hinterlassen, und seine eigentümliche Bindungslosigkeit, gepaart mit hartnäckigem Mißtrauen gegen jedermann, mag Resultat seiner trostlosen Jugend in Palermo gewesen sein. Zumal beim Auftritt in der Öffentlichkeit war er die Personifizierung des Kaisertums, abgehoben von der Zahl der gewöhnlichen Sterblichen. Dann pflegte er durch seinen Blick allein Schrecken zu verbreiten. Ruhig und unverwandt blickte er sein Gegenüber an, niemand wußte, was er dachte, seelenlos und beängstigend erschien Friedrich da. Er habe die Augen einer Schlange, berichtet ein Freund.

Von all den Büsten, die angeblich den Kaiser Friedrich darstellen sollen, meint allein diejenige am Brückentor von Capua ohne jeden Zweifel ihn *(Abb. 1)*, doch hat es das Schicksal mit jenem offiziellen Kaiserbild nicht freundlich gemeint (vgl. auch die Abb. 31). Das Tor selbst demolierten 1557 die Spanier, und 1584 stellte man die Kaisergestalt in eine Renaissancenische, nachdem man vorher Hände, Füße und die Nase ergänzt hatte. Bereits hier dürften Änderungen im Geschmack der Zeit vorgenommen worden sein. Um die Mitte des 18. Jahrhunderts ließ der napoletanische Hofhistoriograph Francesco Daniele eine Zeichnung und eine Kopie anfertigen; ein Glücksfall, denn in den Wirren beim Einmarsch der französischen Revolutionstruppen 1799 ging der Kopf verloren, er wurde angeblich im Volturno versenkt. Von dieser Kopie wurde auch eine Gemme geschnitten, deren Nachzeichnung lange Zeit von all diesen Varianten des Kaiserkopfes als einzige dem Publikum zur Verfügung stand und das Stauferbild der Romantik und des 19. Jahrhunderts stark beeinflußt hat. Erst im Jahre 1938 wurde die Kopie des 18. Jahrhunderts wieder gefunden, die seither zu Diskussionen gereizt hat.

Das große Selbstbewußtsein Friedrichs II. brachte sein Hof in Wort, Schrift und Kunst zum Ausdruck, wobei in vielem der Herrscher selbst der Anordnende und Sinngebende gewesen ist. Alle Äußerungen waren darauf berechnet, Anspruch und Politik des Staufers zu künden. Wie sonst allein die kaiserlichen Goldmünzen, die Augustalen (vgl. Abb. 38), geht der Kaiserkopf von Capua auf unmittelbare Anregung Friedrichs selbst zurück. Die Figur zeigt sich in einer Mischung aus gotischen Stilelementen, die aus Frankreich stammen, und dem bewußten Rückgriff auf antike Herrscherbilder. Aus dieser Mischung entsteht ein Charakterkopf, den man späteren Büsten der Renaissance zur Seite stellen wollte. Umstritten bleibt dabei aber, ob bereits für diese Zeit jene unmittelbare Naturbeobachtung anzunehmen ist, die den Späteren selbstverständlich war – ob wir also ein Bildnis Kaiser Friedrichs vor uns haben oder das Idealbild eines Kaisers. Dem 13. Jahrhundert war sonst nur das Herrscherbild als Verkörperung der Idee geläufig. Die Tatsache, daß andere Plastiken aus Capua antike Vorbilder gehabt haben, mag nahelegen, daß ein antikes Kaiser- oder Götterbildnis bei der Gestaltung Friedrichs das Vorbild abgegeben hat. Büsten Caesars, des Tiberius oder eines anderen der frühen Kaiser zeigen deutliche Ähnlichkeiten. Wie bei kaum einem Zweiten haben Gunst und Zuneigung, Haß und Abscheu den Zeitgenossen und Chronisten die Feder geführt. Unter all den Retuschen verflüchtigt sich die unmittelbare Anschauung. Der Kaiserkopf von Capua ist als Abguß eines im 16. Jahrhundert restaurierten Originals auf uns gekommen. Wie in den Schriften, erkennen wir auch in der Skulptur Kaiser Friedrich II. nur vielfältig gebrochen.

Tempora mutantur

Was bereits die Zeitgenossen bewegte und was den großen Kaiser auch für die Moderne reizvoll erscheinen ließ, war die Verbundenheit Friedrichs mit allen Zeitströmungen, im Guten wie im Bösen, fördernd wie hemmend. Und dies war für einen Herrscher ungewöhnlich. Das Reich gegen seine Feinde zu verteidigen, den Seinen ein gerechter Richter zu sein und das Wohlergehen zu fördern, dies waren Tugenden des Herrschers. Dichter, Philosoph, Kunstsammler, Baumeister, Autor eines gelehrten Werks zu sein, Interesse zu haben an allen Fragen, welche das Geistesleben seiner Zeit bewegten, diese Attribute sind Beigaben, welche bei gekrönten Häuptern vereinzelt, in dieser umfassenden Kombination aber nur bei dem größten der Staufer sich finden.

Was er zu begreifen suchte, wessen er teilhaftig werden wollte, war ein Europa im Aufbruch, das sein archaisches frühes Mittelalter hinter sich gelassen hatte. Am lebhaftesten verspürte man den Drang zu neuen Ufern da, wo die Erinnerung an das antike Erbe niemals ganz erloschen war. Die Führung hielt Italien, das Mutterland römischer Kultur, doch war überall der Wandel deutlich zu spüren. Das 13. Jahrhundert war die Spätzeit einer europäischen Wirtschaftskonjunktur, die schon zweihundert Jahre angehalten hatte. Die Bevölkerung war von den Plagen großer Seuchen verschont geblieben, eine vorübergehende Erwärmung hatte reichere Ernten gebracht, ein Trend, den neue Anbautechniken noch verstärkten. Das hatte zur Folge, daß der Kontinent immer dichter besiedelt wurde: Insgesamt wuchs in dieser Zeit die Bevölkerung Europas auf das Doppelte, ja vielleicht vervierfachte sie sich sogar. Konnte man zu Beginn des neuen Jahrtausends von Städten kaum sprechen, so fand man am Ende der Epoche hunderte neuer Städte mit einem beachtlichen Warenaustausch. Die Textilproduktion wuchs aus der Familie und der Gutswirtschaft heraus, das Wollrevier in Flandern sowie die Baumwollindustrie Oberitaliens ließen Inseln des Wohlstands entstehen. Vor allem die Kaufleute der italienischen Seestädte Venedig, Genua und Pisa, später auch Marseille, Barcelona und kleinere Zentren besorgten den Zustrom von Waren – Gewürzen, Färbemitteln, Luxusgütern – aus dem Orient. Neben der agrarischen Welt des Adels, der Bauern und der Klöster wuchs die Welt des Städters, des Handwerkers und des Kaufmanns. Beide Sphären waren ineinander verwoben und bedingten sich gegenseitig: Der Städter war auf die Versorgung durch das Land angewiesen, der Adel konsumierte gerne den neuen Luxus und lebte schließlich auch teilweise in der Stadt, der reiche Kaufmann suchte im Landkauf Sicherheit für seine Gewinne. Die Dynamik der Stadtwirtschaft sorgte jedoch für soziale Spannungen, die auch auf dem Lande spürbar wurden. Zu unterdrücken waren diese Entwicklungen nicht mehr, alle Monarchen Europas suchten deshalb die Möglichkeiten, die die neue Epoche bot, zu nutzen.

Dem Wandel der Gesellschaft entsprach ein Wandel des Denkens, ja eine Umwälzung, die man zumeist als die Renaissance des 12. Jahrhunderts bezeichnet. Mit diesem Kulturbruch entstanden die abendländischen Universitäten, und mit der Hochscholastik des 13. Jahrhunderts fand diese Bewegung ihren Gipfelpunkt. Es ist die kalte Logik, die jetzt als Maßstab an alles gelegt wird. Der Künder dieser neuen Zeit hieß Abaelard, und sein »Sic et non« wurde die Programmschrift der Professoren und Scholaren. Mit der Dialektik rückte man allen Dingen zu Leibe und machte auch vor der Theologie nicht halt. Anselm von Laon hatte mit seinen Schülern eine Glosse zur Bibel geschrieben, in welcher der Zeitgeist sich manifestierte: »Wer die Bibel nicht mit dem gesunden Menschenverstand auslegt, der ist um so unsinniger, je feinsinniger er ist.« Und da jeder glaubte, über diese Fähigkeiten zu verfügen, kommentierte man darauf los.

Bei der Theologie führte die Dialektik schon sehr bald zu Exzessen, da sie eigentlich als Methode für den Gegenstand nicht geeignet war. Das war sie aber um so mehr für die Jurisprudenz, und dort feierte sie Triumphe. Das weitschichtige und sich widersprechende Kirchenrecht wurde um 1140 von dem Camaldulensermönch Gratian in Bologna, der Hochburg der Juristen, systematisiert. Er wandte die dialektische Methode des Abaelard auf das Kirchenrecht an und trug das System in einem Lehrbuch zusammen. Aus zahllosen päpstlichen Briefen, Konzilsbeschlüssen und Synodalakten zimmerte er ein System, aus dem er allgemeine Rechtsnormen mit eigenen Worten ableitete. Er ergänzte sie mit fingierten Rechtsfällen, die er löste, und erhob so den Anspruch, mit seinem Buch nicht nur historische Fragen, sondern auch die der Zukunft klären zu können. Daß er dabei der Geschichte der Kirche Gewalt antat, interessierte ihn nicht. Ein Beispiel: Er schätzte, wie alle Gelehrten, das Gewohnheitsrecht nicht. Um dieses abzulehnen, argumentierte er: »Gott hat gesagt: Ich bin die Wahrheit; er hat nicht gesagt: Ich bin die Gewohnheit.« Daß das Bibelwort nun wirklich nichts mit der Rechtsprechung zu tun hat, wußte natürlich auch Gratian, allein er benützte es, um eine gegnerische Meinung herabzuwürdigen. In diesem Sinne wurden dann auch theologische Fragen nach der neuen Methode entschieden. Kanonistik wurde zu einem eigenen Universitätsfach. Manche der Päpste sind aus diesem neuen Lehrgebiet hervorgegangen, sie wandten dann die Methode in ihren Briefen und Erlassen an. Die Dekretalen der Päpste ergänzen das kanonische Recht. Man kann sagen, daß unter Innocenz III. die Kanonistik die päpstliche Verwaltung übernahm, Gelehrte des Kirchenrechts die Kirche leiteten.

Ganz ähnlich ist die Wiederbelebung des weltlichen römischen Rechts verlaufen. Diese begann ebenfalls in Bologna, obwohl das justinianische Recht vorher bereits in Rom, Ravenna und Pavia gelehrt worden war. Außerdem galt das römische Recht als lebendes Recht des byzantinischen Reiches teilweise auch noch in Süditalien. Es war vielleicht im Jahre 1088, daß der Lehrer der Rhetorik und Grammatik, Irnerius, in Bologna begann, das »Corpus iuris civilis« Justinians zu interpretieren. Vor allem die Kaiser Heinrich V. und Friedrich Barbarossa waren den Bologneser Professoren gewogen und stellten sie unter ihren Schutz. Ihre Statuten wurden 1158 bestätigt. Aber die Universität verstand sich als ein Verband von »aus Liebe zu den Wissenschaften Heimatlosen.« Kanonisten wurden die Helfer der Päpste, die Legisten die Ratgeber und Theoretiker der Monarchen, und auch Friedrich wollte und konnte auf sie nicht verzichten.

Der Optimismus in der Einschätzung der eigenen Fähigkeiten war beträchtlich. »Unter uns Sterblichen kann die Wissenschaft nicht so wachsen, daß sie nicht noch weitere Vermehrung vertrüge«, schrieb Abaelard, und: »Alle Wissenschaft ist von Gott allein und geht aus seinem Geschenk hervor; darum ist sie nach unserer Überzeugung gut.« Neben dem Hochmut der Dialektiker wuchs aber auch eine Schule, konzentriert um Chartres, die sich dem humanistischen Studium der Alten widmete. In ihr war die Hochachtung vor der Leistung der Vorgänger lebendig: »Wir sind wie Zwerge, die auf den Schultern von Riesen sitzen. Wir sehen also mehr und sehen weiter als die Alten; aber es liegt nicht an der Schärfe unserer Augen und nicht an unserer großen Statur, sondern daran, daß sie uns tragen und wir ihre Größe nutzen dürfen.« Aber auch in diesem Wissen war die Idee des wissenschaftlichen Fortschritts verankert. Auf diesem Grundstock beruhte die Scholastik des 13. Jahrhunderts.

Was die einen als Aufbruch in eine neue Zeit empfanden, das verstanden fromme Seelen als Zusammenbruch der göttlichen Ordnung. »In Paris kümmern sich die Kleriker um die freien Künste, in Orléans um die klassische Literatur, in Bologna um die Rechtsgelehrsamkeit, in Salern um die Pillenschachteln und in Toledo um die bösen Geister, aber nirgendwo um die guten Sitten«, konstatierte gallig ein Moralist. Das Neue, die Veränderungen der Gesellschaft, die Städte, die seit dem Investiturstreit reich gewordene Priesterkirche, gar die neuen Strömungen der Theologie veränderten die Welt, die doch als Gottes Schöpfung von Ihm selbst geschaffen war und von der Er gesagt hatte »Siehe da, es war sehr gut.« (Genesis 1, 31)

Das Mönchtum hat während des Hochmittelalters in einem stetigen Strom Reformer hervorgebracht, deren Bemühen um eine strengere Geistigkeit ganz verschiedene Richtungen eingeschlagen hat. Das staufische Kaiserhaus stand dabei schon lange den Zisterziensern nahe, die man als den adligen Mönchsorden der aristokratischen Kirche des Mittelalters und als Hausorden des Kaisergeschlechts ansehen kann. Bereits der Chronist und Bischof Otto von Freising, der Onkel Kaiser Friedrich Barbarossas, gehörte dem Orden an, den die Staufer in jeder Weise förderten. Zwar hat der heilige Bernhard von Clairvaux den Orden nicht gegründet, er wurde aber der Künder seiner Ideale. Das kontemplative Leben sollte mit der Arbeit verbunden werden, was die Zisterzienser zu einem Orden des Landesausbaus machte. Und sie waren herausragende Wirtschafter, hierin ein Vorbild für den gesamten Klerus. Straff organisiert waren sie zudem, jedes Jahr tagte in Cîteaux das Generalkapitel aller Konvente. Ihre schmucklosen Bauten ohne Türme und ohne Bilder oder Skulpturen entsprachen dem Geschmack der neuen Zeit. Es war nicht zuletzt Friedrich II. selbst, der mit zisterziensischen Baumeistern auch deren Bauformen übernommen hat. Daß gerade durch den heiligen Bernhard auch ein enges Band zwischen der Geistigkeit der Zisterzienser und den neuen Ritterorden im Heiligen Land bestand, machte diese Mönchsgemeinschaften für die Adelswelt um so anziehender. Hier liegen die religiösen Wurzeln des zweiten Friedrich, der sich später auch in der grauen Kutte der Zisterzienser zum Sterben legte. Aber noch auf eine ganz andere Weise sollte ein Abt der Zisterzienser entscheidend in sein Leben eingreifen.

Die Vorstellung vom herannahenden, ja bevorstehenden Ende der Zeiten hat das Mittelalter von der Urkirche übernommen. Der drohende Untergang der Welt beschäftigte die Gläubigen in unterschiedlicher Intensität, wozu gelehrte Rechenkunststücke beitrugen. Neu war in spätstaufischer Zeit, daß man mit diesen Visionen Politik betrieb. Im Volksglauben hatten sich Vorstellungen und Visionen vom Ende der Welt festgesetzt, die im 13. Jahrhundert wie selbstverständlich auf das staufische Haus und Friedrich II. projiziert wurden: Nach der Fleischwerdung des Herrn hat die Erde nur noch eine kurze Spanne Zeit. Das Ende der Zeiten, das niemand kennt, wird durch Zeichen verkündet: Krieg, Pest und Hungersnot, die sich steigernde Schlechtigkeit des Menschengeschlechts, die Erscheinung von Vorläufern des Antichrist. Ein großer Endkaiser erfüllt das vierte Reich Daniels, das römische. Er bekehrt Juden und Heiden, bevor die apokalyptischen Völker Gog und Magog über die Menschheit hereinbrechen. In einer letzten, schrecklichen Schlacht besiegt er diese, dann legt er auf Golgatha Krone und Szepter nieder. Das letzte irdische Reich hat ein Ende. Doch nun erscheint der Antichrist aus dem jüdischen Stamme Dan, gezeugt von Satan, geboren von einer Dirne oder einer Nonne. Er tritt als Messias auf, tut Wunder, zieht als Dreißigjähriger nach Jerusalem, um den Tempel wieder aufzubauen. Die Zeugen Henoch und Elias, die der Herr aussandte, werden vom Tier aus dem Abgrund getötet. Da vernichtet Christus den Antichrist auf dem Ölberg durch einen Hauch seines Mundes. Die Auserwählten erhalten eine letzte Frist von vierzig Tagen zur Umkehr, dann bricht das jüngste Gericht über die Erde herein.

Dem volkstümlichen Glauben stand die gelehrte Spekulation zur Seite. Die Theologie hatte die Menschheitsgeschichte in vielerlei Systeme gezwängt, um in frommer Deutung die göttliche Weltordnung zu erfassen. Aber keiner reichte dabei im 13. Jahrhundert in der Bedeutung an den kalabresischen Abt Joachim von Fiore (gestorben 1202) heran, dessen Weissagungen ihre Wirkung auf alle Beteiligten des spätstaufischen Dramas nicht verfehlten. Die augustinische Lehre von den drei Zeitaltern, dessen letztes vor Joachim als nicht von dieser Welt gedacht wurde, bezog er auf die Menschheitsgeschichte: Das Zeitalter des Vaters (des Alten Testaments, des Gesetzes, der Laien), das Zeitalter des Sohnes (des Neuen Testaments, der Gnade, der Kleriker) und das des Heiligen Geistes (des ewigen Evangeliums, der Freiheit, der Mönche) lösen einander auf Erden ab. Seine Berechnung der Zeiten zu je zweiundvierzig Generationen zu dreißig Jahren gewann erst nach seinem Tode Bedeutung, als man gewahr wurde, daß damit das zweite Zeitalter im Jahre 1260 sein Ende finden müsse. Am Ende der Zeit des Sohnes werde die Kirche heftige Verfolgung erleiden, der Antichrist werde erscheinen. Volksglaube und Gelehrsamkeit vereinten sich in der Vorstellung, in einer eschatologischen Zeit zu leben, einer Vorstellung, der sich Politik und Propaganda annahmen.

Diese Vorstellungen weisen in eine für die Kirche gefährliche Richtung. Seit der Mitte des 12. Jahrhunderts drangen von allen Seiten – vom Islam und aus Byzanz, von unten durch drohend murrende Volksmassen – religiös-geistige Bewegungen vor, die die Kirche zu vernichten drohten. Der im Wohlleben versunkene

Prälat, der satte Abt, sie alle wurden zur Zielscheibe von Hohn, Spott und Verachtung. Die reiche Kirche und das Geldwesen der Städte waren zugleich Zielpunkt der Kritik, die apostolische Armut wurde das zentrale Problem der neuen Volksbewegungen. Das 12. Jahrhundert brachte ein bitterböses »Evangelium nach Mark Silber« hervor; Geschichtchen von den Kardinälen Gold und Silber, den einflußreichsten Persönlichkeiten in Rom, liefen um, und in der Umgebung Kaiser Friedrichs II. entstand eine im prunkvollen Stil der Kanzlei gehaltene Urkunde der Kaiserin Pecunia, der Papst und Kurie, ja die ganze Welt untertan seien. In den neuen Sekten hoffte man dagegen, das Ideal und die Wirklichkeit wieder zur Deckung zu bringen. Die Ketzerei bedrohte erstmals im Mittelalter wirklich die Kirche als Institution.

Die Katharer, auf deren Name – »die Reinen« – das deutsche Wort »Ketzer« zurückgeht, traten im Abendland seit der Mitte des 12. Jahrhunderts auf. Sie führten ein Leben mit Wandern, Fasten, Arbeiten und in strengster Armut, das den Zeitgenossen so eindrücklich schien, daß sie als »Arme Christi«, »Gute Christen« oder »Gute Leute« bekannt waren. Das Vorbild wirkte ansteckend: Überall in Europa traf man diese von den byzantinischen und balkanischen Bogomilen inspirierte Sekte an, deren Mission aber in Südfrankreich und Norditalien ihre Haupterfolge errang. Vom gemeinen Kirchenvolk hoben sich die »Vollkommenen« ab, die sich jeder Sünde ängstlich fernhielten. Erst langsam realisierte die Kirche, daß hinter der Askese eine dualistische Dogmatik steckte, die Gott als wirkendes, gleichberechtigtes Prinzip Luzifer entgegenstellte. Die Gegenmission der etablierten Kirche wurde immer von neuem versucht, richtete jedoch nichts aus, so daß man sich langsam stärker auf Gewaltmaßnahmen stützte.

Die zweite große Ketzerbewegung der Zeit entstand in Lyon: Der reiche Kaufmann Valdes aus Lyon beschloß 1173, die apostolische Armut zu seinem Lebensideal zu erheben, und verschenkte seine gesamte Habe an die Armen. Das brachte ihm zunächst einmal den Spott der Nachbarn und eine Klage der erbosten Ehefrau beim Erzbischof ein. Zusammen mit Gleichgesinnten zog er in einfachen Wollkleidern und mit Holzsandalen umher, bettelte und predigte. Zum Konflikt mit der Kirche kam es vor allem, weil die Predigt die Kirchenorganisation störte, weniger aus theologischen Motiven. Im Jahre 1205 teilten sich die Waldenser in einen französischen und einen italienischen Zweig. Dies war überhaupt ein Merkmal all dieser religiösen Gruppen: kleine Zirkel mit einer individuell zurechtgelegten Glaubenslehre vielerorts; die Zersplitterung war eine geläufige Erscheinung.

Einem Ketzer zum Verwechseln ähnlich sah, zumindest in seinen Anfängen, auch der größte Sohn der Kirche in diesem Jahrhundert, der heilige Franz von Assisi.

Der Sohn eines reichen Tuchhändlers lebte zunächst das ausgelassene Leben der reichen städtischen Oberschicht, bevor er im Jahre 1205 – wie Valdes – seinen gesamten Besitz verschenkte, um der »Dame Armut« zu dienen. In den umbrischen Bergstädtchen predigte er sein »Der Herr gebe euch Frieden«, hier diente er den Bedürftigen, hier sammelte er Gleichgesinnte. Sie lebten von der Bettelei in der Überzeugung, der Herr werde ihnen jeden Tag geben, wessen sie bedürften. Allgemein war Franziskus als »Poverello«, der kleine Arme, bekannt, seine Anhänger als die »minderen Brüder«, die Minoriten. Da sie keine Ämter und keine Hierarchie anstrebten, duldete die Kirche ihre Predigt.

Ein Orden war dieses Häufchen noch lange nicht und sollte es nach dem Willen des Meisters auch nie werden. Zentrum waren ein paar Hütten bei Assisi auf geschenktem Grund. Erst als seit 1212 auch Frauen zu den Brüdern stießen, sah sich Franz veranlaßt, einige Regeln zu geben. Er selbst und andere zogen durch die Welt, nach Spanien und Dalmatien, ja sogar bis Ägypten. Die Kirche sah wohl, daß Franz und seine Anhänger geeignet waren, die Armutsbewegungen mit der Kirche zu versöhnen, allerdings pochte die Amtskirche auf eine Ordensgründung. Nur so glaubte sie, die notwendige Kontrolle über eine Gemeinschaft zu haben, der erstmals die Wanderpredigt und die Armenfürsorge draußen in der Welt gestattet wurde. Seit 1221 gab es Gelübde auf Lebenszeit, Ordensobere und feste Konvente in den Städten.

Franz selbst hatte sich der Institution entzogen, seine letzten Jahre verbrachte er als Einsiedler in härtester Askese, die ihn zu Visionen führte. Als er 1226 starb, verpflichtete er seine Brüder zu strengster Armut und persönlicher Nachfolge Christi. Aber der Weg zum Orden, der Weg in die Amtskirche war nicht mehr aufzuhalten. Papst Gregor IX. erklärte sein Testament für ungültig und erhob ihn gleichzeitig unter die Heiligen der Kirche. Aus der franziskanischen Bewegung erwuchsen die geistigen Truppen des Papstes gegen den Staufer, aus den Gefolgsleuten des Franziskus wurde ein Orden, aus der Sammlung Gleichgesinnter eine Institution.

Daß der heilige Franz von Assisi die Kirche in dieser Umbruchszeit gerettet habe, das empfanden bereits die Zeitgenossen. Im Fresko »Der Traum Innocenz' III.« von Giotto in der Oberkirche von Assisi *(Abb. 2)* kommt dies erstmals klar zum Ausdruck. Zugrunde liegt die Legende, daß Franz, als er um 1209/10 in Rom um die Anerkennung seiner Bruderschaft nachgesucht habe, auf schwerste Bedenken beim Papst gestoßen sei. Doch in der darauffolgenden Nacht sah dieser dann im Traum, wie die Kirche San Giovanni in Laterano, die älteste und ranghöchste der fünf Patriarchalbasiliken und seine Bischofskirche, ins Wanken geriet und einzustürzen drohte. Ein schlichter Mann, in dem der Träumende den Prediger wiedererkannte, eilte herbei und richtete sie wieder auf. Das Selbstbewußtsein der Franziskaner des 13. Jahrhunderts als Retter und Erneuerer der katholischen Kirche findet hier ebenso seinen Ausdruck wie die Tatsache, daß die großen Päpste des 13. Jahrhunderts den Orden für ihre Zwecke instrumentalisiert haben. Nicht zuletzt als Helfer gegen Friedrich II. war er unentbehrlich.

Ohne den Glanz des Poverello, dafür eher in den herkömmlichen Bahnen der Kirche verlief die zweite Neugründung. Dominicus, ein kastilischer Adliger und Kleriker, setzte vor allem auf Kargheit und Zucht; vornehmlich Bücher und Gelehrsamkeit standen an der Wiege des Dominikanerordens. Der Ordensgründer lernte auf einer Reise nach Rom die kirchlichen Zustände in Südfrankreich und das Wirken der Katharer kennen, unter denen er eine eifrige, wenn auch meist vergebliche Mission betrieb. Er fand willige und gleichgesinnte Helfer, und so entstanden die ersten Häuser der Dominikaner. 1216 wurde nach mancherlei Diskussionen der Orden gegründet; 1218 erhielt er die Erlaubnis, über die Diözesangrenzen hinweg zu predigen.

Die Dominikaner vermittelten einen ganz anderen Eindruck als die Franziskaner. Sie lebten nicht von der Bettelei, sie nährten sich von den Erträgen der ihnen geschenkten Güter und konzentrierten sich auf die Predigt und das Studium. Wegen ihrer Askese, ihres Ernstes und ihrer Gelehrsamkeit waren sie geachtet, nicht geliebt. Weil der Orden die Studien vorantrieb, wurde er bald der Professorenorden schlechthin, der Träger der Hochscholastik des 13. Jahrhunderts, hinter dem die Franziskaner zurückstanden. Doch als Domini canes, als »Spürhunde des Herrn«, übernahmen sie seit 1231 auch die Ketzerinquisition, die eine ratlose Kirche gegen die abirrenden Glaubensgruppen jetzt neu organisierte.

Ketzern wie Bettelorden stand Friedrich voll Ablehnung gegenüber. Wie hätte auch ein Staufer, ein Kaiser in seinem strahlenden Glanz, die Armutsbewegung verstehen sollen! Abkehr von der Welt, Abkehr von der höfischen Gesellschaft, dies war zuviel verlangt. Erst ganz zuletzt hat der Kaiser einmal ohne Erfolg versucht, die Idee der apostolischen Armut gegen das feindliche Papsttum zu kehren. In Rom stieß man da auf mehr Verständnis! Innocenz III. leitete die dem heiligen Stuhl gehorsamen Glieder der Armutsbewegung in die Kirche zurück, ein Honorius III. förderte sie mit Sympathie, und in Gregor IX. fanden sie einen energischen Fürsprecher, der sie aber auch zu willigen Werkzeugen seiner Politik machte. Das trug ihnen dann um so mehr die Feindschaft des Staufers ein.

Europa zeigt im 13. Jahrhundert ein neues Gesicht: Stadt und Bürgertum treten an die Seite der drei Stände Adel, Geistlichkeit und Bauern. Die Horizonte weiten sich, geographisch noch in diesem Saeculum bis nach China, geistig in den Summen der Hochscholastik, vor allem in der des aus einem süditalienischen Grafengeschlecht stammenden Thomas von Aquin, politisch im Heraufziehen des modernen Staates. Und inmitten dieses Umbruchs stand Friedrich, bald fördernd und bald hemmend.

Der Hafen und Nabel der Welt

Unter allen Ländern, die dem Kaiser untertan waren, stand ihm das süditalienische Königreich Sizilien mit seinem Festland, das von den Grenzen des Kirchenstaats in Mittelitalien bis an die Straße von Messina reichte, und der namengebenden Insel am nächsten. Der Kreuzungspunkt aller Routen des Mittelmeeres, ein blühendes Königreich, war für Papst Innocenz III., seinen Vormund, der Hafen und Nabel der Welt. Hier verbrachte Friedrich seine Jugend und reifte zum Manne. Nach der Kaiserkrönung regierte er Deutschland zumeist aus der Ferne, vertreten durch seinen Sohn. Das burgundische Reich lag noch weiter außerhalb kaiserlicher Beachtung. Reichsitalien mit seinen rebellischen Kommunen bereitete Ärger, obwohl es doch mit seinem Reichtum zum Grundpfeiler staufischer Machtentfaltung hätte werden können. So ist es nicht bloße Rhetorik, wenn Friedrich seinen süditalienischen Untertanen schmeichelt:

»Zum brennenden Neide aller Völker, die entweder Uns durch die Erhabenheit des Römischen Reiches oder den anderen Fürsten auf Grund der Höhe irgendwelcher Würden unterstellt sind, strahlt der Glanz Eurer Treue zu Uns wie ein Stern und erleuchtet bereits hell den ganzen Erdkreis. Deshalb erkoren Wir den Besitz des Königreichs Sizilien unter den anderen als Sondereigentum und nahmen des ganzen Königreichs Sitz so als besonderen Grund Unseres Aufenthaltes, daß Wir, den der Glanz der kaiserlichen Majestät umstrahlt, es dennoch nicht für unrühmlich halten, einer aus Apulien genannt zu werden, und solange außerhalb des eigenen Hauses gewissermaßen umherzuirren glauben, wie Wir, da Uns die Fluten des Reiches überallhin rufen, fern von den Höfen und Häfen Siziliens segeln.«

Daß er an seinem Süditalien hing, bezeugen auch seine Feinde. Der Franziskanermönch Salimbene von Parma, einer seiner boshaftesten und scharfzüngigsten Kritiker, unterstellt dem herrscherlichen Heimatgefühl jedoch sofort eine gotteslästerliche Haltung: »Seine dritte Wahnidee war, daß, als er das Land jenseits des Meeres, das da war das Land der Verheißung, erblickte, das Gott so oft gerühmt hatte, indem er es das Land nannte, wo Milch und Honig fließt (Deuteronomium

26, 9; 27, 3 u.ö.) und das herrlichste aller Länder (Ezechiel 20, 6), daß es ihm da mißfiel und er sagte, der Gott der Juden habe sein eigenes Land nicht gesehen, nämlich die Terra di Lavoro, Calabrien, Sizilien und Apulien, sonst hätte er das Land, das er den Juden verhieß und gab, nicht so oft gerühmt ...«

Und auch in den Augen der Zeitgenossen war das Königreich Sizilien etwas ganz Besonderes. »Die Fruchtbarkeit der Insel übersteigt jede Beschreibung: Genug zu sagen, daß sie wegen des Maßes ihrer Kultivierung, in dem Reichtum ihrer Ernten und ihrem Wohlstand eine Schwester Spaniens ist. Sie verfügt über Produkte im Überfluß und eine Fülle von Früchten jeder Art und jeder Sorte ... Die Berge sind mit Obstgärten übersät, die Äpfel, Kastanien, Haselnüsse, Birnen und andere Fruchtsorten tragen.« So schwärmt Ibn Gubair, und Benjamin von Tudela konstatiert: »Auf der Insel, deren Anfang Messina ist, gibt es alle schönen Dinge der Welt.«

Dieser ganze Reichtum hätte den Monarchen des Königreichs nichts genutzt, hätten sie nicht sichergestellt, daß ein guter Teil davon in die königliche Kammer floß. Hier waren die arabischen und griechischen Traditionen von Vorteil. Vieles in der Verwaltung beruhte auf diesem Herkommen, man kannte Grundbücher, die Finanzverwaltung war ein ausgeklügeltes System, und die Zentralbehörde arbeitete gemäß der Zusammensetzung der Bevölkerung dreisprachig: lateinisch, arabisch und griechisch. Nimmt man noch dazu, daß es eine starke jüdische Minderheit gab und außerdem die normannische Hofsprache Französisch war, dann erhält man einen Eindruck von der Völkervielfalt, die hier herrschte. Freilich gab es dabei Verschiebungen. Die Zahl der Muslime nahm ab, ein Teil emigrierte. Die Zuwanderung aus Norditalien war beachtlich, gerade in den Städten und im Handel nahm dieses Bevölkerungselement zu. Die Lage an der Kreuzung von Handelswegen brachte Fremde ins Land, und mancher Kreuzfahrer blieb hier hängen. Außerdem hat der sagenhafte Reichtum auch immer wieder Abenteurer angelockt.

Als die Normannen Süditalien kraft ihres Rechts als Eroberer in Besitz nahmen, war gar nicht daran zu denken, in der damals üblichen Art zu christianisieren. Man brauchte die arbeitende und steuerzahlende Bevölkerung, auch wenn diese dem Islam, dem jüdischen Glauben oder der orthodoxen Kirche anhing. Man ließ die anderen Religionen weitgehend in Frieden, eine Haltung, die mit dem Begriff der Toleranz aber nur unzureichend zu umschreiben ist. Die Idee, auch die fremde Religion habe ihr eigenes Existenzrecht, war in Europa noch für Jahrhunderte unvorstellbar. Man betrieb keine Zwangsmissionierung, aber wer zum Christentum übertrat, für den galten dessen Regeln. Als Philipp von Mahdia, ein hoher Beamter König Rogers II., sich zuerst taufen ließ, um dann zum Islam zurückzukehren, ließ ihn sein königlicher Herr als Ketzer verbrennen. Unter seinen Nachfolgern kamen derartige Exekutionen hoher Beamter nicht mehr vor, wenn auch Ibn Gubair 1182 von einem Muslim im Königreich berichtet, der den Besuchern klagt: »Ihr könnt Euch kühn zu Eurem islamischen Glauben bekennen und Eure Geschäfte gedeihen nach Gottes Willen. Wir aber müssen unseren Glauben verbergen und müssen aus Angst um unser Leben zu Gott beten und unsere religiösen Pflichten im Geheimen verrichten.« Aber derselbe Ibn Gubair schildert das Regiment in Palermo folgendermaßen: »Ihr König Wilhelm verdient Bewunderung wegen seines gerechten Verhaltens den Muslimen gegenüber; er setzt sie für seine Belange ein, wählt aus ihren Reihen seine engsten Bediensteten, die alle oder fast alle ihren Glauben verbergen und dabei fest im Islam verharren. Er setzt großes Vertrauen in die Muslime in all seinen Angelegenheiten und den wichtigsten Geschäften ... Sie sind seine Verwaltungsbeamten und engsten Vertrauten. In ihnen spiegelt sich der Glanz seines Reiches durch kostbare Gewänder und feurige Pferde wider.«

Insgesamt entstand, besonders unter den letzten beiden Königen aus dem Hause der Hauteville, eine Gesellschaft, die ihresgleichen suchte. Vor allem den orientalischen Luxus nahm man gerne an: »Die christlichen Frauen in dieser Stadt folgen der Mode der Musliminnen, sind redegewandt, eingehüllt in Mäntel und verschleiert. An diesem Festtag gehen sie in Gewändern aus goldbestickter Seide aus, umhüllt von eleganten Mänteln und bunten Seidenschleiern, beschuht mit vergoldeten Pantoffeln. So paradieren sie in ihren Kirchen wie Gazellen, tragen all den Zierat der Muslime, einschließlich Juwelen, Henna an den Fingern und Parfum. Wir erinnerten uns an die Worte eines Dichters: Als er eines Tages in die Kirche ging, traf er Antilopen und Gazellen.«

Da die Normannen aus ihrer Heimat im Norden keine Gelehrsamkeit mitbrachten, faszinierten sie die arabischen, jüdischen und griechischen Traditionen, die sie vorfanden, um so mehr. Sie sammelten eine Reihe von Intellektuellen um sich, die ihrem Hofe Glanz verleihen sollten, hatten aber auch eigene Interessen an Dichtung, Spekulation und Wissenschaft. Dabei beherrschten unter Roger II. zunächst arabische Gelehrte das Hofleben. Immer wieder haben Dichter in arabischer Sprache seine Herrschaft besungen, doch sein Interesse galt auch den Naturwissenschaften. So ließ er etwa auch den Umfang der Stadtmauern Neapels vermessen, »weil er es wissen wollte.«

Die arabische Gelehrsamkeit repräsentiert das geographische Werk des Al-Edrîsi *(Abb. 3)*, der im Zentrum der geistigen Regungen am Normannenhofe stand. Er entstammte einer der politisch führenden Familien Nordafrikas und hatte seine Heimat verlassen müssen. Bei den Zeitgenossen hat eine große Weltkarte aus

Silber am meisten Verwunderung hervorgerufen, in die er seine Kenntnisse der Erde eintrug und die im königlichen Palast verwahrt wurde. Sie wurde bereits im Jahre 1161 während eines Überfalls zerstört, doch seine erste Abhandlung, das Buch König Rogers (Kitab Rujar), ist erhalten geblieben. Er sammelte die Nachrichten über Bodenschätze und Produkte der Länder, was weniger einem Herrscher als einem Kaufmann nützlich war. Dabei steht sein eigener Lebenskreis – wie auf der Karte – völlig im Mittelpunkt. Sizilien liegt im Zentrum, das Mittelmeergebiet hat er im Auge, daran grenzen jene Weiten, über die man nur vage Vorstellungen hat. Es ist im Grunde die alte römische Weltsicht: Das Imperium und sein mare nostrum sind umgeben von der Barbarei. Dabei überrascht, daß Al-Edrîsi auch von der heimatlichen Welt der Normannen in Nordeuropa nichts weiß, hätte er sich doch leicht bei den Hauteville oder den Baronen danach erkundigen können. Und doch waren die Zusammenstellungen aus antiken und arabischen Schriftstellern, die er mit mündlichen Berichten von Reisenden und persönlichen Kenntnissen anreicherte, ein großer Fortschritt. Immerhin hat er eine Vorstellung von den Umrissen seiner engeren Heimat gehabt, die gleichzeitige Weltkarten völlig vermissen lassen.

Unter den beiden Nachfolgern Wilhelm I. und Wilhelm II. wandte sich das kulturelle Leben langsam von der arabischen Gelehrsamkeit ab. Was an arabischen Kenntnissen noch vermittelt wurde, gelangte durch Handschriften ins Königreich, oder jüdische Gelehrte trugen es weiter. Der Hof wandte sich stärker der lateinischen Bildung zu, ohne das Übrige völlig zu vergessen. Vor allem aber kamen jetzt verstärkt Griechen aus dem byzantinischen Reich an den Hof. Und sie brachten naturwissenschaftliche Abhandlungen, Kartographie, Völkerkunde und Geographie. Man dichtete Griechisch und hielt sich auch auf sein Latein etwas zugute.

Vor allem aber übersetzte man Werke der Alten aus dem Griechischen oder aus arabischen Quellen. Neben Toledo wurde so Sizilien zum Einfallstor für jenen geistigen Reichtum, aus dem dann die Scholastik ihr Wissen zog. Mögen diese Übertragungen teilweise mehr als fraglich gewesen sein, den Anstoß zur intellektuellen Neubesinnung, den sie vermittelten, darf man nicht unterschätzen. Aus Konstantinopel kamen so das Almagest des Ptolemaios oder Werke des Platon in den Westen. Der königliche Admiral Eugenius übertrug gegen Ende des 12. Jahrhunderts jene Orakel der Sibylle ins Lateinische, die dann Grundlage der Endzeitspekulationen des 13. Jahrhunderts werden sollten. Auf diesen Fundamenten baute Friedrich II. weiter und wurde zum »Staunen der Welt.«

Der Erbe

Roger Friedrich sind jene beiden Namen, auf die der staufische Thronfolger getauft wurde; in den Namen seiner beiden Großväter, Roger II. von Sizilien und Friedrich Barbarossa, spiegeln sich all jene Probleme wider, die seinen Lebensweg begleiten sollten. Süditalienisch-normannische Mischkultur verband sich mit der staufischen Reichsidee zu einem Gemisch eigener Art, dessen Virulenz nicht nur der Papst zu fürchten hatte. Was davon zukunftsweisend war, darüber haben Generationen gestritten; wo die geistigen Fundamente spätstaufischer Weltsicht liegen, das läßt sich leichter ausmachen. Die beiden hochbegabten Großväter haben das Ihre dazu beigesteuert.

Der Löwe der Hauteville

Es ist hier nicht der Ort, alle Volten der normannischen Eroberung und Herrschaft im Süden Italiens zu beschreiben. Als ungebetene Glücksritter und Söldner kamen sie ins Land, immer bereit für den zu kämpfen, der am besten bezahlte. Und da konnte sie kurz nach der Jahrtausendwende mancher brauchen. Es war nämlich eine politische Gemengelage entstanden, die in ihrer Unübersichtlichkeit zu Abenteuern jeder Art einlud. Die Insel Sizilien war fest in muslimischer Hand, aber das Festland bot ein Bild der Anarchie. Der byzantinische Gouverneur saß in Bari und hatte theoretisch über ganz Apulien und Kalabrien zu gebieten; auch das Land im Norden sah Byzanz als eigenes Staatsgebiet an. Das hinderte die langobardischen Kleinfürsten freilich keineswegs, sich als völlig unabhängig zu geben. Diesem Vorbild eiferte der Adel an den Küsten Apuliens nach, was eine Folge von militärischen Kleinaktionen nach sich zog. Die langobardischen Fürstentümer hatten freilich einst zu Reichsitalien gehört, weshalb auch das westliche Kaisertum einen theoretischen Anspruch erhob. Nicht minder verfolgte der Papst, der einst hier im Süden der größte Landbesitzer gewesen war, seine eigene Politik. Als das große Schisma 1054 auch noch die Kirche in Ost und West auseinanderriß, war das Chaos komplett.

Die Kriegsunternehmer aus der fernen Normandie merkten sehr bald, daß sie die Stärksten inmitten von Schwachen waren. Durch Waffengewalt, Verrat und zur Not durch Heirat raffte sich mancher sein eigenes kleines Reich zusammen. Das Fürstentum Aversa im Hinterland von Neapel entstand und konnte sich hundert Jahre halten. Aber niemand reichte auch nur von fern an die Erfolge der Söhne eines gewissen Tankred von Hauteville heran. Sieben Brüder machten Süditalien unsicher, zwei sollten überragende Wirkung haben: Robert Guiscard (der Schlaukopf) konzentrierte sich auf die Aufgabe, die Byzantiner aus Apulien zu vertreiben; Roger I. machte sich zunächst über Kalabrien her, bevor er das moslemische Sizilien angriff. 1071 fiel dem einen die Provinzhauptstadt Bari, im folgenden Jahr dem anderen Palermo in die Hände.

Es entwickelten sich in der Folge zwei Herrschaftsbereiche der Hauteville, zusammengehalten von den jeweiligen Zweigen der Familie. Beide ließen noch ihre Konturen vermissen, zumal ihre Regenten auf weitere Abenteuer sannen. Robert Guiscard griff den byzantinischen Balkan an, einige Mitglieder der Adelssippe setzten auf dem ersten Kreuzzug erobernd Akzente, andere attackierten Malta und Tunesien. Wichtig wurde jedoch die Verbindung der Normannen mit dem Papsttum. Robert Guiscard verband sich aus Überlegung, nicht aus Neigung, dem Reformpapstum und befreite 1085 Papst Gregor VII. aus dem eingeschlossenen Rom, das bei dieser Gelegenheit in Flammen aufging. Roger II., dem Sohn des gleichnamigen Eroberers von Sizilien, wurden 1098 die Befugnisse eines apostolischen Legaten verliehen, um die Christianisierung Siziliens zu fördern.

1127 erlosch die direkte Linie der festländischen Hauteville, und nach langen Wirren konnte Roger II. auch diesen Teil der Besitzungen an sich bringen. 1129 verkündeten er und seine Barone zu Melfi einen Landfrieden, und im folgenden Jahr boten ihm seine adligen Gefolgsleute die Königskrone an. Papst Anaklet II. schickte einen Legaten nach Sizilien, der am Weihnachtstag des Jahres 1130 Roger II. zum König von Sizilien und Italien krönte. Das Königreich Sizilien war geschaffen.

In der Hauptstadt Palermo steht ein bemerkenswertes Bauwerk, das der arabische Reisende Ibn Gubair im Jahre 1182 so beschrieb: »... wir sahen dieses Gebäude – unmöglich es mit Worten zu beschreiben. Es ist zweifellos das schönste Denkmal der Welt. Die inneren Wände sind alle vergoldet, mit bunten Marmorplatten verkleidet, die nie und nimmer ihresgleichen finden, ganz mit Goldmosaik ausgelegt und von grünen Ranken in Mosaik umgeben. In der Höhe öffnen sich schön angeordnete Fenster, mit goldenen Gläsern, die mit ihrem strahlenden Glanz die Augen blenden...« Die hymnische Beschreibung des arabischen Weltreisenden gilt der Kirche Georgs von Antiochien, des »Admirals« Rogers II., der sie 1143 zu Ehren der Gottesmutter Maria aufführen ließ. Auch er ist ein Beispiel der sizilischen Mischkultur. Othodoxer Grieche aus Antiochien, bald im heutigen Tunis in Diensten arabischer Fürsten, wechselt er 1114 auf die Insel, wo er eine glänzende Karriere im Staatsdienst macht: Um das Jahr 1124/25 wird er Emir, 1132/33 Emir der Emire und Vertrauter des Königs. Auf dem Holzrand der Zentralkuppel ließ dieser mächtige Mann einen christlichen Hymnus anbringen – in kufischer Schrift, aber in griechischer Sprache, Zeichen der sizilischen Mischkultur der Epoche.

Das berühmteste aller Mosaiken, mit denen man die Martorana geschmückt hat, ist jenes, das darstellt, wie Roger II. von Christus gekrönt wird *(Abb. 4)*. Der König galt als Mitbegründer der Kirche. Georg von Antiochien hat in einem symmetrisch dazu in der Kirche angebrachten Mosaik sich selbst als Kirchengründer darstellen lassen. Unser Bild zeigt den Normannen in Gebetshaltung vor Christus, der ihm die Krone aufsetzt. Es ist dies die Illustration jenes Kaiserepitheton »a Deo coronatus« (von Gott gekrönt), das in der byzantinischen Herrscherliturgie schon immer große Bedeutung hatte. Griechen waren wohl die Künstler, und griechisch ist auch die Form: Das Motiv sieht einem Elfenbeintäfelchen aus dem 10. Jahrhundert, der Zeit Kaiser Konstantin VII. Porphyrogenetos, zum Verwechseln ähnlich. Dieses Herrscherbild hat immer wieder dazu herausgefordert, hier den Normannen in seiner Byzanz imitierenden Herrscherrobe zu sehen. Doch nichts wäre irriger!

Zunächst aber zum Bildbefund selbst: Vor allem die Fußpartie des Mosaiks entzieht sich jeder Bewertung, da hier spätere Generationen manches verändert haben. Christus scheint zu schweben, er trägt die roten Purpurschuhe eines Kaisers anstelle der ikonographisch zu erwartenden Sandalen. Die Kleidung Rogers ist der Ornat eines byzantinischen Basileus: eine blaue, goldgefaßte Tunika als Unterkleid, die unterhalb der Knie und an den Ärmeln sichtbar wird. Darüber trägt der Hauteville eine reich mit Gold geschmückte und besetzte Tunika. Der Loros, das lange Textilband, ist mit Kreuzchen und mit Perlen bestickt, es ist gekreuzt um den Körper gewickelt, das eine Ende hängt vorne herab, das zweite ist um Rogers Linke geworfen, wo man das rote Futter erkennen kann. Auf dem Haupt trägt er eine hohe, offene Krone, von deren steifen Pendilien zu beiden Seiten der Kopfbedeckung nur das rechte zu sehen ist. Hat so König Roger II. ausgesehen?

Ob das lange braune Haar und der Bart in derselben Schattierung dem Herrscher entsprochen hat, kann niemand sagen, die Herrscherrobe auf dem Mosaik ist jedoch nicht die seine. Roger hat wohl keinen Loros getragen, sein Herrschermantel (vgl. Abb. 10) entsprach den Kaisermänteln im Westen und erlaubte diese Schärpe nicht. Anstelle der offenen Krone, wie sie das Mosaik zeigt, hielten sich die Normannen an die Form des byzantinischen Kamelaukion, einer geschlossenen Kronenform, die mancher auch anderswo im Abendland imitierte (vgl. Abb. 21). War Roger hier also einfach im byzantinischen Stil der Zeit dargestellt, den die griechischen Künstler kannten und imitierten? Auch dies ist nicht der Fall. Bei allem Konservatismus machte auch das byzantinische Zeremoniell eine Wandlung durch: Der Loros wurde im 10. und dann auch noch im 11. Jahrhundert in der hier zu sehenden gekreuzten Form getragen, im 12. Jahrhundert wurde dies unmodern. Die offene Krone wurde für den Hauptkaiser auch in Byzanz vom Kamelaukion abgelöst. Der byzantinische Kaiser, den man hier darstellte und den die Umschrift als König Roger identifiziert, kleidete sich also nach einem veralteten Zeremoniell. Vermutlich hat man eine ältere Vorlage, vielleicht eine Elfenbeintafel, verwendet, um das Bildnis in der Martorana zu schaffen.

Daß das Mosaik byzantinisch beeinflußt ist, bedarf keiner weiteren Erörterung, aber was sagt dies nun über das Königtum Rogers II.? Dem ersten Anschein zu trauen, wäre ein grober Fehler. Die Kunst, farbige Steine zu einem Bild zusammenzufügen, ist kaiserlich – herrscherliche Repräsentation an sich. Geeignete Künstler fand man eben nur unter den Untertanen des byzantinischen Basileus. Es sind Griechen gewesen, die hier tätig waren, und für ihren Auftrag griffen sie auf den Formenkanon Konstantinopels zurück. Darf man die Absicht unterstellen, Roger wolle sich für kaisergleich erklären? Bereits die Zeitgenossen am Bosporus haben das vermutet. Im Jahre 1141 und auch 1143, zur Entstehungszeit der Mosaiken also, schickte der Hauteville Gesandte an Johannes und seinen Nachfolger Manuel aus dem Hause Komnenos mit der Forderung, man möge ihn als Basileus anerkennen. War Roger wirklich so naiv? Basileus war der zentrale Titel des byzantinischen Kaisers, obwohl das Wort eigentlich »König« bedeutete. Und seit es unter Karl dem Großen einen abendländischen Konkurrenten gab, setzte man trotzig den Zusatz »Romaion« hinzu, um aller Welt zu verdeutlichen, wer der legitime Erbe der antiken Caesaren war. Wenn der Herr des westlichen Imperiums seinen Kollegen ärgern wollte, brauchte er ihn brieflich nur mit Basileus der Griechen anzureden. Aber nun kam da ein Parvenu und forderte für sich den Kaisertitel! Obwohl Roger wohl nur wünschte, man möge sein neues Königreich anerkennen, ließ der Kaiser den anmaßenden Gesandten sofort inhaftieren.

Den Normannen zu mißtrauen, hatten die Byzantiner gelernt. Denn ein Robert Guiscard hatte hartnäckig versucht, das Reich zu erobern, und Roger II. brachte fast die gesamte Regierungszeit damit zu, einen Kleinkrieg gegen die Komnenen zu führen. Und doch waren die Normannen vom kaiserlichen Pomp offenbar fasziniert. Nur so kann man erklären, daß sie byzantinische Mosaiken schätzten, in ihren Insignien dem Basileus ähnelten, das kaiserliche Reservat der Purpurtinte mißachteten, Purpururkunden mit goldener Schrift herstellten und mit Goldbullen siegelten, daß sie ihre letzte Ruhestätte in kaiserlichem Porphyr ausführen ließen und auch nach byzantinischem Zeremoniell beerdigt wurden. Es ist schwer, den byzantinischen Einfluß in der monarchischen Repräsentation zu übersehen. Überbewerten sollte man ihn nicht.

Denn der heterogenen Schicht der Untertanen entsprachen die Elemente, aus denen der neu entstandene Staat seine Legitimation zog. Die Nachahmung byzantinischen Zeremoniells betonte das griechische Element in der Bevölkerung. In seinen nordafrikanischen Eroberungen ließ Roger Münzen schlagen, auf denen er sich »Schutzherr der islamischen Gläubigen« nennen ließ. Die Prägungen unterscheiden sich in nichts von denen der Emire. Westlich-feudales ist ebenfalls mit Händen zu greifen. Die Lobgesänge auf den König haben ihre Tradition im fernen Rouen. Das »parliamentum« war eine feudale Versammlung der Lehensleute, mit deren Rat und Hilfe Roger regierte. Teile der königlichen Garderobe wurden als »päpstliche Gewänder« interpretiert. Freilich hat damals der Papst zur Unterstreichung seiner hierarchischen Ansprüche selbst die Verwendung kaiserlicher Kleidung usurpiert. Außerdem stand Roger auch noch in der Tradition der von den Normannen abgelösten langobardischen Fürsten Süditaliens, hatten doch auch sie byzantinische und päpstliche Elemente in ihr Zeremoniell aufgenommen – von der Salbung bis zum Ornat. Daß er für seine Griechen ein Basileus, für seine Araber ein Emir und für die Lateiner der Feudalherr war, ist anzunehmen.

Doch über das Ganze wölbte sich eine Herrscheridee, die ganz andere Wurzeln hatte. Daß er König kraft seiner Eroberungen sei, stand für den Hauteville fest. »Alle Besitzungen im Königreich gehören mir«, sagt er ausdrücklich. Aber dies genügte nicht als Legitimation. Er spielte mit der Geschichte, als er erklären ließ, in Sizilien habe es schon vor anderthalb Jahrtausenden Tyrannen gegeben. Um seine despotische Eroberergewalt mit geographischer Traditionssuche zu verbinden, ließ er sich selbst einen Tyrannen nennen. Seine Bronzemünzen sind Imitate antiker Prägungen, um seinen Anspruch auf dieses Erbe zu beweisen. Das Spiel mit dem Begriff des »Tyrannen« aber war ein Spiel mit dem Feuer, denn im Sprachgebrauch der Kirche war der Tyrann jener unrechtmäßige und ungerechte Herrscher, gegen dessen Regierung Widerstand erlaubt war.

Als wirkungsmächtiger sollte sich aber anderes erweisen: Früher als sonst im Abendland griff man in Süditalien wieder auf die römischen Gesetzestexte zurück. Dort fand Roger alles, was er zur Begründung seiner Herrschaft brauchte. »Die Urteile, Pläne und Unternehmungen des Königs soll niemand in Frage stellen. Denn Kritik zu üben an seinen Entscheidungen, Akten, Erlassen, Plänen oder daran, ob ein vom König Ausgewählter dieser Wahl würdig sei, ist einem Sakrileg vergleichbar.« Das spätantike Reich war eine Diktatur gewesen, und aus den Texten der Alten konnte man eigene Ansprüche leicht begründen. Er war der erste Monarch des Abendlandes, der den Universalismus der römischen Normen auf die Herrschergewalt und die Autonomie seines Regionalstaats bezogen hat. Durch diesen Rückgriff auf das antike Römerreich scheinen auch seine Anleihen in Byzanz in anderem Licht. Denn dort in Konstantinopel erhob man ja den Anspruch, in allen Äußerungen der legitime Nachfahre Roms zu sein.

Eine vielfältige Mischung zeigt sich auch in der Kunst. Daß dies so gewollt war, steht fest. Hugo Falcandus berichtet ausdrücklich: »Er ließ die Bräuche der Königreiche und Völker auf das genaueste untersuchen, damit, was dort an sehr Schönem und Nützlichem gefunden werde, er sich aneigne.« As-Safadi behauptete, Roger habe Gesandte mit Zeichnern losgeschickt, um Ideen sammeln zu lassen. Tatsächlich ist vor allem die Hauptstadt Palermo eine bunte Mischung von Griechischem, Arabischem und Lateinischem geworden.

»Palermo – möge Gott es den Muslimen zurückgeben – ist die Wiege der Kultur auf dieser Insel, sie vereint in sich die Vorzüge von Reichtum und Anmut; sie verfügt über alles, was das Ohr und das Auge bezaubern kann, auch alles, was man für ein üppiges, blühendes Leben benötigt. Es ist eine alte, elegante Stadt, prächtig und graziös, verführerisch anzusehen. Mit ihren offenen Höfen und freien Plätzen wirkt sie wie ein einziger Garten. Die breiten Straßen und weitläufigen Alleen verwirren das Auge durch ihre Schönheit und Vollendung. Staunen erregen ihre im Stile Córdobas errichteten Bauten; alle Häuser sind aus weißem behauenen Kalkstein, der kadhdhân heißt. Ein Fluß teilt die Stadt, vier Quellen ergießen sich in den Vororten. Der König, dem sie seine Welt bedeutet, hat ihre Schönheit zur Vollendung geführt und sie zur Hauptstadt seines fränkischen Königreichs gemacht. – Möge Gott sie vernichten.« Zorn und Bewunderung sprechen aus dem Bericht des Ibn Gubair.

Kulturgemisch oder eigenständige Mischkultur? Diese Frage stellt sich in besonderer Schärfe bei der Palastkapelle in Palermo, die im Jahre 1140 geweiht wurde *(Abb. 5)*. Das Bauwerk hatte politische und propagandistische Ziele, was bereits der Gründungsurkunde entnommen werden kann. Dort läßt Roger seine Verbundenheit mit Gott und die Herkunft seiner Herrschaft aus Gottes Hand feiern. Am Palmsonntag ritt er dann angeblich, wie Christus, auf einem weißen Esel in die Kirche, um diesem Gedanken Nachdruck zu verleihen. Eben an diesem Tag hielt der Bischof Theophanes Cerameus folgende Predigt: »In diesem Gotteshaus hat ein wahrhaft großer und königlicher Sinn ein ewiges Denkmal errichtet, gleichsam einen festen Grundstein seines Palastes, groß und schön, ja in einer ganz neuen Schönheit leuchtend; in hellem Licht, erglänzend, von Golde strahlend, von Edelsteinen funkelnd, im Blütenschmuck bunter Malereien. Wer ihn auch öfter gesehen und immer wieder betrachtet, bewundert ihn stets von neuem, wie jetzt beim ersten Anblick, und staunend schweift sein Auge hin und her. Über das Deckengewölbe ist des Staunens kein Ende, es ist ein Wunder anzuschauen, ja nur davon zu hören. Mit zierlichem, buntem Schnitzwerk, im Muster eines Bienenkorbes ist es geschmückt, und wie es allenthalben von Golde blitzt, stellt es den nächtlichen Himmel dar, wenn aus klarer Luft das Heer der Sterne herniederfunkelt. Säulen stützen die Wölbung aufs schönste und heben die Decke zu unerreichbarer Höhe empor. Der heilige Boden der Kirche gleicht der Frühlingswiese, mit bunten Marmorsteinchen ist er wie mit Blumen geziert, nur daß die Blumen welken und vergehen, diese Wiese aber unverwelklich und ewig ist und sich immerdar unvergängliche Blüten bewahrt. Die ganze Wand ist mit buntem Marmor bekleidet, der obere Teil mit Goldmosaik ausgelegt, soweit den Platz nicht die Schar der heiligen Bilder einnimmt.«

Die Capella Palatina darf sich rühmen, einzigartig zu sein. Der Grundriß ist römisch, die Mosaiken sind byzantinisch, die Skulptur ist romanisch und die Decke arabisch. Und diese Holzdecke läßt auch noch jeden Bezug zum Christentum vermissen. Die Mosaiken hingegen sind reich an Anspielungen auf die Funktion als Herrscherkapelle. Christus als Herrscher, König David als Vorbild aller mittelalterlichen Könige, das sind beliebte Motive derartiger Bauten. Persönliche Herrscherideen Rogers sind nur einmal zu verspüren: In einem Mosaik wird Kaiser Nero in der Umschrift als »Nero rex« bezeichnet. Dies war sein Petitum im Streit mit Byzanz: Basileus bezeichnet in der oströmischen Amtssprache den Kaiser, im Lateinischen aber wörtlich den König. Und daß er an Rang nicht hinter den Byzantinern zurückstehe, daß er einen ebenbürtigen Platz beanspruchen dürfe, das war Rogers Anliegen. Deshalb verweigert das Mosaik der Capella Palatina Nero seinen Imperator-Titel. Von der Außenarchitektur, die damals auf Wirkung bedacht war, ist heute nur die elegante Südfassade zu bewundern, sonst liegt das Bauwerk eingemauert und zwischen die Teile des Palastes eingeklemmt.

Deutlich Bezug auf den König nimmt auch die Westwand des Innenraums: Christus Pantokrator hat seinen Platz zunächst einmal in der Apsis des Hauptschiffs, die von seinem Ruhm kündet. An die gegenüberliegende Seite würde etwa die Darstellung des jüngsten Gerichts gehören. Doch hier ziert die Westwand der thronende Gottessohn in seiner Majestät, ein deutlicher Hinweis auf die Funktion der Kirche als Palastkapelle. Noch heute sind die Stufen zu sehen, die zum Thron des Königs führen, kann man die Scheinarchitektur an der Wand, die den Herrschersitz einrahmte, und den Giebel darüber erkennen. Marmorbänder, Porphyrtafeln und Mosaiken rufen diesen Eindruck hervor. Die Normannen übernahmen antike Traditionen – die Stilisierung des Thrones entsprach den spätrömischen Zirkustribünen der Konsuln in ihrer Eigenschaft als Schutzherren der öffentlichen Spiele. An dieser Stelle hatte spätestens seit Wilhelm II. der König seinen Platz, über ihm thronte – die Verbindung war für jedermann leicht zu deuten – Christus als Herrscher des Universums. Die zwei runden Medaillons mit den Löwen der Hauteville geben dem Herrschergeschlecht, das hier sich verewigte, auch einen Namen. Sinnfälliger konnte man Gottesgnadentum kaum ausdrücken.

Auf die Regierung Rogers II. folgten der böse und der gute Wilhelm, bevor die Hauptlinie der Hauteville 1189 ausstarb. Bereits Roger hatte sich in den Staatsgeschäften zunehmend auf seine Beamten und die Aufsicht des Emirs der Emire verlassen, um selbst die Früchte seines Reiches zu genießen. Hinter seinem Palast erstreckten sich Jagdgründe und Gärten, die den Zeitgenossen als Garten Eden erschienen. Und auch die Nachfolger machten davon regen Gebrauch. »Der König wandelt durch die Gärten und Anlagen zur Unterhaltung und zum Vergnügen. Wie viele Paläste und Gebäude, Lustschlößchen und Aussichtstürmchen er sein eigen nennt, ohne sie zu bewohnen!«

»Dieser König besitzt wunderbare Paläste und phantastische Gärten, besonders in der Hauptstadt seines Königreiches Palermo. Auch in Messina hat er einen Palast, weiß wie eine Taube, der das Ufer überragt. Er umgibt sich mit einer großen Zahl von Pagen und Dienerinnen; kein anderer christlicher König gibt sich so wie er den Freuden seines Reiches, dem Komfort und dem Luxusleben hin.« Dies sind die Worte des Ibn Gubair, aber auch im Abendland verbreitete sich der Ruf, das Königreich Sizilien sei ein Schlaraffenland. Inmitten dieses sagenhaften Reichtums verbrachte der König seine Tage.

»Die Paläste des Königs sind um den oberen Teil der Stadt herum verteilt wie Perlen, die den Hals einer jungen Frau umgeben.« Und wie wir uns diese Gärten vorzustellen haben, davon redet der Erzbischof Romuald von Salerno in seiner Beschreibung zweier Landvillen Rogers II. um Palermo: »Damit ihm kein Vergnügen zu Wasser oder zu Lande entging, ließ er ein großes Gehege für vierfüßige und geflügelte Tiere an einem Ort namens Favara errichten ... die Gewässer dort besetzte er mit Fischen jeglicher Art und Herkunft und baute in der Nähe ein schönes Schloß. Gewisse Hügel und Gehölze in der Umgebung Palermos schloß er in gleicher Weise mit Mauern ein und machte daraus den

‹Parco› – einen angenehmen, reizenden Aufenthaltsort, wo die verschiedensten Bäume Schatten geben und es von Hirschen, Ziegen und Wildschweinen wimmelte. Auch hier baute er einen Palast, der süßes und klares Quellwasser aus unterirdischen Rohren erhielt. So fand der König, ein kluger und vorausblickender Mann, an diesen Plätzen zu jeder Jahreszeit sein Vergnügen.«

Von dieser Pracht ist heute wenig erhalten, die Überreste liegen inmitten von Tristesse und sind ihrer prächtigen Umgebung beraubt. Den Palazzo della Cuba, heute Teil einer Kaserne *(Abb. 6)*, hat 1922 R. Lentini in einem Gemälde wieder in seine alte Würde und seine ursprüngliche natürliche Umgebung zurückzuversetzen versucht. Erbaut hat dieses Jagdschloß König Wilhelm II., in einer Inschrift aus dem Jahre 1180 läßt er sich deshalb feiern. Die Gebäude sind erhalten, die großartigen Parkanlagen und die künstlichen Teiche sind zerstört. Giovanni Boccaccio verlegt die sechste Geschichte des fünften Tages seines Dekameron hierher, als »König Friedrich von Sizilien, der um jene Zeit noch jung war und an schönen Frauen großes Gefallen fand«, eine ihm zum Geschenk gemachte, geraubte Jungfrau hier verwahren läßt.

In den Resten des Palazzo della Zisa *(Abb. 7)*, der Name ist abgeleitet vom arabischen »al'aziza«, der Herrliche, haben sich Spuren der »Wasserspiele« erhalten, ein Brunnen mit Mosaiken von Pfauen und einer Jagdszene sowie einem goldenen Adler. Der Bau mit seinen Wasseranlagen und Seen war als Sommerschloß gedacht, deshalb hat man die Fassade nach Nordosten den frischen Meereswinden entgegengerichtet, das Wasser selbst versprach weitere Kühlung, und endlich hat man mit einem raffinierten Lüftungssystem den Aufenthalt in den Räumen erträglich gestaltet. Noch im Jahre 1526 hat der Mönch Leonardo Alberti von dieser Pracht mehr schauen dürfen, als heute erhalten ist: »... gegenüber (liegen) zwei kunstvolle Treppen aus weißem Marmor, mit feinen Mosaikfriesen geschmückt und am oberen Ende mit zwei Pinienzapfen aus Marmor versehen. Zwischen ihnen sprudelt aus einem metallenen Wasserspeicher reichlich Wasser hervor. Das klare Wasser fällt auf kannelürte Marmorsteine, über die es plätschernd dahinrauscht und sich in einem Becken sammelt, von dem aus es in einen Bach weiterfließt. Über dem Wasserspeier sieht man einen herrlichen Adler, in feinstem Mosaik angefertigt, und darüber an jeder Seite zwei märchenhafte Pfauen und in der Mitte zwei Männer mit gespannten Bogen, die auf in einem Baum sitzende Vögel zielen. Dieses gesamte Bild ist von einer plastisch ausgearbeiteten Kuppel überwölbt. Der ganze Fußboden ist mit viereckigen, weißen Marmorplatten ausgelegt, in deren Mitte die Wasser des besagten Brunnens für eine kurze Strecke in einem schneeweißen Kanal fließen, um sich dann in einem schönen, ausgewogenen Becken zu sammeln, das viereinhalb Fuß pro Seite mißt, ebenfalls in feinstem Marmor verkleidet und mit einigen kuriosen Mosaiken versehen. Der Grund ist in sechskantige Erhebungen geteilt, zwischen denen man unter dem durchsichtigen Wasser künstliche Fische verschiedener Arten erkennen kann, die in feinstem Mosaik gearbeitet sind und die je nach der Bewegung der klaren Wasser sich ebenfalls zu bewegen scheinen. Aus diesem Becken ergießen sich die Wasser durch einen Bach wie dem vorherigen in ein zweites Becken, das dem ersten gleicht und von dort aus in wunderbarem Spiel noch in ein drittes. Dieses dritte Becken verlassen die Wasser durch einen weiteren Bach und werden schließlich durch einen unterirdischen Kanal in das breite und tiefe Fischbecken geleitet, das vor diesem Palast liegt ... Mit nicht weniger Genuß kann man sich in dieser märchenhaften Umgebung an dem frischen Wein laben, der in Gefäßen mit dem Fluß des Wassers angeschwemmt wird, und die, je nach Stärke der Strömung, in den Becken tänzelnd untereinander zu kämpfen scheinen.« Auch der Forscher und Mäzen Adolf Friedrich Graf von Schack, Verfasser eines Werks über die Normannen, hatte im letzten Jahrhundert einen anderen, lieblicheren Blick. Er dichtete auf La Zisa bei Palermo:

Hinab vom Schloß arabischer Emire,
Das aus dem Garten aufragt hochgezinnt,
Laß ich die Blicke gleiten und verliere
Mich in ein Blumenlabyrinth.

Fern über Pinien mit dem breiten Schirme
Und über Gärten voll von Aloe,
Bleikuppeln, Dome und Normannentürme
Am Klippenstrand der blauen See.

Honor imperii

Der Investiturstreit hatte das Imperium in seinen Grundfesten und seinem Selbstverständnis getroffen. Gegen die Reformer und ihr Schlagwort von der »Freiheit der Kirche« kannten weder Heinrich IV. noch sein Sohn ein Mittel, sie erschienen als rückständige Vertreter überlebter Ideen, getroffen im Kern ihrer Herrschaft über die Reichskirche und die nach Selbständigkeit strebenden Fürsten. Die Tendenzen zur Auflösung des Reichsverbands setzten sich im 12. Jahrhundert weiter fort, das Römische Reich schien gänzlich einer vergangenen Zeit verhaftet, während in Frankreich und England der Weg der Stärkung und Festigung der Monarchie begangen wurde. Erst Kaiser Friedrich I. Barbarossa wußte seine Herrschaft aus dieser tiefgreifenden Krise herauszuführen. Da er die

Abb. 1
Abguß des Kopfes der Kaiserbüste vom Brückentor in Capua. Neapel, Museo Nazionale

Abb. 2
Giotto, Der Traum Papst Innocenz III. Assisi, Oberkirche von San Francesco

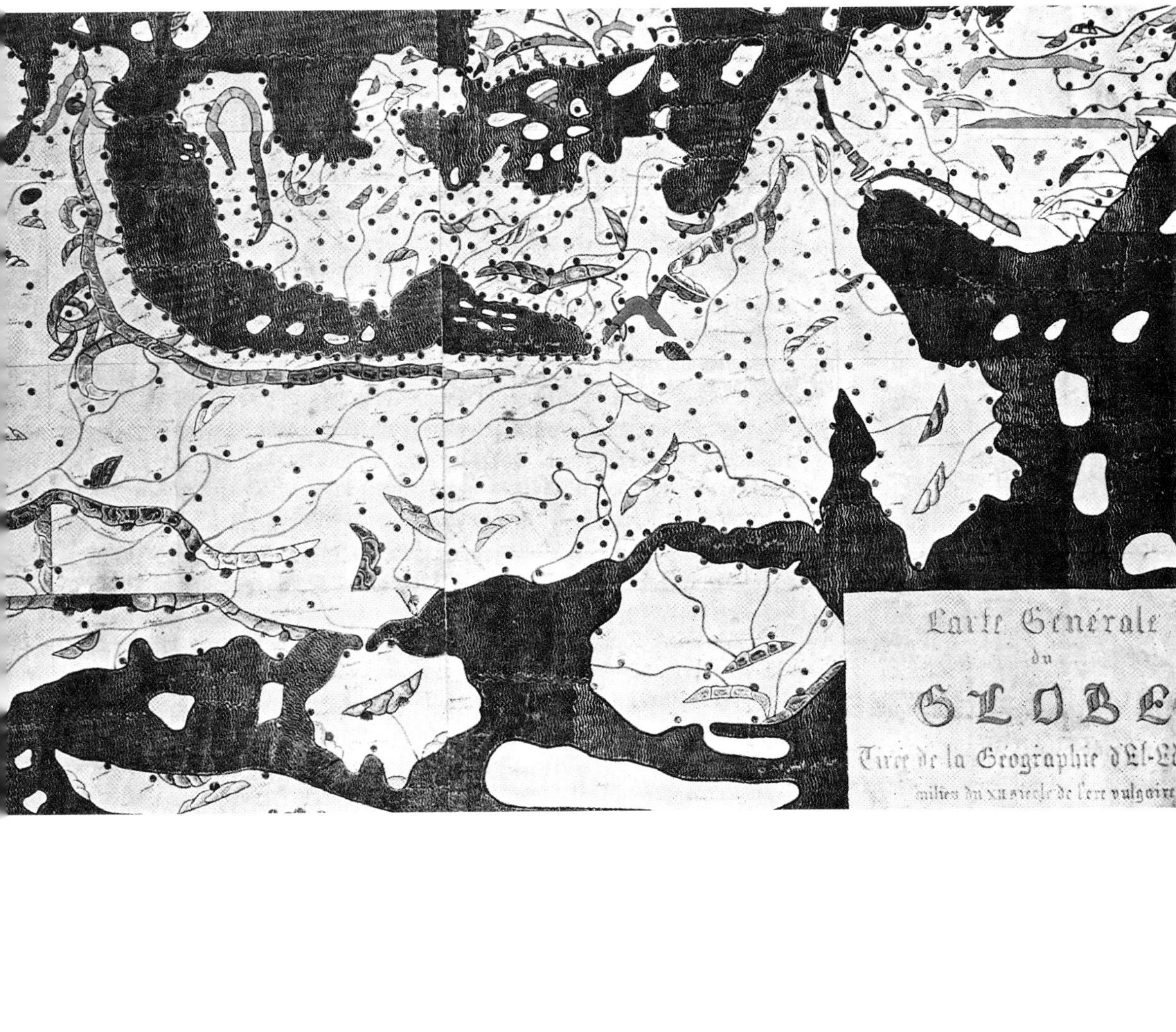

Abb. 3
Al-Edrisi, Das Mittelmeer, Ausschnitt aus der Weltkarte

Abb. 4
Christus krönt König Roger II. Palermo, Santa Maria dell' Ammiraglio (La Martorana)

Abb. 5
Westwand der Cappella Palatina mit dem Königsthron. Palermo, Palazzo Reale

Abb. 6
Palermo, La Cuba

Abb. 7
Brunnensaal im normannischen Sommersitz La Zisa, Palermo

Abb. 8
Kaiser Friedrich I. Barbarossa mit seinen Söhnen König Heinrich VI. und Herzog Friedrich von Schwaben in der Welfenchronik des Klosters Weingarten. Fulda, Hessische Landesbibliothek, Cod. D 11, fol. 142r

Grundprobleme des Reiches seinem Enkel vererbte, dürfen sie nicht außer Betracht bleiben.

Das dornenvollste Problem, das er vererbte, war der Gegensatz, ja die Familienfeindschaft zwischen Staufern und Welfen, die aus den rivalisierenden Ansprüchen auf Krone und Thron hervorgegangen ist. Die Staufer sahen sich als die legitimen Nachfahren der salischen Kaiser, die Welfen als die Erben Kaiser Lothars III., und dieser Zwist der beiden mächtigsten Familien belastete jeden Versuch, das Reich aus der Krise zu führen. In Friedrich Barbarossa – väterlicherseits Staufer, mütterlicherseits Welfe – schienen sich beide Traditionen friedlich zu vereinen, bis die Auseinandersetzung mit Heinrich dem Löwen, dem Herzog von Bayern und Sachsen, eskalierte. Der Kaiser setzte den Welfen ab, und damit wurde der Zwist in die nächsten Generationen getragen, ja zeitweise mochte es scheinen, daß man die gesamte europäische Politik unter dem Blickwinkel dieses Konfliktes sehen könne.

Um so mehr erstaunt auf den ersten Blick, daß man Kaiser Friedrich I. mit seinen beiden Söhnen Heinrich, dem Ältesten, und Friedrich, Herzog von Schwaben, ausgerechnet in einer Handschrift der Historia Welforum aus dem oberschwäbischen Kloster Weingarten finden kann *(Abb. 8)*. Diese Lobschrift des welfischen Geschlechts und seines Ruhmes scheint der ungeeignetste Ort staufischer Herrscherdarstellung zu sein. Als man allerdings zu Ende des 12. Jahrhunderts die Geschichte des Welfenhauses kopierte, war das alte welfische Hauskloster Weingarten längst im Besitz der Staufer, und auch die Vogtei des Klosters lag bei ihnen. Barbarossa mit Reichsapfel und Lilienszepter auf dem Thron zu zeigen, umgeben von seinem Nachfolger im Königsrang und dem Herzog von Schwaben, mochte da naheliegen.

Die Staufer erkannten sehr bald, daß es Reichspolitik ohne Hausmachtpolitik gar nicht mehr geben konnte. So bauten sie, vor allem im deutschen Südwesten, ihre Position gezielt aus. Sie rundeten ihre eigenen Territorien ab – hier unterschieden sie sich in nichts von den Reichsfürsten –, sie gründeten Städte, bauten Burgen und überzogen das Land mit Ansätzen einer effektiven Verwaltung. Gestützt auf diese Machtkerne konnte das staufische Haus auch ins Reich ausgreifen. Unverzichtbare Helfer dieser Politik waren die Ministerialen, eine Schicht ehemals unfreier Dienstleute, die das Rückgrat der Reichsverwaltung bildeten. Diese Aufsteiger scharten sich um das Königtum, das ihnen persönlichen Vorteil versprach.

Daß die Politik Friedrich Barbarossas, sich und der eigenen Familie eine beständige Machtgrundlage zu sichern, nicht den Konsens der Fürsten störte, gehört zu den bemerkenswertesten Leistungen des Kaisers. Er regierte mit Rat und Hilfe der großen Vasallen, und dies ist nicht nur eine Floskel des Lehenswesens. Eigentlich waren die Interessen des Reiches und der Fürsten, die sich eigene Herrschaften ausbauen wollten, entgegengesetzt. Doch der Kaiser sah ein, daß er auf deren Interessen Rücksicht zu nehmen hatte. Auch der Episkopat wurde in diese Form der Regierung eingebunden, so daß sich die Prälaten auch im Schisma als Stütze des Kaisertums erwiesen. Ja mehr noch: Nur wer Lehensträger des Königs war, durfte seit 1180 zu den Reichsfürsten zählen. Der König mit seinen Großen zusammen bildete das Reich.

Die hartnäckigsten Gegner des Staufers saßen in den Städten Reichsitaliens. Dort hatte seit dem Investiturstreit kein Kaiser mehr effektiv geherrscht, die Bürger der Städte hatten sich an die Abwesenheit von königlicher und kaiserlicher Gewalt gewöhnt. Dazu waren die italienischen Städte die ersten, die vom wirtschaftlichen Aufschwung Europas profitiert hatten. Dieser Reichtum und das Selbstbewußtsein hatten sich in einer kommunalen Bewegung manifestiert, die bemüht war, die alten Stadtherrn loszuwerden. Nach der Freiheit der Kirche war jetzt die Freiheit der Städte die Losung. Überall traten, in mannigfachen Mischungen, Räte auf, teilweise in Zusammenarbeit mit dem Stadtherrn, teils in Opposition. Dazu unterwarfen sich die Kommunen das Umland, kurz: sie traten an die Stelle alter Obrigkeiten. Als nun Barbarossa erschien, um alte Rechte des Reiches wieder einzufordern, wirkte dies als Kriegserklärung. Auf dem Reichstag zu Roncaglia ließ er 1158 von den Juristen seine königlichen Rechte definieren, eine lange Reihe finanziell nutzbarer Regalien. Es kam zum Lombardenbund gegen den ersten Friedrich, was sich unter seinem Enkel dann noch einmal wiederholen sollte. Bereits damals fanden Städte und Päpste Gefallen an einem Bündnis, auch dies ein Modell für die Zukunft. Der Kompromiß des Konstanzer Friedens 1183 beendete zwar die offene Feindschaft, doch der Gegensatz zwischen den Staufern und der wichtigsten neuen Gruppe der Gesellschaft, dem Bürgertum, blieb bestehen.

Die Beziehungen des Kaisers zu den Päpsten, den Verbündeten der Kommunen, leiten über in die Sphäre politischer Theorie und zu Fragen des staufischen Selbstverständnisses, die hinter allen Gegensätzen der Tagespolitik standen. Mochte auch der Anlaß zu dem Ringen banal sein, die Auseinandersetzungen zwischen Friedrich und Papst Alexander III. waren mehr als ein Kampf um Rechte und Güter. Seit den Tagen des Investiturstreits waren die Päpste in der Offensive. Sie hatten die Einwirkungen der Laien in der Kirche ausgeschaltet und das Königtum seiner überkommenen sakralen Würde beraubt. Doch dort waren sie nicht stehengeblieben: Der Bischof von Rom wollte frei sein von weltlicher Bevormundung, verlangte aber für sich selbst kaisergleiche Rechte.

Man wollte die Führung der Christenheit erringen, ein eher ideeller, und Italien beherrschen, ein sehr materieller Wunsch. Der Papst als Stellvertreter Christi auf Erden sollte der oberste Schiedsrichter in allen politischen Streitfragen sein. Das Pochen auf die Einheit von Reich und Kirche oder Recht und Macht war dagegen kein Mittel.

Unter Friedrich Barbarossa sammelte der in die Defensive geratene Kaiserhof ein ganzes Bündel von Argumenten gegen päpstliche Ansprüche und für die eigene Legitimation. Von einer zusammenhängenden Theorie oder auch nur von einer einheitlichen staufischen Reichsidee zu sprechen, wäre vermessen. In Urkunden und Briefen, in der kaiserlichen Geschichtsschreibung, auf Siegeln, in Kunstwerken und nicht zuletzt auch in jener Dichtung, die dem Hofe nahesteht, blitzen immer wieder Gedanken auf, die um dasselbe Thema kreisen: Der Kaiser ist Herrscher eigenen Rechts, von Gott eingesetzt und über alle erhaben. Manche stimmten dies lauter an, so der Kanzler Rainald von Dassel und seine Umgebung, andere waren vorsichtiger. Doch welches sind die Positionen, auf denen einst der zweite Friedrich aufbauen sollte?

Generationen haben sich auf einen Brief des Papstes Gelasius aus dem fünften Jahrhundert berufen, der sorgfältig zwischen geistlicher und weltlicher Gewalt als zwei von Gott verliehenen Machtsphären unterscheidet. Die Mehrheit der Geistlichen des 12. Jahrhunderts las aus den Zeilen die Überordnung des Papstes über alle weltlichen Herrscher heraus, eine Minderheit trat für die Gleichberechtigung der Gewalten ein. Der staufische Hof aber und seine Vordenker fanden dort das Recht des Kaisers, über beide Schwerter zu verfügen, was auch mehrfach betont wurde.

Die Idee, daß Gott das Kaisertum ohne einen Mittler eingesetzt habe, mündete in die Sakralisierung des Reiches. Erstmals Barbarossa redet vom Heiligen Reich, seine Kanzlei wird nicht müde, Bibelstellen, die die Allmacht des Herrn preisen, auf den Staufer anzuwenden. War es dem Papsttum unter Mühen gerade erst gelungen, die sakrale Bedeutung der Könige zu mindern, so entstand sie in einem neuen und viel umfassenderen Sinn wieder. In diesem Zusammenhang steht auch die Übertragung der Gebeine der Heiligen Drei Könige von Mailand nach Köln. Besaß man also bereits drei heilige Könige, brauchte man auch einen heiligen Kaiser. Am 29. Dezember 1165, dem Tag des Königs David, auf den sich alle abendländischen Monarchen zu berufen pflegten, erfolgte auf Veranlassung Friedrich Barbarossas die Heiligsprechung Karls des Großen. Den ersten mittelalterlichen Kaiser des Abendlandes, den bisher die Franzosen beansprucht hatten, vereinnahmte der staufische Hof nun für sich.

Dem Papst, der nicht müde wurde, aus seinem Krönungsrecht Weitergehendes abzuleiten, setzte der Staufer das Wahlrecht der Fürsten entgegen. Die Fürsten, die allein das Recht besaßen, den König zu wählen, galten als Vollstrecker göttlichen Willens – ihnen stand auch die Kompetenz zu, mit dem gleichen Akt den Kaiser zu wählen. In diesen Zusammenhang gehört auch, daß man von der antiken Kaiserwahl durch Senat und Volk redete, die an die fränkischen Nachfolger übergegangen sei. Je lauter man vom Recht auf Wahl redete, um so leiser dann vom päpstlichen Recht auf Krönung.

Immer wieder sprach man am staufischen Hof von der Ehre des Reiches (honor imperii), die wiederhergestellt werden müsse. Nun ist der Begriff schillernd – unter Ehre verstand man damals auch finanzielle Rechte –, doch er ist einer der zentralen Kategorien im politischen Denken geworden. Die Forderung nach Wiederherstellung der alten Ordnung taucht immer wieder in den Formulierungen der kaiserlichen Ansprüche auf. Und diese alten Rechte sind diejenigen der römischen Kaiser; die antiken Caesaren sind die eigenen Vorfahren, in deren Rechte man wieder eintreten will. Die Urkunden imitieren antike Manifeste und flechten stereotyp klassische Wendungen über die Erhabenheit des Kaisers ein. Den Kaisersohn Philipp von Schwaben wird man später als »den Zweiten« zählen, weil man in der Reihe von Augustus herauf bereits einen Philippus Arabs vorfand.

Diese Nachfolge hat man nicht nur ideell verstanden. Bischof Otto von Freising, der Onkel des Kaisers, lieferte in seinem Geschichtswerk dem Hof die Lehre von der direkten Abstammung des staufischen Hauses von allen früheren Kaisern. Gottfried von Viterbo, der Erzieher des Kronprinzen, hinterließ Heinrich VI. in seinem Königsspiegel eine komplette Herrschergenealogie, sie reicht von der Sintflut über die Götter des Olymp, die Trojaner, Aeneas und die antiken Caesaren zu den Staufern. Da sich das Kaisertum immer weitervererbt habe, stehe es den Hohenstaufen jetzt zu.

Aus diesem Rückgriff auf die Antike läßt sich auch leicht begründen, warum Friedrich Barbarossa immer wieder das römische Recht bemühte. Wie Roger II. erkannte auch er sofort die ungeheuren Möglichkeiten, die darin lagen. Standen beim Hauteville noch durchaus praktische Vorteile im Vordergrund, so bot das antike Recht dem Herrscher des Imperium ungeahnte Möglichkeiten. Als er 1154 zum ersten Mal mit den Professoren der Universität Bologna zusammentraf, nutzte er seine Chance konsequent. Das spätantike Kaiserrecht redete ständig von den Rechten der Majestät, von Einschränkungen ist da kaum die Rede und von Rechten der Geistlichkeit noch weniger. Der Kaiser ist der Wahrer des Rechts, ihm steht alle hoheitliche Zwangsgewalt zu. Auf ihn sind alle Richter zu vereidigen, bei ihm liegt das Recht der Gesetzgebung. Deshalb haben die Professoren ihre kaiserlichen Privilegien in das Corpus aufgenommen, damit sie als Teil des römischen Rechts dort gelehrt werden sollten. Er zitiert Justinian und übernimmt die Attribute, welche der spätrömische Zwangsstaat für den Kaiser reserviert hatte. Von dort her kommt auch der kühne Satz aus der Dedikation des Otto von Freising an den Kaiser: »Der Kaiser ist von allen Gesetzen frei.«

Dies alles wird eher beiläufig immer wieder aufgenommen, vage formuliert, doch nirgends zu einer Theorie vereinigt. Die Herrschaft des römischen Imperators erstreckte sich ideell auf den gesamten Erdkreis, was man immer wieder einmal vorsichtig geäußert hat. Der Kaiserhymnus »Salve mundi domine« (Gegrüßet seist Du, Herr der Welt) spricht dies unbefangen aus. Das »Drama vom Ende des römischen Reiches« des dem Hof und seinen Ideen nahestehenden Archipoeta faßt die am Hof gängigen Vorstellungen in Worten eines fiktiven Kaisers zusammen:

Wie uns die Bücher der Geschichte zeigen,
war einst die Welt dem Römer-Reich zu eigen.
Doch was der Ahnen Heldenkraft gewonnen,
Ist nachmals unter läss'ger Hand zeronnen.
Es werde jetzt des Reichs gesunkne Macht
Durch unsrer Hoheit Kraft emporgebracht:
Ein jeder König soll dem Reich die Steuern,
Die ihm die Vorzeit auferlegt, erneuern.

Gegen diesen Anspruch erhoben vor allem diejenigen, die in den aufstrebenden Monarchien außerhalb des Reiches lebten, energisch Widerspruch, den Johannes von Salisbury folgendermaßen formulierte: »Wer hat denn die Deutschen zu Richtern der Nationen bestellt? Wer hat diesen plumpen und wilden Menschen das Recht gegeben, nach Willkür einen Herrn über die Häupter der Menschenkinder zu setzen?« Ohne Resonanz am staufischen Hofe blieb der Protest nicht. Ein direkter Einspruch in die Politik der christlichen Monarchen unterblieb, auch die inneren Angelegenheiten der Kirche und des Papsttums lagen außerhalb des Wirkungskreises kaiserlicher Politik. Aber je länger Barbarossa lebte, um so weniger programmatisch klangen die Ansprüche seines Hofes. Allein die ideelle Führerschaft im Heidenkampf der Kreuzzüge behielt sich der Kaiser vor, was äußerlich dadurch zum Ausdruck kam, daß Friedrich lange Zeit nicht den Reichsadler, sondern das Kreuz als Wappen führte. Der Kampf um Jerusalem sollte des Kaisers Herrschaft krönen, doch verlor er auf dem Marsch sein Leben. Sein Sohn sollte über diese Pläne und Absichten dann weit hinausgreifen.

Das Rad des Schicksals

Als Wilhelm II. von Sizilien im Jahre 1189 kinderlos verstarb, hatte dies unmittelbare Folgen für das gesamte Abendland. Als man 1186 den staufischen Thronfolger mit Konstanze, der Tochter Rogers II., verheiratet hatte, dachte niemand an ihre Erbfolge. Wilhelm stand in der Blüte seiner Jahre, und die Ehe mit einer englischen Prinzessin ließ durchaus Nachkommen erwarten. Das Aussterben der Hauptlinie der Hauteville wurde ein Politikum, das viele anging. Dem Papsttum mußte ein Einkreisen des Patrimonium Petri durch die Staufer – und das bedeuteten die Erbansprüche der Kaisergattin – ein Alptraum sein. England fühlte sich durch die Ehe Wilhelms den Hauteville verpflichtet und war zudem mit den Welfen verschwägert. Was die Staufer von dort zu erwarten hatten, war klar. Wer allerdings den englischen König auf seiner Seite hatte, der hatte Philipp II. Augustus von Frankreich zu fürchten. So entstanden europäische Koalitionen, die sich als zählebig erweisen sollten.

Im Königreich Sizilien waren die Meinungen geteilt. Anspruch auf die Krone erhob neben dem staufischen Hof auch Tankred von Lecce, ein Illegitimus aus einer Seitenlinie der Herrscherfamilie. Zwischen diesen Ambitionen war mit streng rechtlichen Argumenten nicht zu entscheiden. So kam es wie es kommen mußte: Barone des Festlands erkannten die Ansprüche der Konstanze an, und eine Partei der Barone auf der Insel wählte Tankred. In diesem Augenblick griff Papst Clemens III. gemäß eigenen Interessen ein, um eine Einkreisung durch die staufische Macht zu verhindern. Er entband alle Anhänger der Konstanze ihrer Eide, erkannte Tankred als König an und ließ ihn schließlich 1190 durch den Erzbischof von Palermo krönen.

Wer Heinrich VI. kannte, wußte, daß er sich dies nicht würde bieten lassen. Vorerst aber hatte Tankred wohl Ruhe vor dem Staufer, nicht aber vor dessen Anhängern, den Baronen auf dem Festland. Der ewige Streit mit den Welfen, vor allem aber der Tod Barbarossas im Orient machten einen Zug nach Süditalien vorerst unmöglich. Erst 1191 brachen Heinrich und Konstanze über die Alpen auf. Das Ziel war zunächst Rom, wo der neue Papst Coelestin III. nach mancherlei Zögern keine Möglichkeiten mehr sah, die Kaiserkrönung zu verhindern. Über die Zukunft Siziliens waren sich die beiden Häupter der Christenheit schon gar nicht einig. Das deutsche Heer zog nach Süden und schloß Neapel ein. Was dann folgte, war eine Katastrophe, wie man sie aus der Geschichte bereits kannte: In der Sommerhitze brachen Seuchen aus, die zersprengten Reste des Heeres flohen nach Norden. Der erste Versuch, das süditalienische Bollwerk zu nehmen, war gescheitert.

Daß Heinrich eine zweite Chance bekam, hatte mit Glück zu tun. Der englische König Richard Löwenherz fiel auf dem Rückweg vom Kreuzzug in die Hände des Herzogs von Österreich, der noch eine persönliche Rechnung mit dem Plantagenet offen hatte. Nach Verhandlungen lieferte er ihn seinem Lehensherrn, dem Kaiser, aus, der den Monarchen in ritterlicher Haft auf dem Trifels hielt. Daß beide für dieses Schurkenstück gegen einen Kreuzfahrer in den Kirchenbann gerieten, störte nicht, sie preßten Richard neben enormen Summen auch noch die Lehensabhängigkeit Englands vom Reich ab. Der Herzog steckte seinen Teil der Beute in den Landesausbau, der Staufer aber eroberte Sizilien.

Auch dort war Heinrich VI. das Glück hold. Tankred war bereits 1193 gestorben und hinterließ einen unmündigen Sohn, Wilhelm. Mit seinen finanziellen Mitteln zimmerte der Staufer ein Bündnis mit Pisa und Genua, und gegen diese Machtkonzentration war jeder Widerstand zwecklos. Es wurde ein Siegeszug, der im November 1194 mit dem festlichen Einzug in Palermo endete. Am Weihnachtstag 1194 wurde Heinrich VI. in Palermo zum Monarchen des Königreichs gekrönt, und tags darauf gebar Konstanze in den fernen Marken den Thronfolger. Heinrich schien auf der Höhe seiner Macht und seines Glücks.

Kurz nach diesen Ereignissen entstand ein Werk, das das Geschehen völlig unter dem Blickwinkel der staufischen Sache darstellt: Petrus de Ebulo, der sich selbst einen Diener und Getreuen des Kaisers nennt, verfaßte seinen »Liber ad honorem Augusti« *(Abb. 9)* im Auftrag des Kanzlers Konrad von Querfurt. Es ist dies eine Parteischrift, die sich zur Aufgabe stellt, die Rechtmäßigkeit der Eroberung Siziliens durch Heinrich zu untermauern und dessen Gegner Tankred zu verunglimpfen. Was aber die Handschrift, die nur kurze Zeit nach der Machtübernahme wohl am Kaiserhof in Palermo selbst entstanden ist, so bedeutsam macht, sind die Illustrationen. Diese sind ein frühes Beispiel der bildlichen Darstellung vom Zeitgeschehen. Hier wird auch in einer Bilderfolge erläutert, weshalb Heinrichs Sache gerechtfertigt ist: Da reitet der Herzog Roger einher, der alsbald vom Papst zum König gekrönt wird. Ganz im Sinne des adligen Sippendenkens legt man Wert auf die drei Ehen des Königs von Sizilien, aus deren letzter Konstanze hervorging, die König Heinrich heiratet. Aus dem Erbrecht geht also hervor, daß jetzt der Staufer der legitime Erbe des Königreichs ist.

Doch die folgenden Ereignisse sollten den Ruf des Kaisers bei seinen neuen Untertanen aufs schwerste belasten. Kurz nach der Krönung wurde eine Verschwörung sizilischer Barone entdeckt, und Heinrich rächte sich in brutaler Weise. Die kaiserliche Partei stellte die Vorfälle als besonders üble Hinterlist dar, hätte doch der Kaiser seinen ehemaligen Gegnern gerade die Hand zur Versöhnung gereicht. Die Chronisten der Gegenpartei beschuldigten den Staufer jedoch, diese Verschwörung erfunden zu haben, um die Opposition unter einem Vorwand loszuwerden. Es kam zu einer Serie von abschreckend grausamen Hinrichtungen. Der Zorn machte auch vor dem kleinen Wilhelm, dem Sohn Tankreds, nicht halt. Die Kaiserin hatte ihren Verwandten in Gnaden angenommen und mit der Grafschaft Lecce, dem väterlichen Erbe, belehnt. Jetzt schien das Kind gefährlich. Aus politischen Gründen wurde es verstümmelt und in Haft nach Deutschland abgeführt. Und mit ihm ging der Königsschatz der Normannen über die Alpen. Auf 150 Saumtieren wurden Geld, Kleinodien, Gewänder und Kunstwerke nach Norden gebracht. Die königliche Menagerie mit ihren seltenen Tieren folgte. Es war der Triumphzug eines Caesar, den Heinrich hier aller Welt vorführte.

Unter den Schmuckstücken, die damals nach Deutschland kamen, war wohl der Krönungsmantel der Reichsinsignien *(Abb. 10)*. Es ist dies der 1133/34 entstandene Mantel König Rogers II., der später bei der Krönung der römischen Kaiser getragen werden sollte. Der Mantel ist das Hauptwerk des Tiraz zu Palermo, der königlichen Werkstätte für Prunkgewänder, Luxusgüter und Herrschaftszeichen. Dort arbeiteten arabische Künstler und später auch Seidenweber aus Theben; dort ließ sich Roger II. auch seinen Ornat fertigen. Der prächtige Umhang aus Seide trägt als Hinweis auf den Hauteville zwei große Löwen, die Kamele reißen, denn Löwen waren das Wappentier der Sippe. Dazu trägt der Saum eine arabische Umschrift, die besagt: »(Das ist) von dem, was in der königlichen Kammer angefertigt wurde, (welche) gediehen ist mit Glück und Ehre, mit Eifer und Vollkommenheit, mit Macht und Verdienst, mit (Seiner) Zustimmung und (Seinem) Wohlergehen, mit Großmut und Erhabenheit, mit Ruhm und Schönheit sowie der Erfüllung der Wünsche und Hoffnungen, und mit glücklichen Tagen und Nächten ohne Unterlaß und ohne Änderung, mit Ehre und Fürsorge, mit Wahrung und Schutz, mit Erfolg und Sicherheit, mit Triumph und Tüchtigkeit. In der Hauptstadt Siziliens im Jahre Fünfhundertachtundzwanzig.« Nicht orientalische Redseligkeit allein hat hier die Nadel geführt, gebundene Sprache und das Bedürfnis, aus ornamentalen Gründen möglichst viele senkrechte Buchstabenformen zu verwenden, brachten diesen Prunk hervor. Der Krönungsmantel ist ein frühes Beispiel dieser sizilischen Hofkunst, die im Abendland ihresgleichen suchte.

Die Wirkung dieses kaiserlichen Vorgehens auf seine sizilischen Untertanen war verheerend. Das Wort vom »furor Teutonicus« machte die Runde, die Herrschaft der Staufer wurde als Fremdherrschaft empfunden, die Zeit der Hauteville erschien im Rückblick als goldenes Zeitalter. Bereits vor der Ankunft des staufischen Heeres hat ein Vertreter der antistaufischen Mächte geschrieben: »Mir scheint, ich sehe schon die wüsten Haufen der Barbaren, angestachelt von ihrem Trieb, reiche Städte, im Frieden blühend, durch Angst zu erschüttern, durch Blutbad zu verwüsten, durch Raub zu erschrecken und des Luxus zu berauben. Das Bild künftigen Unglücks zwingt mich gegen meinen Willen zu Tränen.« Dies schien jetzt wahr geworden zu sein. Entschärft wurde die Situation dadurch, daß der Kaiser sich nach Deutschland zurückzog, um die dortigen Probleme in Angriff zu nehmen, und seine Frau die Regentschaft übernahm. Daß sie vornehmlich mit einheimischen königlichen Familiaren regierte, besänftigte offenbar die Leidenschaften. Und so blieb es im Königreich ruhig.

Der Kaiser selbst ging nunmehr daran, seine Nachfolge zu sichern. Er scheiterte mit seinem Plan, aus dem Imperium ein Erbreich zu machen, am Widerstand einer fürstlichen Opposition und vor allem am Papst, konnte 1196 aber immerhin erreichen, daß man seinen kleinen Sohn Friedrich zum deutschen König wählte. Die Ansprüche Heinrichs schienen ohne Grenzen, dazu schuf er sich mit seinen weitausgreifenden Plänen ein Heer von Feinden. In Deutschland verfolgte der Kaiser eine straffe Hausmachtpolitik: Neben dem Herzogtum Schwaben hielten die Staufer das welfische Erbe in Süddeutschland, versuchten Thüringen an sich zu ziehen und vorübergehend die Mark Meißen zu behalten. In Mittelitalien mußte der Papst erleben, wie sich die Vereinigung von Imperium und Königreich auswirkte. Heinrichs Bruder Philipp wurde Markgraf der Toskana, der Ministeriale Markward von Anweiler Markgraf von Ancona und Herzog der Romagna. Vor allem aber übernahm Heinrich von den Normannen deren expansive Mittelmeerpolitik. Er unterwarf die Königreiche Kleinarmenien und Zypern seiner Lehensherrschaft, erhob Ansprüche auf Nordafrika und gebot im Heiligen Land, als sei er König von Jerusalem. Vor allem aber machte er Anstalten, gegen Byzanz loszuschlagen. Herrisch forderte er zunächst Tribut und erhielt ihn auch. Der nächste Schritt sollte ein großangelegter Kreuzzug sein, über den er mit dem Papst verhandelte.

Damals war Heinrich bereits wieder ins sizilische Königreich zurückgekehrt und hatte die Regierung selbst in die Hand genommen. Daß er deutsche Ministerialen in Regierungsämter einsetzte, daß er neue Steuern erheben wollte und daß er befahl, alle alten Urkunden über Besitzungen und Rechte zur Überprüfung vorzulegen, machte ihn verhaßt. So kam es im Frühjahr 1197 zu einem Aufstand, der offenbar der staufischen Herrschaft hätte gefährlich werden können. Wiederum gelang es aber, die Erhebung mit Waffengewalt niederzuschlagen, und wiederum ließ er die Aufständischen grausam bestrafen. Dem Kronprätendenten ließ er bei lebendigem Leib eine Krone auf den Kopf nageln. Daß die Kaiserin bei diesen Martern anwesend sein mußte, verstärkte das Gerücht, Konstanze selbst habe dem Widerstand nahegestanden. Nun schien der Weg endgültig frei für den Kreuzzug, da erkrankte der Staufer auf den Tod. Ein Malariaanfall warf ihn nieder, und eine einsetzende Ruhr brachte Heinrich ums Leben. Der 28. September 1197 veränderte die politische Landkarte Europas.

Puer Apuliae

Am zweiten Weihnachtstag des Jahres 1194 kam die Kaiserin Konstanze im verschlafenen Städtchen Jesi in den Marken mit einem Thronfolger nieder. Was man kaum noch zu hoffen gewagt hatte, war tatsächlich eingetreten: Die Vierzigjährige hatte einen Knaben geboren, der die Verklammerung des staufischen Kaiserhauses mit dem Thron der Hauteville zu sichern imstande war. Die direkte Linie der Dynastie war gewahrt, die Gefahr von Erbstreitigkeiten unter ehrgeizigen Seitenlinien schien gebannt.

Den Lobrednern des staufischen Hauses erschien der späte Sproß einer langjährigen Ehe als Heiland. Ein Anonymus hatte in einem Spruch der tiburtinischen Sibylle geweissagt, dies werde der Herrscher über Ost und West, der »die Zeit erfüllende Caesar« sein. Der kampanische Dichter Petrus de Ebulo, der byzantinisch-arabischen Herrscherschmeichelei nahestehend, dichtete enthusiastisch:

Knabe, verheißen der Welt, Erneurer der Zeiten und Reiche
bald wirst Du Roger uns sein, bald auch Friedrich und wirst
Größer als jeglicher Ahn dank glücklicher Fügung des Schicksals,
da Du schon bei der Geburt sie durch den Vater besiegst.

Lebe Italiens Zier, erneuerter Zeiten Erfüllung,
der Du der Großväter Ruhm doppelt, den doppelten, mehrst!
Lebe, Du strahlendes Licht, und strahle als ewige Sonne,
der aus der Wiege Du schon hellest den düsteren Tag!
Lebe, Du Jupitersproß, Du Erbe des römischen Namens,
der Du das Reich und die Welt uns zu erneuern bestimmt!
Lebe! dem Vater zum Ruhm, der glücklichen Mutter zur Ehre
kommst Du in Tage, die voll üppigen Segens Dir sind.
Lebe, Du Sohn des Glücks, Du glücklicher Sprößling der Eltern!
Lebe, erlauchtestes Kind, Liebling der Götter, der Welt!

Es ist Vergils viertes Hirtengedicht, der Lobgesang auf den Anbruch eines neuen Zeitalters unter einem künftigen Weltenherrscher, das Vorbild und Inspiration dieser Verse gewesen ist. Nicht des Augustus Ruhm, die Verkündung der Ankunft Christi als Messias las das Mittelalter in jenen Zeilen. Und so haben denn die Verse des Hofdichters Friedrich mit Christus verglichen, Wendungen, die der kaiserlichen Kanzlei immer geläufig bleiben sollten. In einem berühmten Schreiben an seine Geburtstadt Jesi nimmt der erwachsene Herrscher dies wieder auf:

»Wenn die Stätten der Geburt von allen ohne Unterschied durch einen angeborenen Trieb des Willens besonders geliebt werden, wenn die natürliche Liebe zur Heimat mit ihrer Süßigkeit jeden leitet und nicht zuläßt, daß er seiner selbst uneingedenk sei, so werden auch Wir von dem gleichen Triebe Unserer Natur geleitet und gehalten, Jesi, der Marken edle Stadt, Unseres Ursprungs erlauchten Anbeginn, wo Unsere göttliche Mutter Uns zum Lichte brachte, wo Unsere Wiege erglänzte, mit innigster Liebe zu umfangen, auf daß diese Stätte nicht aus Unserem Gedächtnis entschwinden könne und Unser Bethlehem, die Heimat und Ursprungsstätte des Kaisers, Unserer Brust um so tiefer eingewurzelt bleibe. Und so bist Du, Bethlehem, Stadt der Marken, nicht die geringste unter den Fürsten Unseres Geschlechtes. Denn aus Dir ist der Herzog hervorgegangen, der Fürst des Römischen Reiches, auf daß er über Dein Volk herrsche und es schirme und nicht gestatte, daß es länger Fremden untertan sei.«

Dies war eine ungeheure Steigerung der staufischen Kaiseridee. Zur Heiligkeit des Reiches trat die übermenschliche Stellung des Herrschers, den mit Christus zu vergleichen man sich nicht scheute. Woher aber kamen diese Vorstellungen? Sie lagen einmal begründet im kaiserlichen Anspruch, unabhängig vom Papst und neben diesem von Gott über die Welt gesetzt zu sein. Auch wuchsen mit der Übersteigerung des päpstlichen Anspruchs die Prätentionen des staufischen Hofes. Es war Innocenz III., der von sich sagte, er sei eingesetzt »als Mittler zwischen Gott und den Menschen, diesseits von Gott, doch jenseits der Menschen, geringer als Gott, doch mehr als ein Mensch ... in uns wird Gott verehrt, wenn wir verehrt, mißachtet, wenn wir mißachtet werden.« Es sind jedoch auch Anklänge an jenen Kult des Geburtsortes zu spüren, den später die Renaissance zur Mode machen sollte.

Zum anderen hatte Roger II. Teile des byzantinischen Staatszeremoniells für sich adaptiert. Indem offenbar bereits in der Umgebung Heinrich VI. oströmische Kaiservorstellungen mit staufischen Ideen verschmolzen, entstand etwas Neues. Auf dem Weg vom antiken Gottkaisertum zum mittelalterlichen Kaisertum von Gottes Gnaden war man in Konstantinopel auf halbem Wege stehengeblieben.

Dort wußte man, daß Christus »der Gesalbte« heißt, daß der Kaiser ebenfalls mit Chrisma gesalbt ist, daß er von Christus gekrönt wird und über den Menschen steht. Er regiert nicht nur von Gottes Gnaden, der Kaiser ist die Emanation – die Verkörperung – des Herrn. Daß der Kaiser göttlich sei, brachte das Zeremoniell zum Ausdruck.

Wie das ganze Leben dieses zweiten Friedrich begleitet sein sollte von schmeichelndem Lob und erbitterter Feindschaft, so umranken beide auch seine Geburt. Der Zauberer Merlin habe ihn geschaut als Lamm, das man zerreißen, nicht aber verschlingen könne, den Seinen ein Löwe. Joachim von Fiore hat in ihm den kommenden Antichrist der Endzeit gesehen, der von seiner Mutter mit einem Dämon gezeugt worden sei. Überhaupt hat die Vierzigjährige die Phantasien der Chronisten angeregt: Bei den Erzählern wird sie bald fünfzig, bald sechzig Jahre alt, auch sei sie vor der Heirat Nonne in Palermo gewesen, die Ehe mithin unzulässig. Sollte nicht der Antichrist in der Meinung der einfachen Leute von einer Nonne geboren werden? Alles Raunen ließ sich natürlich in der politischen Propaganda ausschlachten: Bereits Markward von Anweiler wollte 1201 Zweifel säen, um seine eigenen Ambitionen zu sichern. Schließlich hat die päpstliche Kurie in ihrem Kampf gegen den Staufer darauf zurückgegriffen, und die Franziskaner haben die Nachrichten dann über Europa verbreitet.

Da das Alter der Mutter bedenklich schien, so mußte das Gerücht aufkommen, das Kind sei untergeschoben, mithin gar kein Staufer. Die Ärzte des Hofes hätten, als Heinrich VI. auf einen Nachfolger drang, durch Medikamente eine Scheinschwangerschaft erzeugt und nach neun Monaten kurzerhand ein Neugeborenes geraubt und dem Kaiser präsentiert. In Wirklichkeit sei Friedrich, je nach Version, Sohn eines Arztes, eines Müllers oder eines Falkners. Der Franziskaner Salimbene von Parma macht einen Fleischer aus Jesi zum wahren Vater des Kindes. Aber auch die Gegenpropaganda war bemüht, diese Gerüchte verstummen zu lassen. Da Konstanze das Gerede wegen ihres Alters vorhergesehen hätte, habe sie den Thronfolger öffentlich auf dem Marktplatz von Jesi zur Welt gebracht.

Zunächst verlief das Leben des kaiserlichen Knaben in den Bahnen der Tradition. Getauft in Assisi, der Geburtsstadt der zweiten prägenden Gestalt des Zeitalters, des Poverello, wuchs er unter der Aufsicht des deutschen Herzogs von Spoleto, Konrad von Urslingen, in Foligno in Umbrien auf. Aber auch hier steht ein Bündel ungesicherter Nachrichten vor den Ereignissen: Angeblich habe die Kaiserin ihren Sohn im Einklang mit ihrem Namen und in großer Tradition Konstantin genannt, doch schließlich habe man ihn auf die Namen seiner beiden berühmten Großväter Friedrich Roger getauft. Wie dem auch sei, er führte den ihm teuren Namen Friedrich. Als ein Kanzleischreiber den kaiserlichen Namen beharrlich falsch schrieb, soll Friedrich ihm zur Strafe den Daumen haben abhacken lassen. Aber daß er beide Traditionen, die normannische und die staufische, in Ehren hielt, zeigen alle Äußerungen seiner Herrschaft.

Daß man Prinzen von den Eltern trennt und zur Erziehung in die Obhut vertrauter Adliger gibt, ist nicht ungewöhnlich. Einmalig ist jedoch die Darstellung im »Liber ad honorem Augusti« des Petrus de Ebulo *(Abb. 11)*. Diese staufische Propagandahandschrift zeigt nämlich die einzige Wiedergabe eines Herrschers als Kleinkind im gesamten Mittelalter. Die Kaiserin, hoch zu Roß, wendet sich um und gibt der künftigen Ziehmutter, der Gemahlin des Konrad von Urslingen, deren Namen wir nicht kennen, das Wickelkind, bevor sie zu ihrem Gemahl nach Sizilien aufbricht.

Was mit dem zurückgelassenen Kleinkind geschah, wie es erzogen wurde, wer seine Spielgefährten waren, ist unbekannt; doch 1197 geriet Friedrich in die große Politik. Die deutschen Fürsten wählten den Unmündigen zum König, um die Nachfolge zu sichern, und sein Onkel Philipp von Schwaben machte sich auf den Weg, um ihn zur Krönung nach Aachen zu bringen. Da starb Kaiser Heinrich VI., und ein Kind von zweieinhalb Jahren wurde erwählter römischer König und Nachfolger im Königreich Sizilien. Seine Mutter ließ ihn in dieser Situation zu sich nach Palermo bringen, wo Friedrich am 17. Mai 1198 zum König von Sizilien gekrönt wurde.

Zum Glück hatte die Halbwaise eine tatkräftige Mutter, die in den schweren Zeiten die Geschicke Siziliens klug lenkte. Noch auf dem Totenbett hatte Kaiser Heinrich VI. versucht, durch Zugeständnisse an die Kurie die weitreichenden Ansprüche auf Sizilien und das Imperium seinem Sohn zu erhalten, doch nun brach vieles zusammen. Mit seinen brutalen Zwangsmitteln hatte sich der Kaiser bei der Bevölkerung des Regno verhaßt gemacht, so daß die jetzt losbrechenden Aufstände keine Verwunderung hervorrufen konnten. Die Kaiserin selbst lenkte den Volkszorn in Bahnen, als sie sich von den deutschen Gefolgsleuten des Staufers distanzierte, wenn sie diese nicht gar aus dem Königreich auswies. Die Bindung zum Reich gab sie auf und konnte deshalb auch auf die Unterstützung der Kurie für ihre Politik hoffen. Friedrich sollte sein Erbland im Süden gesichert werden, und das Imperium lag in weiter Ferne.

Dort sah man die Möglichkeiten eines unmündigen Kindes ähnlich wie in Palermo. Der Gegensatz zwischen Staufern und Welfen lebte wieder auf, wobei von den deutschen Reichsfürsten jeder seine eigenen Interessen verfolgte. Eine Mehrheit der Fürsten kam überein, daß ihr mit einem König Friedrich im

Augenblick nicht gedient sei, denn das staufische Haus brauchte einen handlungsfähigen Repräsentanten. Mit Philipp von Schwaben, dem Bruder des verstorbenen Kaisers, war ein geeigneter Vertreter des Herrscherhauses zur Stelle. Dagegen stellte sich eine norddeutsche Fürstenkoalition mit dem Erzbischof von Köln an der Spitze. Sie wählten Otto IV., den dritten Sohn Heinrichs des Löwen, zum König – der Bürgerkrieg war da und daß einst Friedrich II. ihn entscheiden sollte, konnte damals keiner ahnen. Er verschwindet für eineinhalb Jahrzehnte aus der Reichspolitik.

Es lag für das Papsttum nahe, die entstandene Situation zu nutzen, um dem Alptraum einer Umschließung des Kirchenstaates durch eine einzige Herrschaft zu entgehen. In Deutschland und Sizilien hatten alle Beteiligten schon in dieser Richtung gehandelt, jetzt galt es nur noch, die Tendenzen zu stärken. Daß die Kardinäle damals einen der fähigsten und bedeutendsten Päpste der Weltgeschichte erwählten, sollte für die Kurie zum Glücksgriff werden: Auf den greisen Coelestin III. folgte Innocenz III., auf den Zweiundneunzigjährigen ein tatkräftiger Mann von siebenunddreißig Jahren auf dem Höhepunkt seiner Schaffenskraft. Lothar, so sein Taufname, stammte aus einer Adelsfamilie der Gegend um Segni, die man wegen ihres Großgrundbesitzes in der römischen Campagna einfach die Grafen, die Conti, nannte. In Rom, wo die Familie seiner Mutter zu den vornehmen Geschlechtern zählte, genoß er eine solide Ausbildung, bevor er in Paris und Bologna, den besten Ausbildungsstätten der Zeit, Theologie und Kirchenrecht studierte. Er war ein glänzender Theologe und ein überragender Jurist, dessen scharfer Logik kaum jemand Gleichwertiges entgegenzusetzen hatte. Recht, Moral und Nutzen, so sagt er selbst, sind die Kategorien, die man nacheinander an ein Problem anzulegen habe, und daß Recht und Moral mit dem Nutzen der Kurie übereinstimmten, dies bewies er seinen staunenden Zeitgenossen immer wieder.

Die Situation im Königreich Sizilien erforderte, daß Krone und Kurie zusammenarbeiteten, doch ließen sich die Verhandlungen zäh an. Konstanze, die stolze Tochter Rogers II., dachte nicht daran, eines der Rechte der ererbten Monarchie abzugeben. Sie suchte trotz der Ratschläge des sterbenden Kaisers von 1197 zu retten, was zu retten war. Im Namen ihres Sohnes bestand sie auf ihren Rechten; wegen der traditionellen Sonderrolle des sizilischen Herrschers, der sich gegenüber der Kirche mehr herausnehmen durfte als andere, bestand der Papst jedoch darauf, daß Sizilien ein Land wie jedes andere werden müsse. Es war nicht die Zeit, dagegen anzugehen. Es blieb nur das Recht der königlichen Zustimmung nach der Wahl eines Prälaten, diese durfte auch nicht verweigert werden! Dazu setzte die Kurie einen Lehenseid auf, den Konstanze leisten sollte. Der Erfolg Innocenz' III. war zum Greifen nahe. Da starb, wohl am 28. November 1198, Konstanze mit vierundvierzig Jahren, und der kleine Friedrich wurde zur Vollwaise. Sie, nicht aber ihren Sohn, hat Dante in das Paradies versetzt:

Konstanza strahlt aus diesem Licht, die große,
die mit dem zweiten Sturm aus Schwabenlande
den dritten zeugte, ihrer Herrschaft letzten.

In einem letzten Willen, der getragen ist von dem Wunsch, Unheil von ihrem kleinen Sohn abzuwenden, bestimmte Konstanze den Papst zum Vormund Friedrichs. Als Rat der Familiaren, einer Art Ministerrunde, sollten die Erzbischöfe von Monreale, Palermo, Capua und wohl auch Reggio sowie der Kanzler Walter von Pagliara tätig werden. Mithin lag die Leitung des Reiches bei den wichtigsten Prälaten, die Oberaufsicht hatte Innocenz III. Sogar eine jährliche Prämie für die Aufwendungen versprach die Kaiserin nach Rom. So mag sie in dem Bewußtsein gestorben sein, ihre Hinterlassenschaft geregelt zu haben, doch für Friedrich begann ein Zeitalter der Gefährdungen. Im Königreich Sizilien herrschte in den nächsten Jahren das Chaos, jeder suchte im Namen dieses Kindes seinen eigenen Vorteil. Es genügt, die Beteiligten der Bürgerkriege zu nennen, die einzelnen Winkelzüge verdienen keine Beachtung.

Zwiespältig blieb die Politik seines päpstlichen Vormunds. Innocenz hat zwar stets mit Nachdruck die Interessen seines Mündels vertreten, allerdings verfolgte er die Ereignisse von Rom aus und kam erst kurz vor Friedrichs Volljährigkeit einmal ins Königreich. Aber wo die Interessen der Kurie betroffen waren, und das war bei den Vorrechten der sizilischen Monarchie gegenüber der Kirche der Fall, war er selbst Partei. Hier war auf ihn nicht zu hoffen. Päpstliche Legaten und Heerführer versuchten die Gebote ihres Herrn, aber auch eigenen Vorteil, durchzusetzen. Zwiespältig war die Rolle des Kanzlers Walter von Pagliara, der seine Familieninteressen rücksichtslos in den Vordergrund rückte und seinen Einfluß bei Hof erst wieder gewann, als er sich mit Innocenz verbündet hatte. Und ihm machten es die großen Magnaten Siziliens und des Festlands nach. Jeder suchte die Mehrung seines Familienbesitzes, die Interessen des Regnum Siciliae interessierten niemanden. Die Muslime Siziliens glaubten die Schwäche der Zentralgewalt zum Abfall nützen zu können und schielten nach Afrika. Genuesen und Pisaner dachten, jetzt sei es Zeit, Handelskolonien nach Art ihrer Besitzungen in der Levante zu gründen. Dazu kamen als besondere Landplage die deutschen Söldnerführer: Markward von Anweiler, Diepold von Schweinspeunth, den die Italiener lieber den Grafen von Acerra nannten, und Wilhelm Capparone. Zunächst behaupteten sie, die Interessen des staufischen Hauses zu wahren, doch bald war jedermann klar, daß sie auf eigene Rechnung handelten und auf persönliche Bereicherung zielten. Die Königsmacht auf der Insel Sizilien war schwach, und auf dem Festland war sie kaum noch vorhanden.

Den Schein der Legitimität konnte derjenige für sich erhoffen, der sich in Besitz des kleinen Friedrich und Palermos setzte. Zunächst hielt der Kanzler die Hauptstadt, mußte dann aber 1201 Markward von Anweiler weichen, der sich unter anderem mit den Muslimen der Insel verbündet hatte. Als dieser im folgenden Jahr verstarb, übernahm Wilhelm Capparone das Kommando, worauf die Zustände noch wüster wurden. 1206 endlich gelang es dem Kanzler Walter von Pagliara wieder, sich in Palermo festzusetzen. Seine bisherigen Bedränger wurden gefangengesetzt, und nun herrschte der Kanzler mit den Familiaren im Namen Friedrichs.

In all den Wirren der Zeit erfahren wir wenig von jenem, in dessen Namen alle zu handeln behaupteten, und doch müssen ihn diese wilden Jahre geprägt haben. Die rohen Akte der Gewalt erklären das später bei ihm stets rege Mißtrauen gegen jedermann genauso wie seinen gesteigerten Stolz, das schroffe Betonen der eigenen Majestät und seiner Würde. Und da er täglich sah, daß jeder seiner Peiniger ihn als die Inkarnation der königlichen Würde für seine Ränke benötigte, wird sich ihm das hohe Wesen des Königtums bald erschlossen haben. Wie heftig der Junge auf den Handstreich des Markward von Anweiler 1201 reagierte, berichtet der Erzbischof Rainald von Capua an Papst Innozenz III.: »Als der Knabe durch die fluchwürdige Treulosigkeit seiner Wächter verraten und er, der sanfte junge König, von dem, der ihm nach dem Leben trachtete, in den innersten Gemächern des Palastes gestellt war und als er nun die Gefangenschaft unabwendbar vor Augen sah, weil die Schwäche seiner Jugend und der Abfall seiner Leibwächter jede Möglichkeit einer Verteidigung ausschlossen, als ihm klar wurde, daß er nun den Fesseln der Barbaren ausgeliefert sei, er der eben noch mit Wiegenliedern hatte in den Schlaf gesungen werden sollen, da schützte er sich selbst statt durch Waffengewalt mit Tränen und vermochte doch nicht – ein gutes Vorzeichen für den künftigen Herrscher – den Adel königlicher Gesinnung zu verleugnen, wie der Berg Sinai, den kein Unwürdiger besteigen darf [Exodus 19, 12; Hebr. 12, 20]; so sprang er, da er ja doch erhascht werden mußte, dem Häscher entgegen und suchte, so gut er konnte, den Arm dessen, der den Gesalbten des Herrn antastet, zu lähmen. Darauf nestelte er seinen Königsmantel auf, zerriß voll Schmerz seine Kleider und zerkratzte mit der Schärfe der einschneidenden Nägel sein zartes Fleisch.«

Friedrich sei wie ein Lamm, das seiner Mutter von einer Wölfin entrissen wurde, verkündete der Papst. In einem Briefgedicht, das im Namen Friedrichs an alle Fürsten der Welt gesandt wurde, heißt es: »Unter dauerndem Mißbrauch des königlichen Namens werde ich mehr regiert, als daß ich regiere, mehr geheißen, als daß ich heiße, muß ich mehr erbitten, als ich bekomme. Was soll ich noch mehr sagen? Das Volk ist töricht und nicht weise; es ist nicht verträglich, sondern streitsüchtig.« Damals war das Krongut derart verschleudert, fehlte es am Allernotwendigsten, daß man, undenkbar im wohlorganisierten Staat der Normannen, wieder zu Naturalabgaben zurückkehren mußte. Das altehrwürdige Gastungsrecht des wandernden Königs, das Recht auf Verpflegung durch seine Untertanen, wurde wieder in Kraft gesetzt. Die Bürger von Palermo versorgten den Knaben nach ihren Kräften mit Lebensmitteln, jeder lud sich diese Last nach seinen finanziellen Möglichkeiten auf. Ob sie auch näheren Kontakt zu ihrem späteren Herrscher fanden? Wir wissen es nicht, und es ist nicht eben wahrscheinlich; die Welt der Städter sollte ihm immer fremd bleiben. Jeder der Regenten mußte danach trachten, den Knaben sicher innerhalb der Palastmauern zu verwahren, denn allein dessen Person bescherte ihm die Befehlsgewalt. So ist es wohl auch eine schöne Mär unseres Jahrhunderts, daß Friedrich auf den Märkten und in den Gassen Palermos durch das Leben selbst erzogen worden sei, daß er, der typische Nichtschüler, sein erstaunliches Wissen aus dem Kontakt mit seinen italienischen, deutschen, arabischen, jüdischen, normannischen und griechischen Untertanen gezogen habe.

Dennoch hat Palermo, der Ort, an dem er aufwuchs, Spuren in seiner Bildung, in seiner Haltung und in seinem Wesen hinterlassen. Nur hier konnten die Elemente Antike, Orient und Kirche sich in seiner Person so vereinigen, daß daraus das »Staunen der Welt« wurde. Wohl hat man dem Knaben die Bildung eines Prinzen angedeihen lassen, dafür werden die Geistlichen der Hofkapelle und sein Lehrer, der Hofmeister Wilhelm Francisius, schon gesorgt haben. Sobald er sich frei bewegen konnte, eiferte er den Regierungsmaximen seines Großvaters Roger nach; sein Kaisertum maß er an Augustus und den Ideen der antiken Autoren, die er mit den staufischen Traditionen zu vereinen wußte. All dies lernte man nicht in den Gassen Palermos, dies war Wissen des Palastes! Dazu erzog man ihn in den Traditionen des Rittertums mit seinen Waffenübungen, mit Frauendienst und Minneliedern. Echt sizilisch war aber seine Gewandtheit in Kenntnis und Gebrauch der Sprachen, die ihn erst in die Lage versetzte, Orient und Okzident forschend zu erkunden. Vieles, was er später beherrschte, konnte nur auf Sizilien, an der Schnittstelle des Mittelmeers, erworben werden. So war er denn nicht völlig verwildert und kein Autodidakt, als ihn Walter von Pagliara aus den Händen der Söldnerführer wieder übernahm.

Über den jungen Friedrich des Jahres 1207 besitzen wir zwei Schreiben eines Unbekannten, der wohl in der Umgebung des Kanzlers in Palermo zu suchen ist. Sie geben einen Einblick in das Wesen des Knaben, der dem Verfasser so wohlgeraten schien. Das vielfältige Wissen und die Tatkraft des Königs werden gelobt, sein scharfer Blick für das Gute und Böse und seine herausragende Menschenkenntnis. Hier mögen die bösen Erfahrungen seiner Kindheit die Sinne geschärft haben. Das zweite Schreiben aber ist persönlicher gehalten und läßt die Charakterzüge des »Puer Apuliae« deutlich erkennen: »Da Du infolge der Verschiedenartigkeit der Berichterstatter im unklaren bist über den Charakter des Königs, seine Erscheinung, seine Gestalt und seine Haltung, wünschest Du eine Beschreibung darüber in meinem Briefe an Dich. Wenn nun aber auch meine Feder kaum einer genaueren Schilderung genügen mag, so bin ich dennoch auf Grund Deiner aufrichtigen Gesinnung entschlossen, sie desto sorgfältiger zu liefern, um so lieber ich Deinem Wunsche entspreche. Die Statur des Königs also hast Du Dir nicht gerade klein vorzustellen, doch auch nicht größer, als es seinem Alter entspricht. Den Vorzug aber hat ihm die Natur verliehen, daß sie ihm zu einem widerstandsfähigen Körper kräftige Gliedmaßen gab, denen zu jeder Betätigung eine natürliche Ausdauer innewohnt. Niemals in Ruhe, verbringt er den Tag in ständiger Tätigkeit, und damit die Kraft durch Übung gemehrt werde, schult er seinen gelenken Körper in jeglicher Handhabung und Kunst der Waffen. Und wenn er sich darin übt, dann zieht er wohl sein Schwert, das ihm mehr als alles andere vertraut ist, und gerät in wilde Wut, als wollte er in das Antlitz seines Gegners stoßen. Den Bogen zu spannen und Pfeile zu entsenden, hat er wohl gelernt und übt sich fleißig darin. Er hat eine Freude an edlen und schnellen Rossen; sie mit dem Zügel zu lenken und zum Laufe zu spornen, versteht – das kannst Du glauben – niemand besser als der König. So schult er sich in jeglichem Kriegshandwerk, verbringt in immer wechselnder Betätigung den ganzen Tag bis zur Nacht und verwendet dann noch die ganze Zeit der folgenden Vigilie auf die Waffenkunde. Übrigens eignet ihm eine königliche Würde, die Miene und gebieterische Majestät des Herrschers. Sein Antlitz ist von anmutvoller Schönheit, mit heiterer Stirn und einer noch strahlenderen Heiterkeit der Augen, so daß es eine Freude ist, ihn anzuschauen. Aufgeweckt ist er, voll Scharfsinn und Gelehrigkeit, aber er zeigt ein ungehöriges und unschickliches Betragen, das ihm nicht die Natur mitgegeben, sondern an das ihn rüder Umgang gewöhnt hat. Doch die natürliche Begabung des Königs, sich leicht zum Besseren zu wandeln, wird wohl noch die Unschicklichkeiten, die er angenommen hat, allmählich durch bessere Gewöhnung ändern. In Verbindung damit steht freilich, daß er, ganz unzugänglich für Ermahnungen, nur dem Triebe seines eigenen freien Willens folgt und es, soviel man sehen kann, als schimpflich empfindet, noch bevormundet und für einen Knaben, nicht aber für einen König geachtet zu werden; und daher kommt es, daß er wohl jede Bevormundung von sich abschüttelt und die Freiheit, die er sich dann nimmt, oft das Maß dessen, was einem Könige erlaubt ist, überschreitet; er läßt sich dann zu sehr in öffentlichen Umgang ein, und das allgemeine Gerede darüber muß die

Ehrfurcht vor der Majestät mindern. So sehr aber eilen seine Gaben dem Alter voran, daß er, noch ehe er zum Manne herangewachsen ist, wohl ausgerüstet mit Kenntnissen, die Gabe der Weisheit empfangen hat, die er doch erst im Laufe der Zeiten hätte erwerben sollen. Darum rechne bei ihm nicht die Zahl der Jahre nach, und erwarte nicht erst die Zeit der Reife, da er an Wissen schon jetzt ein Mann ist und an Majestät ein Herrscher.«

In die Umgebung des Staufers führt wohl auch eine Kamee *(Abb. 12)*, die man als Herrscherbildnis oder auch als Puer Apuliae, freilich auch als Christus gedeutet hat. Das Antikische war ja Kennzeichen der Plastik der spätstaufischen Hofkunst, und so ist dies auch in der Kunst des Steinschneidens gewesen, ja man hat diese Werke geradezu als Produkte der spätantiken Kaiserzeit gedeutet. Bei dem lorbeerbekrönten Jüngling, einem Werk ohne Vergleichsbeispiele, liefern jedoch Merkmale wie der stämmige, zu kräftige Hals, die großen Ohren, scharfkantige Brauen und die fleischige Nase, deutliche Hinweise auf die Stauferzeit. Man ahmte beim Steinschnitt antike Vorbilder nach, wie man sich selbst ja auch in der römischen Tradition stehen sah. Die staufischen Steinschneider nahmen den Brauch der römischen Staatskameen auf, die Vielfarbigkeit des Materials zur Modellierung zu verwenden, der »Schwarz-Weiß-Zwang« wurde aufgegeben. Sollte das Kind im Lorbeerkranz wirklich Friedrich II. meinen, so wäre dies eine Apotheose des Kaisers, der sich selbst in seinen späten Jahren immer noch als Puer Apuliae mit Hinweis auf das Jesuskind hat feiern lassen.

Wie das Palermo Friedrichs ausgesehen hat, davon zeugen nur noch ganz wenige Kunstdenkmäler. Am Königspalast, dem neuen Palast der Normannen im Gegensatz zum alten von Castellamare, haben Jahrhunderte gebaut und ihn zu einem Sammelsurium unterschiedlichster Stile werden lassen. Allein die Stanza normanna *(Abb. 13)* hat ihr Aussehen über die Zeiten bewahrt. Es ist ein Raum mit farbenprächtigen, goldgrundigen Mosaiken, die der Zeit um 1170 entstammen und die Tier- und Pflanzenwelt zeigen. Die Jagdszenen spiegeln das Adelsinteresse am Waidwerk wider, dem auch Friedrich II. selbst sich verschrieben hatte. In diesem prächtigen Palast wuchs er auf, bewacht von jenen, die in seinem Namen zu herrschen begehrten.

Als der vierzehnte Geburtstag Friedrichs herannahte, der nach normannischem Brauch die Regierungsfähigkeit und Volljährigkeit des Königs bedeutete, beeilte sich der Vormund, für den Knaben eine Frau zu finden. Schon lange dachte er an eine Verbindung mit dem Hause Aragon, da dieses Königreich wie Sizilien ein Lehen des päpstlichen Stuhls war. Davon versprach sich Innocenz eine enge Bindung an die Kurie, und was dabei herauskam, entsprach politischem Kalkül und keineswegs der Natur. Gerade war Konstanze von Aragon als Königin von

Ungarn Witwe geworden, jetzt sollte sie den über zehn Jahre jüngeren Friedrich heiraten. Das wohl frühreife Kind und die Witwe waren ein seltsames Paar, und lange mußte wegen dieser Verbindung verhandelt werden, schließlich aber gaben politische Argumente und die Aussicht auf die Mitgift der Braut den Ausschlag und die Hochzeit wurde beschlossen. Auch sonst wurde der Vormund aktiv, seit er das Ende seiner Tätigkeit nahen sah: Zum ersten und einzigen Mal reiste der Papst in das Königreich, erließ einen Landfrieden und suchte die Verwaltung zu ordnen.

Am 26. Dezember des Jahres 1208 wurde Friedrich volljährig und übernahm die Regierungsgeschäfte. Aber diese Anfänge waren schwer genug, auch wenn ihn Papst Innocenz in einem Brief an Peter II. von Aragon überschwenglich lobte: »Ansehnlich bezüglich seiner Abstammung überschreitet der Bräutigam Deiner Schwester – wie es von den ihm ebenbürtigen Cäsaren geschrieben steht: Ihre Mannheit tritt vor der Zeit ein! – beschwingten Schrittes die Schwelle der Reife und beginnt, indem er durch Leistung das fehlende Alter ersetzt, wunderbar mit den ersten Regierungsversuchen.« Zwar funktionierten die althergebrachten Regierungsorgane, zumal in Palermo Familiarenrat, Hofkapelle, Kanzlei, Großhofgericht und Doana, doch konnte sich der junge Herrscher längst nicht aller Beamten sicher sein. Zu viele von ihnen waren in der Zeit seiner Minderjährigkeit durch Intervention zu ihren Ämtern gekommen und sicher nicht bereit, gegen ihre eigenen Wünsche plötzlich dem jungen König zu folgen. Zudem hatte sich die Bevölkerung an ein lockeres Regiment gewöhnt, und die Beamten konnten keineswegs überall die Interessen der Krone gegen die lokalen Gewalten durchsetzen. Dann gab es auch noch deutliche Tendenzen, sich der zentralen Kontrolle gänzlich zu entziehen. Die Genuesen verfolgten das Wohl ihres eigenen Handels, die Muslime wandten sich von der christlichen Regierung ab, und nach wie vor standen die deutschen Söldnerführer vom Schlag eines Diepold, Grafen von Acerra, und Wilhelm Capparone im Land. Vor allem aber drückten die Verluste im Domänenbesitz der Krone, die die finanzielle Basis der Herrschaft in Frage stellten. Bereits 1199 hatte Innocenz als Vormund gegen die Politik einflußreicher Kreise am Hofe protestiert, ohne etwas zu bewirken. Um Anhänger zu gewinnen, Adlige bei Laune zu halten und um ihre eigene Familie zu versorgen, hatten zahlreiche einflußreiche Höflinge im Namen des Knaben Burgen und Güter ausgegeben und verschenkt, staatliche Abgaben und Leistungen an Private vermittelt oder auf das Einheben von Steuern gänzlich verzichtet. So machte man sich Freunde, den Interessen der Monarchie diente es nicht. Markward von Anweiler, Wilhelm Capparone und der Kanzler Walter von Pagliara waren die größten Sünder, aber viele andere hatten ebenfalls vom Machtvakuum profitiert. Selbst der Papst, der sich ständig über die finanziellen Lasten seiner Vormundschaft beklagte, hatte seiner Familie im Norden des Königreichs eine Grafschaft mitsamt den dortigen Burgen zugeschanzt.

Daß keiner Lust verspürte, die Früchte seiner Bemühungen nun wieder an Friedrich abzutreten, kann nicht verwundern. Bereits kurz nach seinem Regierungsantritt zog er 1209 über die Insel, sein Reich in Augenschein zu nehmen: »Denn da Wir in großer Macht durch Sizilien ritten, machte die Furcht vor Unserer Gewalt die Söhne des Aufruhrs, die den Frieden hassen, so friedlich, daß sie das Joch Unserer Herrschaft in aller Ergebenheit auf sich nahmen und sie sich Unserer Macht demütig unterwarfen. Darüber freut sich Unser ganzes Land, und es jubelt das Volk sicher in der Fülle des Friedens [Psalm 71, 4].« Um weiter auszugreifen, fehlten ihm jedoch die Mittel. So hoffte er denn auf die versprochene Mitgift seiner Frau Konstanze von Aragon, fünfhundert Ritter, um seine Herrschaft mit Gewalt zu festigen. Im August traf seine Frau in Palermo ein, begleitet von ihrem Bruder Alfons von der Provence und der avisierten Heerschar. Doch in der Gluthitze des Sommers brach eine Seuche aus, der sowohl der Graf als auch die meisten der spanischen Soldaten zum Opfer fielen. Was Friedrich das Wichtigste an der eben geschlossenen Ehe gewesen war, die militärische Unterstützung, war unwiederbringlich dahin.

Am meisten Erstaunen mußte erregen, daß sich der Vierzehnjährige sofort mit seinem einstigen Vormund anlegte. In Palermo war ein neuer Erzbischof zu wählen, und in der Tradition seiner normannischen Vorfahren griff der König ein, doch drei Domherren protestierten beim Papst gegen sein Vorgehen. Erbost ließ Friedrich die Kanoniker aus dem Lande werfen und teilte einem staunenden Innocenz mit, daß nur die Rücksicht auf ihre Eigenschaft als Geistliche ihn habe so milde reagieren lassen. Sein alter Vormund schrieb ihm einen Brief, hart in der Sache und maßvoll belehrend im Ton. Die Vorrechte der Normannen, die Friedrich hier einfordere, habe seine Mutter bereits aufgegeben, die Vorrechte seiner Vorfahren seien erloschen. »Du hättest daran denken müssen und Dich warnen lassen, wie durch das Vorgehen Deiner Vorfahren, welche die Spiritualien sich anzumaßen trachteten, solche Wirrnis über Dein Königreich gekommen ist.« Friedrich sah dies ganz anders. In einem späteren Schreiben an den Papst beklagt er sich darüber, daß die Kirche schon in seiner Jugendzeit stets nur ihren eigenen Vorteil gesucht und sogar seine Feinde unterstützt habe. Dankbarkeit durfte der Papst nicht erwarten!

In dem Betonen der überkommenen Rechte der Krone und in den ersten selbständigen Schritten wird deutlich, daß sich Friedrich auf die Traditionen seines berühmten Großvaters zu stützen gewillt war. Offenbar wurde er durch seine Erzieher und Vertrauten, zu denen damals bereits Berard, der spätere

Erzbischof von Palermo stieß, in dieser Auffassung bestärkt. Es waren die Traditionen der sizilischen Monarchie, die wiederbelebt werden sollten. Daß sich diese Bestrebungen gegen die Interessen des Adels richten mußten, war deutlich. Und so sah sich Friedrich immer wieder Verschwörungen und Aufständen gegenüber, die seine gegenwärtige Machtlosigkeit auszunutzen suchten. Vorwiegend auf dem Festland, wo man sich die Achtung vor dem Monarchen auf der Insel fast völlig abgewöhnt hatte, stieß Friedrich auf Widerstand. Graf Diepold von Acerra, der unter Friedrich zum Kapitän und Großjustitiar von Apulien und der Terra di Lavoro ernannt worden war, regierte »von Gottes und des Königs Gnaden.« Einen gottunmittelbaren Beamten aber durfte kein Monarch dulden, wollte er sich nicht selbst aufgeben. Vor allem aber war es die geduldige Politik des Königs, alle Ansprüche und Privilegien zu prüfen, um dann zu bestätigen oder die Rechte zurückzufordern, die die Adelsopposition aufstachelte. So konnte sich Friedrich nach den ersten Akten seiner Regierung durchaus nicht sicher sein, ob es ihm gelingen würde, sein Königreich fest in die Hand zu bekommen.

Das Imperium hatte unterdessen ebenfalls keine glücklichen Tage gesehen. Staufer und Welfen standen sich mit ihren Parteien gegenüber, Philipp und Otto beanspruchten die Herrschaft, und unter den Fürsten wurde es Mode, sich die Parteinahme mit Privilegien und Geldzahlungen versüßen zu lassen. Beide Seiten erhofften sich viel von Innocenz III., denn sie glaubten, dieser könne seinem Favoriten zumindest die Unterstützung der Reichskirche sichern. Dieser mächtige Papst war nicht der Mann, sich eine derartige Chance entgehen zu lassen. In einer kunstvollen Argumentationskette entscheidet er sich für den Welfen und gegen Friedrich und Philipp. Gerade auch bei seinem jungen Mündel wägt Innocenz das Für und Wider ab, und was er damals befürchtete, sollte sich später erfüllen: »Wenn dieser Knabe zu den Jahren der Einsicht gelangt und dereinst erkennt, er sei durch die römische Kirche der Ehre des Reiches beraubt, dann wird er ihr nicht nur die geziemende Ehrfurcht versagen, sondern sie sogar auf jede nur mögliche Weise bekämpfen, wird Siziliens Königtum von ihrem Lehensbande reißen und ihr den gewohnten Gehorsam verweigern.« Gegen diese Furcht setzte Innocenz Schuldzuweisungen an Philipp, doch sollten seine Worte prophetische Kraft haben.

Die Entscheidung der Kurie war gefallen, doch nun erwies sich die päpstliche Unterstützung als wirkungslos. Der Thronstreit zog sich Jahr um Jahr hin, und die Gefolgschaft des Staufers wurde stärker und stärker. Sogar Innocenz sah sich genötigt, wieder mit der staufischen Partei Kontakt aufzunehmen, denn Philipp sah wie der sichere Sieger dieses seltsam ereignisarmen Ringens aus. Da wurde König Philipp vom Pfalzgrafen Otto von Wittelsbach aus persönlicher Rache 1208 ermordet. Zehn Jahre Streit schienen nun den deutschen Fürsten genug, man einigte sich darauf, den Welfen als König anzuerkennen, die staufische Partei trat zu ihm über. Innocenz sah sich ebenfalls am Ziel seiner Wünsche, das »Geschlecht der Verfolger der Kirche« herrschte nicht mehr im Reich, der Welfe wurde anerkannt, weil »kein Papst einen Staufer liebte.« Doch bald sollte sich erweisen, daß die Anforderungen des hohen Amtes und die Gesetzmäßigkeiten der Machtpolitik die Haltung der Kaiser während der letzten Jahrzehnte bestimmt hatten und nicht persönliche Vorlieben. Otto heiratete nicht nur eine Tochter seines ermordeten Rivalen Philipp, er machte auch Politik, als ob er ein Staufer sei, machte sich deren Ziele und Vorstellungen vom Wesen des Imperators zu eigen.

Dabei zeigte er jedoch nichts von jenen liebenswürdigen Wesenszügen, die Friedrich Barbarossa und gar Philipp von Schwaben zu Lichtgestalten ihrer Zeitgenossen werden ließen. »Herrisch und dumm, aber tapfer« sei er gewesen, meinte ein schwäbischer Zeitgenosse. Er war ein furchtloser Kämpfer, aber sein ungehobeltes Benehmen ließ ihm Scharen von Gegnern wachsen; von der Herrschertugend der Freigiebigkeit hielt dieser Geizhals wenig, vertrauen durfte man ihm schon gar nicht. Dennoch ist es dieser unherrscherliche Ritter gewesen, der dem schlauen und wendigen Papst seine schwerste Niederlage beibrachte. Der glaubte nämlich, er könne dem Wort eines Herrschers trauen, und nahm die Versprechungen Ottos für bare Münze. Was dieser nicht alles zugesagt hatte! Der »gehorsame Sohn« der Kirche versprach alles, was der Papst hören wollte, sicherte ihm Freiheiten und Rechte, vor allem aber bestätigte er den Herrschaftsanspruch der Kurie in Mittelitalien, nur um möglichst schnell zum Kaiser gekrönt zu werden. Schließlich erreichte er auch sein Ziel und wurde im Spätherbst des Jahres 1209 in Rom zum Augustus erhoben.

Das große Fest endete in einem Gemetzel zwischen Deutschen und Römern, und auch die Eintracht der obersten Gewalten der Christenheit fand ein jähes Ende. Bereits bei der ersten persönlichen Begegnung von Papst und Anwärter, bei der die Kurie nochmals ihre Rechte verbrieft haben wollte, riet Otto höhnisch, die Urkunden im Kasten zu lassen. Dann ging er daran, die kaiserliche Gewalt in Mittelitalien wieder aufzurichten. Das allein war schon mehr, als die Kurie ertragen wollte, immerhin schien der Welfe wenigstens auf dem Heimweg in Richtung Pisa. Da erschienen im kaiserlichen Lager aufständische Barone des sizilischen Festlandes, an ihrer Spitze Diepold von Acerra, und redeten Otto ein, »in Sizilien dürfe nur der Träger der Kaiserkrone herrschen.« Der Welfe sah nun die Möglichkeit für einen Anschluß des Königreichs und die Ausschaltung des letzten Staufers, der ihm gefährlich werden könnte, willigte ein und machte kehrt, um sich auf das Südreich zu stürzen.

Ob Otto die Reaktion der Kurie unterschätzt hat? Gegen seine plumpen Lügen – er hatte auch die Unverletzlichkeit des Königreichs beschworen – war Innocenz wehrlos gewesen, auf dem Felde der Diplomatie setzte er den Kaiser matt. Denn daß hier jemand mit falschen Versprechungen und Meineiden Politik gemacht hatte, war allen bewußt. »Das Schwert, das wir uns geschaffen, schlägt uns schwere Wunden«, klagte Innocenz und griff dann zu um so schärferen Klingen. Als Otto nach längeren Rüstungen 1210 gegen Apulien zog, sandte ihm der Papst seinen Bannstrahl hinterher. In Sankt Peter predigte Innocenz zu diesem Anlaß über das Wort der Genesis: »Es reut mich, den Menschen geschaffen zu haben.« Otto war eines jener Gemüter, auf die der Bann nicht wirkte, solange er die überlegenen Waffen auf seiner Seite wußte. Sein Zug in den Süden wurde zunächst ein voller Erfolg. Apulien, Kalabrien, das gesamte Festland fiel an den Kaiser, selbst die Insel war nicht sicher, die Muslime luden den Welfen ganz offen zum Herrschaftsantritt. Ohne Mittel, ohne Heer, seiner Barone nicht sicher, schien Friedrich verloren. So verzweifelt war die Lage, daß der Staufer beim Schloß Castellamare zu Palermo eine Galeere festmachen ließ, die ihn ins sichere Afrika ins Exil bringen sollte. Selbst sein Kanzler Walter von Pagliara schien in seiner Treue wankelmütig und wurde abgesetzt. Dennoch hat Friedrich gerade damals auf seinem Königssiegel Sonne und Mond, die Symbole der Weltherrschaft, anbringen lassen, in dieser Situation ein Zeichen makabren Trotzes. Allein die Verspätung der pisanischen Flotte, die Otto für seinen Angriff auf Sizilien brauchte, verhinderte das Schlimmste. Und da brachte Innocenz die Herrschaft des Welfen zum Einsturz.

Hatte der Bann auf diesen selbst noch keine Wirkung gezeigt, so doch um so stärker in Deutschland. Innocenz setzte nicht nur die Kirchenstrafen ein, ihm stand auch die päpstliche Diplomatie zur Verfügung. Er bearbeitete die deutschen Fürsten, und daß der Welfe einen Staufer mit Krieg überzog, machte Otto bei den Stauferfreunden nicht beliebter. Der König von Frankreich half mit Politik und Geld gegen den Freund und Verwandten des ihm so verhaßten England, der Papst machte den Klerus rebellisch und wühlte in Oberitalien, bis das Reich in Flammen stand. In Nürnberg versammelten sich die Feinde Kaiser Ottos und erklärten ihn, der dem Bann der Kirche trotzte, für abgesetzt. Was nun folgte, mußte dem Papst allerdings Sorgen machen und zeigt, daß er sich bewußt war, daß nur stärkste Mittel gegen diesen Kaiser helfen würden. Auf den Rat Philipps II. Augustus von Frankreich wählten die Fürsten Friedrich von Sizilien zum neuen König. Zwar kannte das Reich mächtigere und vor allem auch reichere Fürsten, aber es war der Name, der auf ein Gelingen hoffen ließ. Und das sahen die Freunde des Kaisers genauso. Otto stand noch in Kalabrien, als die Gesandtschaft seiner deutschen Anhänger, verstärkt um Boten aus Mailand und Oberitalien, eintraf und die Schreckensnachrichten überbrachte. Das Reich befinde sich im Aufruhr, der Kaiser möge schleunigst umkehren, denn sonst sei das Imperium selbst für ihn aufs höchste gefährdet.

In dieser kritischen Situation verlor der Welfe die Nerven. Er hätte nur seinen Feldzug zu Ende bringen müssen, dann wäre er den Gegenkönig los gewesen, denn Friedrich hatte keine Machtmittel mehr. So aber war er »bis ins Innerste erschüttert« von dem Verrat der Fürsten, rechnete er doch offenbar nicht damit, daß andere es ihm gleichtun könnten. Er brach sein Unternehmen ab und zog nach Norden. In Lodi hielt er noch einen Hoftag, bevor er mitten im Winter die Alpen überschritt. Ohne eigenes Zutun war Friedrich gerettet worden, ja in höchster Bedrängnis hatten sich ihm neue, glänzende Aussichten eröffnet.

Augustus und Kaiser

Nach der Wahl Friedrichs zum künftigen Kaiser schickten die deutschen Fürsten eine Delegation nach Sizilien, um den Staufer zu bitten, sein Reich zu übernehmen. Die Abkehr von allen Grundsätzen seiner Politik kann Innocenz III. nicht leichtgefallen sein. Die Probleme einer staufischen Herrschaft im Reich und in Sizilien mußten dem Papst wieder in den Sinn kommen, doch hatte er wohl keine andere Wahl. Die hatte jedoch Friedrich, und über die Frage, welchen Weg er wählen solle, kam es am Hof in Messina zu langen Diskussionen. Die Berater rieten von der Reise dringend ab, da die Herrschaft im Königreich noch lange nicht konsolidiert war, und auch die Königin Konstanze wollte von diesem Abenteuer nichts wissen. Der junge Herrscher aber beschloß, den Spuren seines Vaters und Großvaters zu folgen, und nach dem Erbteil der Staufer zu greifen.

»Arm und abgerissen wie ein Bettler« verließ er Sizilien, nachdem er die Regentschaft nach den Wünschen des Papstes geregelt hatte. Sein Söhnchen Heinrich war zum König von Sizilien gekrönt worden, dies sollte die Vereinigung von Königreich und Imperium verhindern, die Mutter war bestimmt, für den Unmündigen die Geschäfte zu führen. Es wurde eine Fahrt mit Hindernissen. Zunächst machte Friedrich Station in Gaeta, dann traf er in Rom ein, wo man ihn als künftigen Kaiser feierlich begrüßte.

In der Erinnerung schrieb er später, Rom habe ihn damals wie eine Mutter, die ihren Sohn aus den Armen entläßt, nach Deutschland gesandt, damit er die hohe Würde des Kaisertums erlange. Rom sollte für Friedrich zeit seines Lebens eine besondere Stadt bleiben. Ohne den Papst konnte er damals gar nichts erreichen, er war der »Sohn der Kirche«, den seine Feinde einen »Pfaffenkaiser« nannten. Innocenz unterstützte ihn mit seiner Diplomatie und mit Geld, doch die weitere Fahrt bestimmten Zufälle. Er reiste mit dem Schiff nach Genua, wo ihn die Wirren der oberitalienischen Kommunen empfingen. Untereinander einig waren sich die stolzen Städte selten, auch innerhalb der Mauern gab es Todfeindschaften, die sich in Gewaltätigkeiten entluden. Und zwischen den Städten saßen mächtige Feudalherren, die im ewigen Spiel der Bündnisse und Rivalitäten ihre eigene Herrschaft mehrten. Es gab in diesem Spiel Konstanten, auf die man sich in aller Regel verlassen konnte: Wer mit Mailand war, der hatte Cremona zum Feinde, wer mit Genua ging, hatte Pisa zu fürchten. Doch konnte ein innerer Aufruhr auch die Fronten umkehren. Gerade damals begann man die internen Parteiungen auf die große Politik zu beziehen. Erstmals 1216 treten in Florenz die Guelfen (Welfen) und Ghibellinen (Waiblinger) auf: Welf und Staufer, Papst und Kaiser wurden zu Parteiparolen, hinter denen sich doch nur allzu oft lokale Konflikte verbargen. Und mitten in dieses politische Netz führte der Weg nach Norden den jungen Staufer.

Von Genua wollte er direkt ins stauferfreundliche Pavia, doch machte die Lage einen Umweg über Asti nötig. Klerus, Adel und Volk von Pavia empfingen ihn dann mit kaiserlichem Pomp. Doch nun begann die Reise gefährlich zu werden. Vor dem nächsten Ziel, Cremona, lag Piacenza, das erklärtermaßen Friedrich einfangen wollte. Weiter nördlich drohte von Mailand noch Schlimmeres. Deshalb verabredeten Pavia und Cremona eine geheime Reise zur Nacht, bei der für die erste Hälfte des Weges Pavia, für die zweite Cremona die Sicherung des hohen Gastes übernehmen sollte. Im Morgengrauen wurde der Trupp der Pavesen am Lambro von den Mailändern überfallen, die den König aufgreifen wollten. Auf einem ungesattelten Pferd durchschwamm Friedrich den Fluß und erreichte Cremona, während die Mailänder unter seinen Begleitern ein Blutbad anrichteten. Noch nahm man ihn nicht ernst. Man redete von ihm als »dem Kind«, das den Kaiser Otto herausforderte, und spottete, Friedrich habe »seine Hose im Lambro gewaschen«. Aber nun drohte ihm in Italien kein Ungemach mehr.

Den bequemen Weg über den Brenner versperrten Anhänger Ottos, so daß der mühselige Weg von Trient ins Engadin und nach Chur führte – Deutschland war erreicht. Hier nun taten auch die päpstlichen Befehle, denen die italienischen Stauferfeinde hohnlachten, ihre Wirkung. Der Bischof von Chur und der Abt von St. Gallen nahmen ihn auf, sein Gefolge wuchs auf etwa dreihundert Reiter an. Friedrich setzte seinen Zug fort nach Konstanz, wo Stunden über sein Schicksal entschieden. Otto IV. hatte sein Reich nach der Rückkehr wieder zur Botmäßigkeit gebracht und zeigte sich willens, den Staufer gleich am Bodensee wieder über die Alpen zu treiben. Er lagerte bei Überlingen und machte Miene, nach Konstanz zu ziehen. Dort war man auf den Empfang des Herrschers vorbereitet, als statt des Welfen Friedrich erschien und Einlaß begehrte. Anfangs verweigerte sich der Bischof dem Ansinnen, aber als der päpstliche Legat vor den Toren der Stadt feierlich die Exkommunikation Kaiser Ottos verkündete, verfehlte dies seine Wirkung nicht.

Friedrich ritt in die Stadt ein: »Wäre Friedrich drei Stunden später in Konstanz eingetroffen, so wäre er niemals in Deutschland aufgekommen«.

So aber begann der Siegeszug des Staufers, der kaum je von Kämpfen begleitet war. Den Rhein abwärts liefen ihm immer weitere Scharen zu, bis Basel besaß er bereits ein Gefolge, das eines Königs würdig war. Die alten staufischen Parteigänger besannen sich auf ihre Traditionen, der Welfe konnte erst am Niederrhein seine Kräfte wieder sammeln. Gegen Jahresende versammelte sich in Frankfurt eine Schar Fürsten und wählte Friedrich nochmals und in aller Form zum König. Am 9. Dezember 1212 krönte ihn Erzbischof Siegfried von Mainz, der Führer der antiwelfischen Bewegung, in seiner Domkirche zum König. Die Insignien besaß der Welfe noch, auch der Krönungsort Aachen war der staufischen Partei versperrt. »Friedrich, durch Gottes Gnade König der Römer, allzeit erhaben, zugleich König Siziliens«, lautete jetzt sein Titel. In ihm brachte er seinen Anspruch auf das Kaisertum ebenso zum Ausdruck wie den Willen, sein Erbreich Sizilien zu regieren.

Den Zeitgenossen schien der Erfolg Friedrichs wie ein Märchen. Ohne Schlacht hatte der Knabe aus Apulien, das »Kind von Pülle«, »Unser Kind«, den mächtigen Welfen verjagt. Troubadours sangen von ihm als neuem Alexander, rühmten seine »milte« und seine Freigiebigkeit. Freilich blieb ihm kaum etwas anderes übrig, wollte er seine Anhänger wirklich an sich ziehen. Der Welfe hatte sich mit seiner Knausrigkeit viele Feinde geschaffen, und der Staufer wollte ganz bewußt anders sein: »Die Vernunft selbst rät uns dazu und es veranlaßt uns das Nachsinnen über unseren Gegner, der, weil er anders gehandelt, die Feindschaft der Menschen auf sich zog und die Ungnade Gottes«.

Von der damaligen Stimmung gibt die deutsche Kaiserchronik ein treffendes Bild:

Die Herren waren, wo sie sind,
sie schickten Botschaft an das Kind,
das man »von Apulien« hieß;
jeder für sich ihm sagen ließ:
komme es in deutsches Land,
sie machten es da unverwandt
zum König und zum Oberherrn.
Das Kind vernahm die Kunde gern. –
Der Kaiser hatte größre Kraft,
das Kind jedoch ward sieghaft
ganz ohne eines Schwertes Streich;
die Gnade wog der Menge gleich.

Daß dieses Wunder nur dem Walten Gottes zuzuschreiben war, diese Überzeugung teilten viele Zeitgenossen. Wie es üblich ist, kam nun zum Unglück des Welfen noch der öffentliche Spott hinzu. Der Kaiser hatte sich durch Geldgier und Geiz Feinde gemacht, er hatte die Prälaten gegen sich aufgebracht, weil er in Gegenwart von Bischöfen stets abfällig über die »Pfaffen« gelästert hatte, so wurde er »den Italienern eine Last, lästiger den Schwaben, den Seinen unangenehm«. Walther von der Vogelweide rief ihm hinterher:

Ich wollt' Herrn Ottos Milde nach der Länge messen:
Da hatt' ich an dem Maß ein Teil vergessen:
Wär er so mild wie lang, er hätte Tugend viel besessen.
Dann maß den Leib ich ab, wie man ihn ehrte,
Da ward er viel zu kurz wie ein verschnitten Werk,
An mildem Sinne kleiner als ein Zwerg;
Und doch ist er zu alt, als daß sein Werk sich mehrte. –
Da ich den König maß, wie hoch empor er schoß!
Sein junger Leib ward mächtig und ward groß.
Seht, wie er wächst! bald ist er Riesen ein Genoß.

Noch freilich war der Kaiser nicht geschlagen. In Norddeutschland, zumal am Niederrhein und in Sachsen, war seine Herrschaft ungebrochen. Dies sollte sich so bald nicht ändern, und im Grunde hielt der Stillstand bis ins Jahr 1214. Daß sich schließlich das Schicksal für den Staufer entschied, hatte dieser selbst nur zum geringsten Teil bewirkt. In Westeuropa wurde eine jener Schlachten der Weltgeschichte geschlagen, die epochemachend sind. König Johann Ohneland von England hatte zu Beginn des Jahrhunderts seine französischen Besitzungen, die Normandie, die Bretagne, Anjou und Maine, an Philipp II. Augustus von Frankreich verloren. Innere Wirren und eine erbitterte Auseinandersetzung mit Innocenz III. hatten Johann lange Jahre die Hände gebunden, doch jetzt sah er die Zeit gekommen, sich seinen Besitz mit Waffengewalt zurückzuholen. Während der englische König wenig glücklich in Südfrankreich agierte, führten seine Verbündeten, die Grafen von Flandern, Holland und Boulogne, der Herzog von Brabant und Kaiser Otto, ein Heer nach Nordfrankreich. Dort wurden sie bei Bouvines vom französischen König gestellt und geschlagen. Es war der große Tag des Triumphs für Philipp II. Augustus, doch auch der Staufer hatte aus der Ferne gesiegt: Der französische König sandte ihm den erbeuteten goldenen Reichsadler, und vor dem Welfen zeigte kaum jemand Angst. Ihm fehlte in der Folge die Unterstützung durch die englischen Verwandten. Der französische König, der große Sieger, hatte sich Friedrich als Gegenkönig ja ausgesucht. Von allen vergessen und verlassen starb Otto im Jahre 1218.

In den Monaten nach der Schlacht von Bouvines gab es in Deutschland kein Halten mehr, das Reich fiel Friedrich ohne eigene Anstrengung zu. Dieser Erfolg ohne Schlacht festigte im jungen Herrscher die Gewißheit, daß er seine Herrschaft dem Willen und Wirken Gottes verdanke: »Obgleich alle Könige dem König der Könige dienen sollen, geziemt es doch Uns um so viel mehr, je mehr Wir aus der Fülle seiner Gnade empfangen haben; denn in Uns richtete er die Wunder seiner Macht auf, als er, die Absichten der Fürsten und die Gedanken der Völker verwerfend, den Mächtigen stürzte und Uns erhob.«

Verhandlungen beseitigten die letzten Nester des Widerstands, so daß Friedrich schließlich ohne Schwertstreich in Aachen Einzug halten konnte. Die Königskrönung konnte nochmals feierlich am rechten Ort wiederholt werden: »Die Aachener schrieben dem König Friedrich, er möge friedlich kommen, da sie bereit seien, ihn als Herrn aufzunehmen. So geschah es, daß der König Friedrich, umgeben von Fürsten und Würdenträgern des Reiches, mit großer Pracht und Herrlichkeit nach Aachen kam am Vorabend des Festes des heiligen Jakobus. Am folgenden Tage aber wurde er in der Kirche der heiligen Maria zum König geweiht und gekrönt und auf den königlichen Thron erhoben durch den Erzbischof von Mainz, da die Kölner Kirche damals keinen Herrn hatte. Sofort nach der Messe nahm der König völlig unerwartet das Zeichen des lebenspendenden Kreuzes und forderte alle Würdenträger und Fürsten des Reiches sowohl selbst als auch durch den Mund der Prediger, die das Wort des Kreuzes predigten, auf, dasselbe zu tun. So bewog er die meisten zur Zustimmung ...«

Was den jungen Herrscher dazu bewogen haben mag, in einer politisch unübersichtlichen Situation selbst das Kreuz zu nehmen, wird wohl nie geklärt werden können. Mag es die Persönlichkeit Karls des Großen gewesen sein, der damals als einer der großen Heidenkämpfer galt, mag es der Anspruch auf Führung des Kreuzzugs gewesen sein, wie ihn einst sein Großvater Friedrich verkörperte, mögen Kreuzprediger in seiner Nähe geweilt haben, mag ihn das religiöse Fieber jener Tage, das sich auch darin äußerte, daß Kinder Jerusalem erobern wollten, gepackt haben, Näheres wissen wir nicht. Im Rückblick hat er zwölf Jahre später diese Vorgänge als persönlichen Akt der Dankbarkeit gegenüber Gott dargestellt: »Voller Demut sannen Wir darüber nach, was Wir dem Herrn für die erwiesenen unendlichen Wohltaten darbringen sollten. Als Wir dann sofort nach Empfang der Krone des Reiches zu Aachen Unsere Schultern mit dem Kreuzeszeichen schmückten, boten Wir damit, obschon es keine gleichwertige Gegenleistung des Geschöpfes an seinen Schöpfer gibt, Unsere Person und Unsere Macht demütig und reinen, aufrichtigen Herzens dem Herrn dar, nicht als ein gewöhnliches Opfer, sondern als ein holocaustum, als echte, vollständige Hinopferung.« Diese Stimmung der Dankbarkeit für seine allen sichtbare Erhebung mag es auch gewesen sein, die ihn vier Wochen später veranlaßte, die zum Generalkapitel versammelten Zisterzienseräbte zu bitten, ihn in ihre Gebetsgemeinschaft aufzunehmen. Vor allem sollten sie für seinen Kampf unter dem Kreuz beten, wofür er ihnen seinen besonderen Schutz und seine Fürsorge versprach. Er, der Schützling des Papstes und der Kirche, suchte damals schon bei jenem Orden geistigen Beistand, der ihm Zeit seines Lebens besonders nahestehen sollte.

Was dann folgte, schildert der bereits zitierte gut unterrichtete Reiner von Lüttich, dem wir eine lebhafte Schilderung der Ereignisse von Aachen verdanken: »Am zweiten Feiertage [27. Juli] nach der feierlichen Messe ließ der König den Leichnam des heiligen Karl des Großen, den sein Großvater, der Kaiser Friedrich, aus der Gruft erhoben hatte, in einem höchst prachtvollen Sarkophag, den die Aachener hergestellt hatten und der mit Gold und Silber beschlagen ist, beisetzen. Er selbst legte seinen Mantel ab, nahm einen Hammer, erstieg mit dem Werkmeister das Gerüst und schlug vor den Augen aller Anwesenden zusammen mit dem Meister die Nägel des Schreines fest ...« Für jeden sichtbar, stellte sich Friedrich so in unmittelbaren Zusammenhang mit Karl dem Großen, den einst sein Großvater hatte heiligsprechen lassen.

Augenfällig werden diese Bemühungen durch die Aufnahme der Statuette des jungen Staufers in die Reihe von bedeutenden Herrschern *(Abb. 14)*. War die Heiligsprechung geistlicher Ausdruck der staufischen Kaiseridee, so ist das Reliquiar mit seinem Bildprogramm selbst Zeichen und künstlerischer Ausdruck dieser Vorstellungen. Und daß das Kunstwerk auf den König zu beziehen war, machte bereits die Aufstellung des Schreins deutlich: Er stand dort, wo inmitten des Achtecks der Kirche der Gewählte vor der Krönung, während das Tedeum gesungen wurde, zu liegen hatte, vor dem Altar und unter dem achteckigen Kronleuchter Friedrich Barbarossas, der das himmlische Jerusalem symbolisierte.

Aber auch die Goldschmiedearbeit selbst steht für ein Programm. Sie gehört zu einer Reihe von Kunstwerken, mit denen die Sakralisierung des Kaisertums manifestiert werden sollte. Dazu gehört der Dreikönigsschrein zu Köln, der das Königtum Christi von der Anbetung der Könige her bezeichnet, der erwähnte Kronleuchter in Aachen sowie das Armreliquiar Karls des Großen, alle noch unter Kaiser Friedrich I. geplant. Der Karlsschrein hat die Form einer einschiffigen Basilika. Auf der Stirnseite findet sich eine Mariendarstellung mit dem Erzengel Gabriel sowie den Figuren von Glaube, Liebe und Hoffnung. Auf der anderen Schmalseite ist Karl der Große mit Papst Leo und Erzbischof Turpin von Reims dargestellt, darüber der segnende Christus. Dieser Karl der Große hat unverkennbare Ähnlichkeit mit dem Barbarossakopf von Cappenberg, was für die Absicht spricht, den Staufer Friedrich I. als neuen Karl zu feiern. Dieser Teil des Schreins ist sicherlich der älteste, die Datierung des übrigen Bildprogramms ist unsicher. Leicht zu deuten ist die Legende Karls des Großen, die sich auf den Dachschrägen findet. Es sind einerseits die historischen Kämpfe Karls des Großen in Spanien, die die Zeit als Heidenkämpfe verstanden hat. Andererseits sind die legendären Kreuzzüge des Karolingers ins Heilige Land zu sehen – beides Anspielungen auf den kaiserlichen Anspruch als Führer der Christenheit. Schwieriger ist das Verständnis der sechzehn Herrschergestalten, die anstelle von Propheten, Heiligen oder Kirchenvätern an den Längsseiten versammelt sind. Daß hier die Traditionen einer Königsreihe Ausdruck finden, in die sich der regierende König einfügt, ist gewiß. Doch haben sich hier die Anschauungen ganz offenbar gemischt. Der Schrein stammt aus einer Aachener Werkstatt, die in rheinischer Tradition arbeitete. Daß deshalb einige Herrscher, die der Aachener Kirche besonders nahestanden, hier dargestellt sind, kann nicht verwundern. Die übrigen Figuren, von denen eine keinen Namen trägt, geben Fragen auf: Unter Friedrich Barbarossa war zweifellos eine Königsreihe staufischer Tradition geplant, bei der Karl und der regierende Kaiser identisch waren. Nun lag Aachen aber während des Thronstreits in welfischem Gebiet, und daß der junge Friedrich in der kurzen Zeit zwischen seiner Einigung mit den niederrheinischen Fürsten und der Krönung das Bildprogramm nachhaltig hätte ändern können, ist kaum anzunehmen. So findet sich denn auch Kaiser Otto IV. unter den Herrscherfiguren des Schreins. Da mag denn jeder diese Versammlung von Regenten deuten, wie er sie versteht. Friedrich aber wird hierin in Erinnerung an 1165 das Vermächtnis seiner Vorfahren gesehen haben, in deren Tradition er sich mit der Vollendung dessen, was sein Großvater einst begonnen hatte, einreihte.

Zu gefährden wäre der staufische König noch, wenn es Otto gelänge, seinen Frieden mit der Kirche zu machen. Und dieses Unterfangen schien nicht aussichtslos, konnte er doch auf den englischen König und einige Kardinäle zählen. Gerade hatte Papst Innocenz III. das vierte Laterankonzil einberufen, eine der größten und wichtigsten Versammlungen der Christenheit und unstrittiger Höhepunkt seines so reichen Pontifikats. Dort wurde neben den zahlreichen Fragen der Kirchenorganisation, des Rechts und des geplanten Kreuzzugs auch die Frage nach dem rechtmäßigen Herrscher und Kaiser verhandelt. Es wurde eine turbulente Sitzung, bei der sich die Gesandten des Welfen in seinem Namen an die Konzilsväter wandten, die Reue ihres Herrn beteuerten, der sich auch allen Weisungen unterwerfen wolle. Die staufische Seite bestritt gar deren Rederecht, legte zugleich aber dar, weshalb Otto nicht in Gnaden wiederaufgenommen werden könne. Der Papst behielt sich das Urteil vor, das er in der Schlußsitzung allgemein verkündete: »Niemand soll daran zweifeln: Was die

Abb. 9
Aus dem Leben Rogers II. Petrus de Ebulo, Liber ad honorem Augusti, Bern, Burger-Bibliothek, Cod. 120, fol. 96r

Abb. 10
Krönungsmantel Rogers II. Wien, Kunsthistorisches Museum, Weltliche Schatzkammer

Abb. 11
Konstanze gibt ihren Sohn Friedrich in die Obhut der Herzogin von Spoleto. Petrus de Ebulo, Liber ad honorem Augusti, Bern, Burger-Bibliothek Cod. 120, fol. 138r

Abb. 12
Kamee mit Knabenkopf (angeblicher »Puer Apuliae«). München, Staatliche Münzsammlung

Abb. 13
Tierszenen aus dem sogenannten Roger-Zimmer. Palermo, Palazzo Reale

Abb. 14
Karlsschrein. Aachen, Dom

Abb. 15
Zweites Königssiegel Friedrichs, 1215

Abb. 16
Zweite Goldbulle Friedrichs, zwischen 1216 und 1218

Fürsten Deutschlands und des Imperium hinsichtlich Friedrichs, des Königs von Sizilien, getan haben, halten wir für rechtskräftig; wir wollen und werden ihn gewiß in allem begünstigen und fördern.« Damit war der Thronstreit zu Ende.

Die nächsten Jahre gehörten der Sorge um die Sicherung und den Ausbau der Herrschaft im Reich. In einem beharrlichen Ringen suchte Friedrich die Machtbasis der staufischen Herrschaft zu erweitern. Mit den Fürsten suchte er Einvernehmen, und der Kirche zeigte er sich ungewöhnlich gewogen. Überall bestätigte er geistliche Privilegien, wobei »seine« Zisterzienser und der Deutsche Orden besonders begünstigt wurden. Der Hochmeister des Ritterordens, Hermann von Salza, lernte 1216 den staufischen Hof kennen und stieg zu einem engen Vertrauten Friedrichs auf, der besonders wegen seines Einflusses an der Kurie von Nutzen war. Zwischen dem König und den Reichsfürsten gab es die üblichen Geplänkel um Rechte, Friedenssicherung und geistliche Wahlen, doch darin hob sich die Regierung Friedrichs in nichts von anderen ab.

Die Privilegien und Verordnungen dieser Jahre sind mit einem Siegel versehen, das sich Friedrich um die Zeit der Aachener Krönung anfertigen ließ. Es brachte in ganz besonderer Weise die Erhabenheit seiner Herrschaft zum Ausdruck *(Abb. 15)*. Das Königssiegel sollte auch demjenigen, der die Urkunde nicht zu lesen verstand, die königliche Macht vor Augen führen und beweisen, daß dies königliches Wort war. Diesem Anspruch genügte es in vollkommener Weise, ja in seinem Ausdruck von Größe und Hoheit gilt es unter den deutschen Herrschersiegeln als unvergleichlich. Es zeigt einen jugendlichen König, thronend in seiner Erhabenheit: kein Portrait, sondern das Idealbild, bis in die Einzelheiten hinein fein modelliert. Selbst die aufgestickten Adlermedaillons auf der Dalmatika unter dem Mantel sind zu erkennen, die Gestaltung des Faltenwurfs, der dominierende Oberkörper und der frei erhobene Kopf verraten einen Meister des Siegelschnitts. Mit Krone, Szepter und Reichsapfel thront Friedrich hier, die Umschrift nennt ihn »Friedrich von Gottes Gnaden König der Römer und immer Erhabener und König von Sizilien«. Da durch die Krönung in Rechtsstatus und Titel keine Änderung eintrat, darf man vermuten, daß dieses Siegel dem eigenen Anspruch des Herrschers eher genügte als sein einfacherer Vorgänger. Bis zur Kaiserkrönung fand dieses Meisterstück in der Kanzlei Verwendung, die neue Würde verlangte dann ein neues Siegel.

Genügten die Wachssiegel für den Regierungsalltag, so blieben die Goldbullen feierlichen Anlässen vorbehalten. Zwischen 1216 und 1218 hat eine Straßburger Goldschmiedewerkstatt die zweite Goldbulle Friedrichs II. angefertigt *(Abb. 16)*. Wenigstens sechs Exemplare haben sich aus den Jahren 1218 bis 1220 erhalten. Durch die Urkundentexte wissen wir von nicht weniger als sechsundzwanzig

Dokumenten mit diesem besonderen Schmuck. Die Vorderseite wurde nach dem Vorbild des Wachssiegels angefertigt, ist in der Ausführung jedoch gröber geraten; mit den gedrungenen Proportionen, dem kurzen Hals und breiten Kopf strahlt sie nicht die Eleganz des Vorbilds aus. Die Darstellung des Herrschers ist unverändert: Das Fehlen einer Fußbank, die Form des Throns, die Drapierung des Mantels und die Darstellung des Mantelsaums zeigen die Abhängigkeit deutlich. Die Rückseite bildet in der ehrwürdigen Tradition der Goldsiegel die AUREA ROMA ab. Innerhalb der Stadtmauer finden sich eine der Hauptkirchen Roms und Türme, während die Inschrift lautet: ROMA CAPUT MUNDI REGIT ORBIS FRENA ROTUNDI (Rom, das Haupt der Welt, regiert die Zügel des Erdkreises).

An der Kurie hatte es derweil grundlegende Wandlungen gegeben. Im Jahre 1216 war Innocenz III. gestorben; nach diesem großen Papst mußte jeder Nachfolger schwächlich scheinen. In dem Greis Honorius III. aus der stadtrömischen Aristokratenfamilie der Savelli folgte dem Mann der Tat ein Mann des Friedens, »körperlich schwach infolge seines Alters und außerordentlich gebrechlich«, wie Jakob von Vitry mit Sorge meldete. Aber an den Planungen für den Kreuzzug hielt er mit allen Kräften fest. Seit 1217 sammelten sich verschiedene Fürsten des Abendlandes, um Ägypten, das Zentrum des Feindes, anzugreifen. War dieses besiegt, so das Kalkül, würde Jerusalem wie eine reife Frucht von selbst fallen. Nach anfänglichen Erfolgen – Damiette wurde erobert – blieb das Unternehmen stecken und sollte später in der Katastrophe einer vernichtenden Niederlage enden. Aber bereits jetzt war der Kurie klar, daß die Aussichten des Kreuzzugs um vieles besser stünden, stieße der staufische Kreuzfahrer mit seinen Truppen hinzu.

In diesem Sinne begann die Kurie Friedrich zu drängen. Dem kam ein Zug übers Meer zum jetzigen Zeitpunkt höchst ungelegen, solange er seines Reichs nicht ganz sicher sein konnte. Außerdem war es durchaus üblich, im Angesicht der vielfältigen Gefahren des Kreuzzugs sein Haus zu bestellen und die Nachfolge zu regeln. Und dies stand noch aus. Dazu gab es Verschiebungen im Verhältnis der Kurie zum staufischen Hof, die mehr am Klima und am Ton als an wirklichen Problemen lagen. Bei Honorius häuften sich Klagen über das Verhalten der königlichen Beamten in Mittelitalien. Es waren Kleinigkeiten, die aber Mißhelligkeit und Sorgen erzeugten. Der Ton Friedrichs hatte sich mit dem Machtwechsel in Rom gewandelt. Innocenz war sein Vormund gewesen, dessen Einfluß und Politik ihn überhaupt erst nach Deutschland gebracht hatten. Da schien die Haltung eines gehorsamen und dankbaren Sohnes angebracht. Jetzt aber werden die Schreiben selbstbewußter und kühler, ja manchmal fast herablassend. Ein Pfaffenkönig war Friedrich sicherlich nicht mehr.

Der Punkt, an dem die Interessen des Heiligen Stuhls und des Hofes zusammenstoßen mußten, war die Frage einer Nachfolgeregelung. Noch ganz zuletzt hatte Innocenz III. Friedrich das Versprechen abgenommen, sogleich nach der Kaiserkrönung zugunsten seines Sohnes Heinrich auf das Königreich Sizilien zu verzichten. Das konnte jedoch keine Dauerlösung sein in einer Zeit, die Herrschaftsansprüche aus der Abstammung abzuleiten pflegte. In dieser Frage zeigt sich zum ersten Male die politische Geschmeidigkeit des Staufers. Er ließ seinen Sohn nach Deutschland bringen, und als die Kurie nicht protestierte, setzte er sich über seine Versprechen hinweg. In Verhandlungen argumentierte er, Voraussetzung eines Kreuzzugs sei, daß er im Reich einen Stellvertreter und möglichen Nachfolger einsetze. Mit den geistlichen Fürsten handelte er den Preis für deren Zustimmung aus: In einem Privileg sicherte er ihnen eine Reihe von landesherrlichen Rechten zu, die schon länger auf dem Wunschzettel der Prälaten standen. Und um selbst eine Ausrede zu haben, ritt er mit seinem Gefolge aus, während die Fürsten in Frankfurt seinen Sohn zum deutschen König wählten. Als Honorius protestierte, spielte er den Ahnungslosen. Er sei nicht dabeigewesen, die Fürsten hätten ohne sein Zutun gehandelt. Außerdem habe er ja einen Vertreter während seiner Abwesenheit gebraucht. Das Vorgehen war verlogen und wahrte nur mühsam die Form. Damals mag sich die Kurie zum ersten Mal gefragt haben, wieweit man diesem Staufer trauen könne.

Nun konnte der Zug nach Italien zur Kaiserkrönung folgen, aber erst einmal mußten die Interessen abgewogen werden. Und wieder gab Honorius in einer zentralen Frage nach. Friedrich durfte sowohl das Regnum Siciliae als auch das Imperium regieren, wenn er nur staatsrechtlich eine saubere Trennung, eigene Beamte und jeweils eigene Siegel einführte. Der Papst verzichtete zugunsten des geplanten Kreuzzugs auf jene Forderungen, die im Interesse des werdenden Kirchenstaats nötig gewesen wären. Auch andere Streitigkeiten schob man zur Seite, da man die Einigung brauchte. Friedrich stand vor dem Höhepunkt seiner Laufbahn.

Des Kaisers Kleider

Nachdem alle Verhandlungen gütlich beendet waren, konnte die Kaiserkrönung stattfinden. Sie folgte einem durchdachten und umständlichen Zeremoniell, das die Zeitläufte immer wieder modifiziert hatten. Es war selbst ein Politikum, denn in einer Welt, in der Stand und Rang, Über- und Unterordnung durch Gesten kundgetan wurden, war der äußere Ablauf ein Zeichen für die Ordnung der Welt. Noch beim Vater, Heinrich VI., hatte es Streit wegen des Reichsapfels gegeben, und der Papst achtete darauf, daß Krönung und Weihe derjenigen eines Prälaten nicht allzu ähnlich sahen.

Am 22. November 1220 zog Friedrich II. mit Konstanze vom Monte Mario auf der Via Triumphalis der Caesaren nach Rom hinab. Vor der Stadt bestätigte er den Römern ihre altangestammten Rechte; an der Porta Collina, nahe den Diokletiansthermen, huldigte ihnen der Stadtklerus, der sie nach Sankt Peter geleitete. Auf dem Petersplatz empfingen die Senatoren das Paar, um weiter das Geleit zu geben und an den Stufen der Peterskirche Friedrichs Pferd zu halten. Inzwischen hatte Papst Honorius III. mit seinem Gefolge auf den Stufen der Peterskirche Aufstellung genommen, wo ihm Friedrich nach Tradition die Füße küßte und Gold zum Geschenk darbrachte. Der Papst empfing ihn mit Kuß und Umarmung, danach zog man feierlich zur Kapelle Santa Maria in Turribus, wo der Kaiser in die Reihen der Kanoniker von Sankt Peter aufgenommen wurde. Der Eintritt ins Kapitel ersetzte nach dem Investiturstreit die früher übliche Bischofsweihe, der das Zeremoniell aber immer noch recht ähnlich sah. Auch daß Honorius nicht anwesend war, war wohlüberlegt. Dieser hatte nach einem Gebet am Altar des heiligen Petrus bereits seinen Platz eingenommen; Friedrich betrat jetzt Sankt Peter durch die Silberpforte. Zu Beginn der Messe wurde er noch am Altar des heiligen Mauritius von einem Kardinal gesalbt; jetzt erst begannen die Feierlichkeiten vor dem Petersaltar. Der Papst krönte ihn mit Mitra und Krone und übergab ihm als Herrschaftszeichen Szepter, Reichsapfel und Schwert. Nun wurden erstmals die Kaiserlaudes angestimmt: »Friedrich, der Römer unbesiegtestem Kaiser, dem immer Erhabenen, Heil und Sieg!« Darauf folgte die Krönung der Konstanze. Bei der anschließenden Messe ministrierte der Kaiser, der dazu Mantel und Krone abgelegt hatte, als Subdiakon dem Papst. Nach der Messe, der Kommunion und dem Friedenskuß verließ Honorius in Begleitung des Kaisers Sankt Peter, um aufs Pferd zu steigen. Dabei hielt Friedrich die Zügel und führte das Pferd einige Schritte weit, verrichtete also jenen Stratordienst, über den sein Großvater in Harnisch geraten war. Bei Santa Maria Transpadina trennte man sich, und Friedrich zog auf der Siegesstraße der Caesaren zurück.

Wie haben wir uns den Kaiser an seinem Krönungstag vorzustellen? Er war 1219 wieder in den Besitz der Reichskleinodien gelangt, die bis dahin Otto IV. verwahrt hatte. Doch welche Stücke von ihnen er trug, ist ungewiß. Ein gut Teil der heute in der Wiener Schatzkammer verwahrten Pretiosen stammt aus Sizilien, doch daß ein Friedrich II. Strümpfe schätzte, auf denen er in arabischer Sprache lesen konnte, sie seien Besitz des Königs Wilhelm, darf man bezweifeln. Nach allem was wir wissen, trug er nicht einmal die altehrwürdige Kaiserkrone aus ottonischer Zeit, obwohl sie sich in seinem Schatz befand. Den Deutschen galt sie als Symbol des Reiches, und das in Deutschland gefertigte Kaisersiegel bildete sie auch als Zeichen des Reiches ab, aber der Kaiser dachte darüber anders. Überhaupt wuchs die Wichtigkeit der Reichsinsignien erst nach dem Interregnum, als sie endgültig zu Sinnbildern der Herrschaft wurden. Friedrich aber ließ sich einen neuen Krönungsornat in Sizilien fertigen, von dem nach heutiger Kenntnis vier Stücke erhalten sind: Handschuhe, Mantel, Schwert und Krone; vielleicht zählen auch die Schuhe in der Schatzkammer dazu. Entstanden sind die Herrschaftszeichen in jenen königlichen Werkstätten in Palermo, in denen von alters her die Könige des Regnum Siciliae ihren Repräsentativschmuck fertigen ließen.

Betrachten wir zunächst die Handschuhe des Kaiserornats *(Abb. 17)*, deren Zuschreibung an Friedrich II. unstrittig ist. Daß sie zum Kaiserornat und nicht etwa zum Ornat des sizilischen Königs gehörten, steht ebenfalls fest. Die Handschuhe sind nämlich eine Besonderheit des Abendlands; der byzantinische Kaiser und die diesen nachahmenden sizilischen Normannen trugen sie nicht. Die Handschuhe sind aus roter Seide gefertigt und mit Goldfäden bestickt. Die Oberfläche ist reich mit Perlen, Rubinen und Saphiren verziert und mit Emailplättchen besetzt, von denen vier ein stilisiertes Adlerpaar bilden. Auf der Innenseite der Handschuhe befindet sich ein Adler, in Gold gestickt, der deutlich sichtbar einen Nimbus trägt. Und auf diesen Adler kommt es an.

In der Tiersymbolik hat der Adler die verschiedensten Bedeutungen, von denen drei im Mittelalter wesentlich sind: Der Adler ist als Symbol von Sonne, Licht und Himmel ein Christuszeichen, er ist zugleich das Attribut des Evangelisten Johannes und nicht zuletzt das Symboltier des römischen Kaisers. Als kaiserliches Wappentier ist er hier gemeint.

Der Adler als das Tier Jupiters wurde zum Zeichen der römischen Weltherrschaft, das als Legionsadler der siegreichen römischen Soldaten große Bekanntheit erlangte. Daneben war in der Antike auch der Kaiser selbst mit dem stolzen Vogel verbunden. Zum Zeichen der Vergottung ließ man einen Adler vom Scheiterhaufen des toten Kaisers aufsteigen. In Byzanz war die Bedeutung des Adlers wie selbstverständlich von den Alten übernommen worden und hatte zu allen Zeiten in der Staatssymbolik Verwendung gefunden. Im Westen liegen die Dinge komplizierter.

Das von Karl dem Großen gegründete abendländische Kaisertum verband andere als die römischen Ideen mit dem hohen Amt. So war es erstmals ein Siegel Konrads II., auf dem ein Kaiser ein Adlerszepter als Zeichen der Herrschaft trug. Im Investiturstreit kam der Brauch wieder ab, kirchliche Kreise nahmen offenbar Anstoß an den heidnischen Wurzeln der kaiserlichen Adlersymbolik. Dennoch blieb der Aar immer ein kaiserliches Tier. Als das Tragen von Wappen in ritterlichen Kreisen begann, wurde der Adler deshalb wie von selbst Wappentier des Imperators. Kurioserweise trug aber Friedrich Barbarossa selbst lange Zeit nicht dieses Zeichen im Wappen, nach seinem Verständnis war im Zeitalter der Kreuzzüge offenbar ein Kreuz das angemessene Symbol für den Weltenherrscher. Dafür wurde für alle, die ihre Nähe zu den Staufern darstellen wollten – voran für die Reichsfürsten –, das Adlerwappen zum bevorzugten Symbol.

Das änderte sich unter Heinrich VI. und vollends unter Friedrich II. In seiner Regierungszeit wurde das Geschlecht der Staufer zum »genus aquilae«, das geflügelte Tier zum Symbol des Herrschers auf Münzen und Siegeln, auf Gemmen und an Bauten. Und eine seiner Neugründungen, als Bollwerk gegen den Kirchenstaat errichtet, nannte Friedrich schlicht Aquila. Das Volk verstand diese Verbindung sehr wohl: In den Cento Novelle findet sich die Erzählung von dem Falken Friedrichs, der bei der Jagd einen jungen Adler schlug. Daraufhin habe ihn Friedrich aburteilen und töten lassen, weil er zwar seine Pflicht getan, zugleich aber seinen Beherrscher getötet habe. Als der junge Konradin auf dem Marktplatz von Neapel auf Befehl Karls von Anjou enthauptet wurde, soll ein Adler vom Himmel herabgestürzt sein, um seine Schwingen in das göttliche Blut zu tauchen.

Ist die Darstellung eines Adlers leicht zu erklären – er verband das Familienwappen der Staufer mit der römischen Kaisertradition –, so hängt der Nimbus aufs engste mit der staufischen Reichsidee zusammen. Bekanntlich hat Friedrich Barbarossa als Antwort auf die Entwicklungen infolge des Investiturstreits und in enger Anlehnung an die Bologneser Juristen des römischen Rechts Vorstellungen vom Wesen des Reichs sakralisiert. Unter ihm kommt der Begriff des »sacrum imperium«, des Heiligen Reichs auf. Eng verbunden mit den neuen Juristenschulen lernte man auch die antiken Gottkaiser besser kennen. Unter Friedrich II. wurde dann der Staatsdienst Gottesdienst, Oppositionelle ließ er als Ketzer verfolgen, da sie ihre Aktivitäten gegen die göttliche Ordnung gerichtet hätten. Im Zusammenhang mit derartigen Ideen ist es zu sehen, wenn das kaiserliche Wappentier einen Nimbus trägt. Gerade der hierarchischen Amtskirche gegenüber versinnbildlichte er das sacrum imperium. Dem Papst tritt also hier ein Kaiser entgegen, der deutlich sichtbar die Zeichen der staufischen Reichsidee trägt. In der Kunstgeschichte ist ein heiliger Adler – außer als Evangelistensymbol – äußerst selten. Er kommt im alten Persien vor, nicht aber im Abendland. Dieser Umstand hat jüngst zur Identifizierung des dazugehörigen Krönungsmantels geführt. Der Mantel aus der Wiener Schatzkammer gehört ganz ohne Zweifel zum Krönungsornat Rogers II. von Sizilien. Und Wappentier der Hauteville war ja der Löwe, der deutlich sichtbar auf dem Mantel dem Volk gezeigt wird. Nun war Friedrich II. ja ein halber Hauteville, aber sollte er seine heiligen Adler nur auf der Innenseite seiner Handschuhe tragen? Hier kommt die sogenannte Chape de Charlemagne aus Metz ins Spiel *(Abb. 18)*. Der Seidenmantel ist purpurfarben und wurde durch die ältere Forschung meist als Nachbildung der byzantinischen Adlerstoffe des 10. Jahrhunderts gesehen. Neuere Untersuchungen haben aber jetzt die Herkunft aus Palermo und eine Entstehung zu Beginn des 13. Jahrhunderts sichern können. Er ist der einzige Stoff im Abendland, der, wie die Handschuhe, vier große nimbierte Adler in streng heraldischer Darstellung zeigt. Es ist wohl davon auszugehen, daß Friedrich II. zur Krönung nicht den Löwenmantel der Hauteville (vgl. Abb. 10), sondern den Adlermantel getragen hat.

Wie war der Mantel nach Lothringen gelangt? Sein Vorhandensein im Metzer Domschatz ist erst seit dem 17. Jahrhundert gesichert, er wurde als kaiserliches Gewand Karl dem Großen, dem mittelalterlichen Überkaiser, zugeschrieben. Wahrscheinlich wurde er aber bereits viel länger dort verwahrt. Friedrichs Hauptberater zu seiner Zeit in Deutschland und Kanzler des jungen Herrschers war Bischof Konrad von Scharfenberg, der zunächst in Speyer und später in Metz Bischof wurde. Ihm könnte Friedrich durchaus seinen Krönungsmantel geschenkt haben, hatte er doch auch 600 von den Pferden, die seine Untertanen im Königreich Sizilien ihm zur Krönung geschenkt hatten, an seine Ritter weitergegeben. Zwei Jahre später, 1222, erhielt das Aachener Marienstift den Krönungsmantel des Kaisersohnes Heinrich – Zeichen dafür, daß solch ein Mantel keineswegs zu den Reichskleinodien der Zeit gezählt wurde. Schließlich wurde Konrad von Scharfenberg in den Annalen der Metzer Kirche als derjenige geführt, der seiner Kirche große und wertvolle Schenkungen gemacht hat.

Unbestritten ist auch die Zugehörigkeit des Zeremonienschwertes der Wiener Schatzkammer zum Krönungsornat Friedrichs II. *(Abb. 19)*. Allerdings ist der Knauf mit dem einköpfigen Adler und dem böhmischen Löwen eine Zutat Kaiser Karls IV., der Rest jedoch gehört der Stauferzeit an. Eine reich verzierte sizilische Arbeit ist die Scheide aus einem starken Leinengewebe, das außen mit Silberfäden umgeben ist. Darauf schließlich sind Goldplatten befestigt, die mit Zellenschmelz, Würmchenfiligran, Perlen und Rubinen besetzt sind. Die oberste Emailplatte zeigt deutlich den staufischen Adler. Adler also, wohin man schaute!

Stilistisch gehört zu diesem Ornat eine Krone, die heute in der Schatzkammer des Domes von Palermo verwahrt wird (vgl. Abb. 21). Es ist ein byzantinisches Kamelaukion mit Pendilien, in seiner Erscheinungsform weit entfernt von der achteckigen Plattenkrone aus ottonischer Zeit. Wohl aber kannten die sizilischen Herrscher diese Kronenform, und aus dieser Tradition stammt sie auch. Vier Stücke kann man also dem Krönungsornat sicher zuweisen; vielleicht sind auch die Schuhe der Wiener Schatzkammer, ebenfalls eine sizilische Arbeit, noch dazuzurechnen. Was Friedrich dagegen von den erhaltenen älteren Reichskleinodien verwendete, wissen wir nicht.

Friedrich II. trug an seinem Ehrentag also einen Krönungsornat eigener Vorstellung. In kaiserlich rote Seide gehüllt wie ein byzantinischer Basileus, eine oströmische Krone auf dem Kopf, entsprach er eher sizilischen Vorstellungen, wo man ja immer schon auf Byzanz geblickt hatte. Die Adlersymbolik verband ihn mit den antiken Caesaren, doch ist er es höchstselbst, der in den Augen der Zeitgenossen die Staufer zum »genus Aquilae« gemacht hat. Und in diesem Sinne ist es auch ein sehr persönlicher Ornat des Kaisers gewesen. Dem Papst trat ein Herrscher entgegen, dessen Robe mit ihren Adlern das »sacrum imperium« sinnfällig zeigte.

Noch am Krönungstag wurde eine Serie von Gesetzen verkündet, die wohl bis in die Formulierungen an der Kurie entstanden ist, nun aber im kaiserlichen Namen veröffentlicht wurde. Die Gesetze regelten vor allem Gravamina der Kirche und die Ketzerbekämpfung und liehen den Strafandrohungen das Gewicht weltlicher Zwangsgewalt. Und doch hat Friedrich auch hier ein Zeichen gesetzt. Jetzt und zum ersten Mal sandte er seine Konstitutionen an die Lehrer des römischen Rechts zu Bologna: »Friedrich, der Römer immer erhabener Kaiser, entbietet allen Doktoren und Scholaren der geheiligten Gesetze zu Bologna seinen Gruß und seine Huld. Zur Ehre des allmächtigen Gottes und seiner heiligen Kirche erließen Wir an dem Tage, an dem Wir aus der Hand Unseres heiligsten Vaters, des höchsten Priesters Honorius, die Krone des Reiches empfingen, einige Gesetze, die Wir auf vorliegendem Blatte verzeichnen ließen. Durch kaiserliches Schreiben ersuchen Wir Euch, diese in Eure Codices schreiben und sie künftig gleichsam für ewige Zeiten durch feierliches Vermächtnis gelten zu lassen.« Wie ein römischer Caesar und ein neuer Justinian verlangte er, man möge seine neu erlassenen Gesetze gleichberechtigt den alten hinzufügen. Der imperiale Gestus gemäß den Traditionen seines Hauses konnte kaum einen Zweifel daran lassen, daß er bezüglich der Vorstellungen von der Würde seines Kaisertums in die Fußstapfen Friedrich Barbarossas und Heinrichs VI. treten würde.

Erste Bewährung

Der Konsolidierung der Herrschaft Friedrichs im Königreich Sizilien kam es entgegen, daß das jüngste Kreuzzugsunternehmen der Christenheit 1219 in den Sümpfen des Nildeltas vor dem ägyptischen Damiette steckengeblieben war. So gewann der Neugekrönte Zeit, sich um das Regno zu kümmern, dessen Zustand bemitleidenswert genug war. Konstanze hatte als Regentin gerade einmal Palermo und Messina halten können, im Rest des Reiches befahlen Lokalherren und Aufständische, und Sizilien konnte als muslimische Herrschaft gelten; kurzum, die Anarchie seiner frühen Jahre war zurückgekehrt. Und an dieses Übel legte Friedrich sofort seine Hand. Es gelang ihm, eine Reihe von Burgen und Befestigungen in Campanien in seine Gewalt zu bekommen, so daß er in Capua, der Stadt am Volturno, seine ersten machtvollen Maßnahmen verkünden konnte.

Die Assisen von Capua sind ein bewußter Rückgriff auf die normannischen Traditionen des Königreichs, die Zeiten eines Roger oder Wilhelm II. sollten wieder aufstehen. Er rief die Grundsätze des überkommenen Lehensrechts wieder deutlich in Erinnerung: Bei der Erbfolge von Kronlehen sollte der Herrscher mitreden, auch die Hochzeit des Vasallen wurde an die Zustimmung des Seigneur geknüpft. Wie die Domäne selbst, sollte der Bestand der Kronlehen nicht angetastet werden. Dies alles war altes Recht, in letzter Zeit aber in Vergessenheit geraten. Vor allem aber verfügte Friedrich, alle Privilegien und Rechte seit dem Tod Wilhelms II. einer Überprüfung zu unterziehen. Wer sein Recht beweisen könne, dürfe es behalten, alle anderen aber sollten an die Krone zurückfallen. Allen Übergriffen, üblich in einer Zeit der Wirren, war damit der Boden entzogen; der Staufer konnte darangehen, Ordnung und Staatsfinanzen auf dieser Grundlage neu zu organisieren. In vielen Gegenden ging diese Politik ohne Gewalt ab, das Land fügte sich in das Neue, anderswo half zu ihrer Durchsetzung nur militärische Macht. Erst jetzt nahm der Kaiser sein normannisches Erbe wahrhaft in Besitz.

Obwohl sich durch die Winkelzüge Friedrichs, die der Wahl seines Sohnes zum deutschen König vorangegangen waren, im Verhältnis zur Kurie immer wieder Streitigkeiten ergaben, herrschte zwischen geistlicher und weltlicher Gewalt in diesen Jahren Eintracht. Honorius III. war ohnehin ein Mann des Friedens, und am staufischen Hof in Süditalien herrschte eine kirchenfreundliche Gruppe, welcher der Staufer sein Ohr lieh. Dazu zählten der Kanzler Walter von Pagliara ebenso wie sein Neffe, der Erzbischof Rainald von Capua, und Thomas von Gaeta, der zu Friedrichs Beratern und Gesandten gehörte. Erzbischof Berard von Bari, der seit 1213 die Kirche der Hauptstadt Palermo leitete, hatte eigene Beziehungen zu Innocenz III. und Honorius sowie zum Kardinal Thomas von Capua, der damals an der Kurie zu den wichtigsten Politikern zählte. Dazu kam eine Reihe von Personen der Kanzlei, die in der einen oder anderen Form früher in Rom beschäftigt gewesen waren. Der Wichtigste unter ihnen war Richard, ein Templer, der 1212 Kämmerer des Königreichs wurde und zeitweise auch die Kanzlei in Vertretung leitete. Friedrich war schon lange nicht mehr der Pfaffenkönig seiner deutschen Anfänge; seine kirchenfreundliche Haltung aber mochte ein Zeitalter des Friedens zwischen den beiden Schwertern der Christenheit heraufziehen lassen.

Ausdruck der frommen Haltung des Kaisers in jener Zeit ist das Reliquiarkreuz der Kathedrale von Cosenza *(Abb. 20)*. Der Dom war im Jahre 1184 bei einem Erdbeben weithin zerstört und danach bis zum Jahre 1222 wieder errichtet worden. Der neuerlichen Weihe des Baues verlieh der Herrscher durch seine Anwesenheit Glanz und schenkte der Bischofskirche von Cosenza aus diesem Anlaß das kostbare Reliquiarkreuz, eine der schönsten Goldschmiedearbeiten Süditaliens im Mittelalter. Es stammt, wie so vieles andere, aus den königlichen Werkstätten in Palermo, die hier allerdings zum letzten Male für Friedrich in Erscheinung treten: Von nun an werden andere Ateliers für den Hof tätig sein. Das Kreuz hat im Laufe der Jahrhunderte stark gelitten. Der Fuß stammt aus dem späten 15. Jahrhundert und viele Teile der Goldschmiedearbeiten sind durch »Restaurierungen« vernichtet oder beschädigt worden. Auf der Vorderseite des doppelseitigen Kreuzes ist der thronende Christus dargestellt, umgeben von den vier Evangelisten. Auf der Rückseite ist die Kreuzigung zu sehen, deren erklärende Inschrift griechisch ist. Auch die Darstellung der Etoimasia, der Vorbereitung des Thrones für die Wiederkehr Christi, weist nach Byzanz: Auf dem Thron steht ein mit einem Tuch bedeckter Kelch, eine Taube läßt sich darauf nieder. Die Leidenswerkzeuge sind zu sehen, und hinter dem Thron steht das Kreuz mit der Dornenkrone. Die Künstler der Werkstätten in Palermo haben es geschafft, unterschiedliche Traditionen in einem einzigartigen Kunstwerk zu verbinden.

Was schließlich doch zu Unstimmigkeiten mit der Kurie führte, waren Probleme, vor die sich jeder Herrscher des Königreichs gestellt gesehen hätte. Wollte Friedrich sein Programm, wie er es in Capua verkündet hatte, durchsetzen, so mußte er die Macht der Barone auf dem Festland brechen. Denn diese machten keine Miene, königliche Besitzungen oder Rechte freiwillig abzugeben. Zwar konnten die Kaiserlichen manche Burg nehmen, manche Einnahmen sichern und Garnisonen über das Land verteilen – die Macht besaßen sie damit noch nicht. Um diesen Zustand zu beenden, zeigte Friedrich wenig Skrupel. So verbündete er sich zum Beispiel mit den kleinen Lehensträgern gegen den Grafen von Celano, den mächtigsten Mann der Abruzzen. Und als er diesen besiegt hatte, wandte er sich gegen seine Verbündeten. So wurden dann in einem wirren Krieg von zwei Jahren Dauer die Barone unterworfen, und die Monarchie wurde neu errichtet. Freilich gingen die Grafen von Celano, Aquila, Caserta, San Severino und Tricarico ins Exil nach Rom, wo sie nach Kräften die antistaufischen Stimmungen schürten. Sie fanden an der Kurie durchaus Gehör.

Das zweite Problem waren die königlichen Vorrechte gegenüber der sizilischen Kirche. Die Privilegien der Normannenherrscher hatte Konstanze 1198 aufgeben müssen, doch ganz wollte Friedrich den ihm verbliebenen Einfluß auf die Prälaturen nicht verlieren. Die dreiundzwanzig Erzbischöfe mit ihren mehr als hundert Suffraganbischöfen im Regno stellten einen gewichtigen Faktor im Gefüge des Reiches dar. Zwar waren diese keine Landesfürsten wie ihre deutschen Kollegen, dennoch hatte der Staufer ein vitales Interesse daran, daß ihm genehme Bischöfe in den Städten saßen. Nach herrschendem Recht wählten die Domkapitel, und der Elekt mußte sich vom König wie vom Papst bestätigen lassen. Bei der Bestätigung freilich gingen die Interessen auseinander. Der König achtete auf Loyalität gegenüber dem Hof, der Papst auf Loyalität zur Kurie. Das mußte zu manchem Ärger führen, zumal der Papst für sich das Recht in Anspruch nahm, nach sechs Monaten über ein vakantes Bistum gemäß dem Kirchenrecht verfügen zu dürfen. Durch Anwendung einer Verschleppungstaktik gelang es so der Kurie, Kandidaten ihrer Wahl durchzusetzen, eine Praxis, die am Hof Empörung hervorrufen mußte. Und so schlichen sich in die Artigkeiten des diplomatischen Verkehrs immer wieder einmal gereizte Töne ein.

Im Jahre 1222 wurde Friedrich zum ersten Mal Witwer. Von allen seinen Frauen hat Konstanze sicherlich noch die tiefste menschliche Verbundenheit mit dem Staufer gehabt, davon zeugt auch die letzte Geste Friedrichs. Als man im Jahre 1781 im Dom zu Palermo die Herrschergräber öffnete, fand sich in dem Marmorsarkophag der Konstanze von Aragon ein Schmuckstück, das wegen seines Reichtums und seiner Form Bewunderung hervorrief. Diese Grabkrone *(Abb. 21)* ist für eine Frau ohne Beispiel, es ist ein Kamelaukion, wie es in Ostrom üblich gewesen ist und wie es auch die Normannen übernommen hatten. Die antik-byzantinischen Kronenformen haben sich aus zwei Grundtypen entwickelt, dem Kranz und dem Helm des Kaisers. Diese Herkunft von einem Kampfhelm erklärt auch, warum ein Kamelaukion stets eine Männerkrone geblieben ist. Deshalb ist auch jene im Grab der Kaiserin für einen Herrscher angefertigt worden. Alle Details der Arbeit zeigen, daß sie aufs engste mit jenen Stücken des Kaiserornats verwandt ist, die sich Friedrich für seine Kaiserkrönung 1220 in den königlichen Werkstätten in Palermo hatte anfertigen lassen. Im Gegensatz zu den üblichen Formen des Abendlandes ist der untere Reif der Krone nicht steif, sondern aus Perlenschnüren und Plättchen aus Goldemail zusammengesetzt. Die vier Kalotten bestehen aus dünnem Goldblech, das mit feinem goldenem Würmchenfiligran überzogen und mit Perlen und Edelsteinen besetzt ist. Zu beiden Seiten hängen große Pendilien aus Goldkettchen und Emailplättchen herab. Dieses Kamelaukion hat ganz sicher einmal Friedrich gehört, der es wohl zu seiner Krönung in der Peterskirche in Rom trug. Dies war auch der Höhepunkt seines bisherigen Lebens und seiner Ehe gewesen. Wohl aus diesem Grund hat der Witwer die Kaiserkrone als letzten Gruß seiner verstorbenen Frau in das Grab gelegt.

Bevor noch Friedrich in dem grausamen und gewissenlosen Machtkampf die Großen und dann auch die kleinen Adelscliquen des Festlands entmachtet hatte, wandte er seine Aufmerksamkeit Sizilien zu. Hier gab es genug Probleme mit der muslimischen Bevölkerung. Der beträchtliche Missionsdruck seit dem 12. Jahrhundert hatte die Zahl der Anhänger des Propheten schrumpfen lassen, der Rest wollte aber in weitgehender Autonomie leben. Dem stand entgegen, daß bereits Wilhelm der Gute die muslimischen Gebiete dem Erzbistum Monreale vermacht hatte. Aber dieses konnte ohne die Hilfe der Krone nichts ausrichten, so daß Minderjährigkeit und Abwesenheit Friedrichs zu einem unhaltbaren Zustand geführt hatten. Die Araber konnten auf Hilfe aus Afrika bauen und hatten sogar begonnen, eigene Münzen zu prägen. Girgenti, das heutige Agrigent, wurde ihr Zentrum, das bequeme Seeverbindungen nach Tunis ermöglichte.

Der zweijährige Kampf, der bald zu einem Kleinkrieg ausartete, begann mit einem Paukenschlag. Der Kaiser stieß gegen das Zentrum Jato vor, wo sich der Führer der Muslime verschanzt hatte, und konnte es nehmen; der Emir unterwarf sich und bat um Gnade. Doch Friedrich ließ seinen Rachegefühlen freien Lauf: »Der Kaiser aber war, wohl weil sich Ibn-Abbad an kaiserlichen Boten vergriffen hatte, gegen den rebellischen Emir aufs höchste erzürnt und so aufgebracht, daß er, als Ibn-Abbad das kaiserliche Zelt betrat und sich dem Kaiser zu Füßen warf, ihm, kaum daß er seiner ansichtig wurde, so mit dem Fuß gegen den Leib stieß, daß er mit seinem scharfen Sporn dem Emir die ganze

Seite aufriß. Friedrich ließ Ibn-Abbad aus dem Zelt hinausschaffen und ihn eine Woche später mit seinen Söhnen als Rebellen aufknüpfen. Zwei zufällig mitgefangene Kaufleute aus Marseille teilten das Los des Emirs; sie hatten zehn Jahre zuvor Knaben und Mädchen des Kinderkreuzzuges auf den Sklavenmärkten von Tunis und Kairo verschachert und jetzt gar die Absicht gehabt, Friedrich an den Emir zu verraten.« Glücklich hatte der Krieg begonnen, dennoch sollten noch Jahre vergehen, bis das Unternehmen erfolgreich abgeschlossen war. Es band Streitkräfte auf der Insel und machte sogar Flottenunternehmen vor den Küsten Afrikas nötig, aber am Ende siegte der Kaiser.

Im Jahre 1223 entschloß sich der Kaiser, das Problem der Muslime radikal zu lösen; er verfügte die Deportation der Araber nach Norden, um sie ihrer Gehilfen von den Gestaden Afrikas zu berauben. In der Capitanata, ganz im Norden Apuliens, wies er ihnen Lucera als Wohnsitz zu. Gleich daneben, in Foggia, hatte er begonnen, seine Residenz aufzubauen (vgl. Abb. 37), hier hatte er sie unter der wachsamen Aufsicht seines Hofes. Die Geschichte der Muslime auf Sizilien war zu Ende, mochten sich auch einige wenige noch halten können, die Geschichte der »Sarazenenstadt« Lucera begann.

Lucera war eine alte römische Garnisonstadt, die im 13. Jahrhundert wohl einen Bischof beherbergte, sonst aber völlig bedeutungslos war. Durch den Zuzug von sechzehn- bis zwanzigtausend Menschen wurde sie nun für die Begriffe der Zeit eine ansehnliche Siedlung. Der Bischof verließ seine Stadt, die zu einer morgenländischen Enklave wurde. Die Moscheen und Minarette waren im flachen Lande weithin sichtbar und kündeten davon, daß der Staufer hier, anders als seine normannischen Vorfahren, die fremde Religion duldete. Mit moderner Toleranz hatte dies wenig zu tun, Friedrich kehrte ein bei den Arabern heimisches Rechtsinstitut einfach um: Wer nicht dem rechten Glauben anhing, der hatte für sein Bleiben eine Kopfsteuer zu bezahlen. Dieses fiskalische Interesse mag auch erklären, warum er Bekehrungsversuche nur ungern sah. Dadurch, daß inmitten der Christen allein dieser Herrscher, gewissermaßen ihr Sultan, seinen muslimischen Untertanen Schutz versprach, gewann er fanatische Anhänger seiner Sache unter den ehemaligen Feinden. Umgeben von seiner Sarazenengarde fühlte er sich vor allen Nachstellungen sicher, sie und deutsche Ritter bildeten den Kern eines stehenden Heeres, mit dem er jederzeit Politik zu treiben imstande war.

In Lucera lebten die sizilischen Araber nach islamischem Recht unter einem Fâik, mit eigener Verwaltung und eigenen Richtern. Insgesamt gestalteten sie ihre Stadt, wie sie es aus der Heimat gewohnt waren. Davon hat sich heute nichts erhalten.

In den dreißiger Jahren des Jahrhunderts ließ sich Friedrich inmitten seiner muslimischen Knechte in Lucera eine Burg errichten *(Abb. 22)*, was wiederum zu böswilligen Gerüchten Anlaß gab. Die Arabersiedlung lag als offene Stadt ohne Mauern auf dem Hochplateau, und dort hinein errichtete der Staufer ein Kastell, indem er den bestehenden kleinen Wehrbau in einen befestigten Palast umwandelte, an den Tiergehege und Gestüte angegliedert waren. Ausgrabungsbefunde lassen vermuten, daß dieser Bau mit all jenen Annehmlichkeiten ausgestattet war, die Friedrich bereits aus Palermo kannte. Mit der arabischen Siedlung geriet auch die Burganlage in Verfall. Im 16. Jahrhundert hausten Schweine und andere Tiere in den Gemäuern, und 1790 ließ man die Ruine zur Gewinnung von Baumaterial einfach sprengen. Kurz vorher hatte der französische Maler Jean Louis Desprez Lucera gezeichnet, so daß wir uns wenigstens zum Teil eine Vorstellung vom Bau machen können. Über einem quadratischen Sockel, der im oberen Teil einer abgestumpften Pyramide glich, erhob sich aus der Sicht eines Ankommenden ein zweigeschoßiger Turm, so daß die Gesamtanlage einem Donjon durchaus ähnlich sah. In Wirklichkeit war dieser Palast aber ein Vierflügelbau um einen kleinen Innenhof, in dem ein Brunnen Wasser spendete. Zudem wurde das Obergeschoß der Anlage in achteckiger Form errichtet und reich mit romanisch-gotischen Schmuckformen ausgestattet.

Auch sonst deutet vieles darauf hin, daß Lucera als Residenz des Herrschers angelegt war. Antike Statuen und Bildwerke, die Friedrich sammelte, ließ er hier aufstellen, wie ein Brief an den Kastellan von Neapel aus dem Jahre 1240 zeigt: »Da Wir die zu Schiff verfrachteten Steinbilder, die in der Burg von Neapel sind, unverzüglich in Lucera haben wollen und den Pfalzbeamten von Neapel auftrugen, sie von Dir zu verlangen, in Empfang zu nehmen und auf der Stelle nach Lucera zu schicken, befehlen Wir Dir strengstens, die genannten Bilder sofort nach Erhalt dieses Schreibens den Pfalzbeamten ausliefern zu lassen.« Nach außen war dieser Bau eine Festung, nach innen ein prächtiger Palast, und was hinter diesen Mauern wohl vorgehe, davon munkelte man allenthalben. Man vermutete den verborgenen Harem des »Sultans von Lucera« dahinter; in Wirklichkeit lagerte hier ein Teil des kaiserlichen Schatzes, und es gab Werkstätten für Waffen, Zaumzeug und Kleider, die der Hof benötigte.

Die »Sarazenenburg« Lucera blieb ein Stachel im Fleisch der Kurie. Hier hatte ein christlicher Kaiser etwas unternommen, was seinen Pflichten widersprach. Nicht nur duldete er den fremden Glauben in einem christlichen Reich, aus Ungläubigen bildete er sogar seine Gardetruppen, die für päpstliche Bannflüche völlig taub waren. Manches Gerücht über den unchristlichen Staufer nahm hier seinen Anfang, und ein Brief Gregors IX. vom Ende des Jahres 1232 läßt in Ton und Inhalt erkennen, was die Kurie ärgerte: »Verwundert und bestürzt vernahmen Wir, daß die Söhne des Verderbens, die Sarazenen nämlich, die Du in Apulien angesiedelt hast, unter Zusicherung Deiner Gnade, was kaum glaublich scheint, die Kirche des heiligen Petrus in Bagno Fojetano, die mit vollem Recht zum Kloster des heiligen Lorenz in Aversa gehört, in einen Ort des Teufels verwandelten, während sie vorher der Wohnort der Engel war, und sie von Grund auf zerstörten, indem sie ihre Steine und Balken nach Lucera transportierten, um dort ihre Häuser zu bauen. Da nun ein so ungehöriges Unterfangen nicht ohne Schaden für den Schöpfer und Unbill gegen den Apostolischen Stuhl, gleichsam mit wissentlicher Beschimpfung Unseres Namens, vorgenommen wird, bitten und ersuchen Wir Deine Hoheit angelegentlichst, genauestens zu untersuchen, ob eine und vor allem ob eine innerhalb Deines Königreichs liegende Kirche, die sich Deines Schutzes erfreuen soll, da Du ihr und aller anderen vom Herrn bestellter Beschützer bist, durch die gottesschänderischen Hände der Ungläubigen zerstört werden soll, während die Macht des Allerhöchsten doch von den Gläubigen erhöht werden muß; Wir bitten Dich ferner, aus Ehrfurcht vor Gott und zur Vermehrung Deiner Hoheit die genannte Kirche wiederherstellen und ihr die geraubten Materialien zurückerstatten zu lassen, die ihr zur Zeit ihrer Unversehrtheit zugehörten. Überdies möge es, da eine Überfülle an Freiheiten, die Du, wie man sagt, den Sarazenen gewährt hast, in einer für die Christen gefährlichen Nachbarschaft besteht und vielen, die davon hören, Schrekken verursacht, Deiner Hoheit gefallen, ihre Anmaßung so zu ersticken, daß sie in Kürze die Herzen Deiner Untertanen nicht mehr zu verwirren wagen, zumal es Unserem Erlöser Unrecht scheinen muß, wenn die Söhne Belials, die durch die Fessel der Knechtschaft gebunden sein sollten, die Söhne des Lichts in Unseren Landen bedrängen oder sich sündhafterweise ihnen an Freiheit gleichachten.«

Bis zum Ende des staufischen Hauses sollten die Muslime von Lucera Stützen seiner Macht bleiben. Sie entwickelten eine blühende Landwirtschaft, schufen Bemerkenswertes in der Kunst, Teppiche zu knüpfen, und in der Herstellung von Waffen. Ihre militärische Schlagkraft war gefürchtet. In einer Zeit, der die Achtung vor dem fremden Glauben weitgehend fremd war, überlebten sie ihre Gönner nicht lange: Im Jahre 1300 ließ der Frömmler Karl II. von Anjou die Stadt nehmen, die Einwohner weitgehend ausrotten und die Reste in die Sklaverei verkaufen. Heute künden nur noch die Mauern aus der angevinischen Zeit, die den beträchtlichen Umfang der Siedlung erkennen lassen, von jener Stadt aus dem Morgenlande *(Abb. 23)*. In all seiner Erbärmlichkeit gibt der Epigone einen Maßstab für die Größe seiner Vorgänger.

Auf einem ganz anderen Gebiet hat der Kaiser mit der ihm eigenen Unrast dieser Jahre Vorbildliches geschaffen. Ein Staat nach seinen Vorstellungen, der das Lehenswesen überwinden wollte, war auf gelehrte Beamte angewiesen. An der

Kurie war das Zeitalter der Kanonisten heraufgezogen, und die Höfe der Zeit forderten den Legisten, der römische Rechts- und Verwaltungsprinzipien anzuwenden imstande war. Diese alten und zugleich neuen Studien waren damals nur an wenigen Orten und im Königreich selbst wohl überhaupt nicht vertreten. Die hohe Schule der Medizin zu Salerno war in ganz Europa bekannt, die Schulen von Capua und Neapel hingegen nur ihrer näheren Umgebung. Hort des römischen Rechts war Bologna, von wo Friedrich allein geschultes Personal an seinen Hof ziehen konnte. Und so entschloß er sich, wie Jamsilla berichtet, eine Hochschule in Neapel zu gründen. »Es war der Kaiser ein Mann von gewaltigem Herzen. Seine Hochherzigkeit bändigte er, sofern notwendig, durch seine Weisheit, die er besaß, so daß ihn die Leidenschaft niemals zu irgend einer Tat hinriß, sondern alles aus reiflicher Überlegung hervorging. Der Kaiser ließ in seinem Reich Hohe Schulen der Freien Künste und der Erprobten Wissenschaften einrichten. Gelehrte aus vielen Weltteilen lockte er durch die Großzügigkeit seiner Geschenke herbei und setzte ihnen, wie auch den mittellosen Studenten, auf Kosten der Staatskasse ein festes Gehalt aus, damit die Menschen jeden Standes und jeden Vermögens nicht auf Grund irgendeines Mangels am Studium der Philosophie gehindert würden. Auch die Gerechtigkeit liebte und pflegte er so, daß es keinem versagt wurde, sogar mit dem Kaiser selbst um sein Recht zu streiten, und er stützte sich dabei nicht auf seine kaiserliche Majestät, da ja jeder, der sich mit ihm auseinandersetzte, ihm auf dem Boden des Rechtes gleich sei.«

Über die Ziele Friedrichs läßt die Gründungsurkunde keine Zweifel: »Mit der Gnade Gottes, durch den wir leben und regieren, dem wir alle Unsere Taten weihen, dem Wir alles, was Wir tun, zuschreiben, wünschen Wir, daß es in Unserem Königreiche durch eine Quelle der Wissenschaften und eine Pflanzschule der Gelehrsamkeit viele kluge und weitschauende Männer gebe, Männer, die durch das Studium der Natur und die Erforschung des Rechts Gott dienen können, dem alles dient, und die Uns durch die Pflege der Gerechtigkeit gefallen, deren Vorschriften nach Unserem Willen alle gehorchen sollen.

Wir verfügen aber, daß in der lieblichen Stadt Neapel die Wissenschaften jeder Art gelehrt werden und die Studien blühen sollen, damit alle, die hungrig und durstig nach der Gelehrsamkeit sind, im Königreich selbst den Ort finden, an dem ihre Begier gestillt werden kann, und damit sie nicht gezwungen sind, auf der Suche nach Wissen auswärtige Völker aufzusuchen und in fremden Gegenden zu betteln. Wir erstreben aber, daß dieses Gut Unserem Staatswesen zu Nutzen gereiche, da Wir die Wohlfahrt der Untertanen in Unserer besonderen Huld im Auge haben. Denn natürlich werden die Unterrichteten die besten Aussichten haben und die meisten Güter erwarten können, während den Faulen

Abb. 17
Handschuh vom Krönungsornat. Wien, Kunsthistorisches Museum, Weltliche Schatzkammer

Abb. 18
Sogenannter Mantel Karls des Großen. Metz, Domschatz

Abb. 19
Schwert. Wien, Kunsthistorisches Museum, Weltliche Schatzkammer

Abb. 20
Reliquienkreuz. Cosenza, Museo Diocesano

Abb. 21
Krone aus dem Grab der Konstanze von Aragon. Palermo, Domschatz

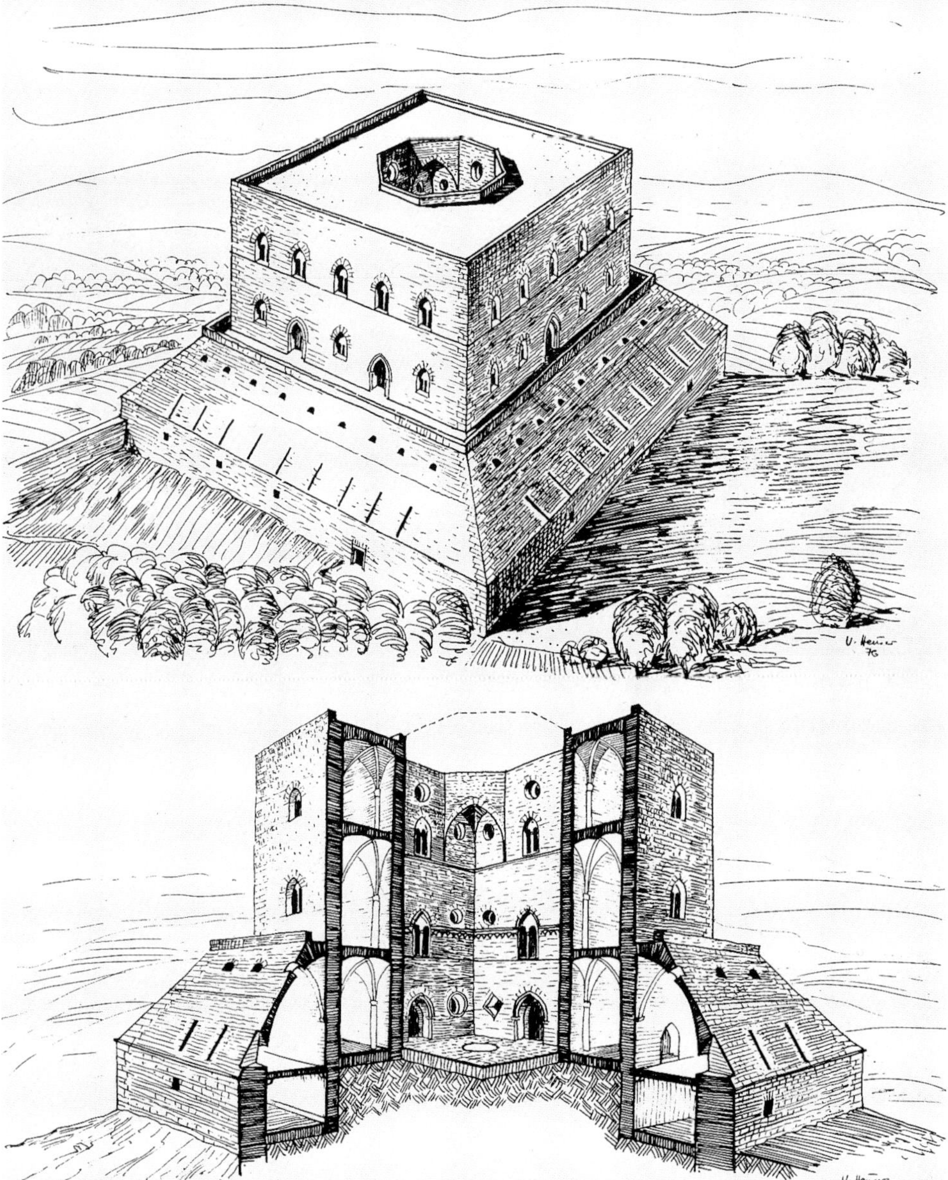

Abb. 22
Rekonstruktionen der Burg in Lucera

Abb. 23
Ruinen der Burganlage, Lucera

Abb. 24
Das appetitanregende Bad. Petrus de Ebolo, De Balneis Puteolanis, Rom, Biblioteca Angelica Ms. 1474, fol. 7

kein Aufstieg erwartet, dem der Adel folgt. Wer sich auf das Richteramt vorbereitet, den erwarten Reichtümer in Fülle, dem steht Gunst und Gnade in Aussicht.

Ferner berufen Wir gelehrte Männer in Unsere Dienste, verdienstvolle und gepriesene, und übertragen jenen, die sich ausgezeichnet haben durch die Beharrlichkeit ihres Eifers, die Lehre des Rechts und der Gerechtigkeit.

Fröhlich also und bereit zum Unterricht, den die Studenten wünschen, mögen sich jene aufmachen, denen Wir da einen Wohnplatz anweisen, wo alles zu haben ist, wo die Häuser hübsch und recht geräumig und wo die Einwohner freundlich und gutartig sind; wo auch alles, was die Menschen zum Leben brauchen, über Land und Meer leicht herangeschafft wird, wo Wir selbst Unseren Unterhalt beziehen, bereiten wir Wohnungen vor, bestellen Wir Lehrer, verheißen Wir Stipendien und versprechen Wir denen Geschenke, die Uns ihrer würdig erscheinen. Indem Wir sie unter den Augen ihrer Eltern studieren lassen, entheben Wir sie vieler Mühen und ersparen ihnen lange Reisen, oft sogar ins Ausland. Wir sichern sie vor den Nachstellungen der Räuber, und diejenigen, die ihres Vermögens und Besitzes auf langen Landfahrten beraubt wurden, mögen sich freuen, daß sie ihre Schulen unter geringeren Kosten und auf kürzeren Wegen durch Unsere Freigiebigkeit erreichen können …

Wir wünschen also und befehlen Euch allen, die Ihr die Provinzen verwaltet und an der Spitze der Behörden steht, daß Ihr dies alles allenthalben und öffentlich verkündet und den Scholaren unter Androhung von Leibes- und Geldstrafen befehlt, daß keiner seiner Studien wegen außerhalb des Königreichs zu gehen und anderswo zu lernen und zu lehren wage. Wer aber aus dem Königreich außerhalb des Königreichs eine Schule besucht, dessen Eltern sollt Ihr unter vorgenannter Strafe auftragen, daß er bis zum Feste des heiligen Michael unverzüglich zurückkehre. Die Bedingungen aber, die Wir den Scholaren gewähren, werden folgende sein:

Vor allem werden in der genannten Stadt Gelehrte und Lehrer von jeder Fakultät sein. Die Scholaren aber, woher sie auch kommen, sollen Sicherheit haben für ihre Reise, ihren Aufenthalt und ihre Rückkehr und sollen keinerlei Einbuße, weder an ihrer Person noch an ihrem Besitz, erleiden. Die Unterkunft, die den Scholaren in der Stadt aufs beste bereitet wird, soll jährlich zwei Goldunzen kosten und diesen Preis nicht übersteigen. Innerhalb der genannten Summe aber und bis zu diesem Höchstpreis werden alle Unterkünfte nach der Schätzung zweier Bürger und zweier Scholaren eingestuft werden. Gegen Pfand sollen den Scholaren von Leuten, die dazu eingesetzt werden, je nach Bedarf Bücher ausgeliehen und gegen Rückgabe gestellt werden unter entsprechender Eidesleistung der Scholaren. Der Scholar aber, der einen Wertgegenstand empfängt, soll schwören, daß er den Ort nicht verläßt, bis er die Leihgabe zurückgegeben hat oder aber sie bezahlt oder den Gläubiger auf andere Weise befriedigt. Die genannten Leihgaben aber sollen von den Gläubigern nicht zurückverlangt werden, solange die Scholaren am Orte ihres Studiums verbleiben. Ferner sollen alle Scholaren in bürgerlich-rechtlicher Beziehung ihren Dozenten und Lehrern unterstehen ...«

Es waren große Worte und gewaltige Pläne, die der Kaiser hier kundtat. Erstmals war eine hohe Schule keine Einung mehr, kein Verband der Lehrenden und Lernenden, erstmals kontrollierte nicht die Kommune oder die Kirche, es war der Monarch selbst, der lenkte. Mit Recht hat man dies als die erste Staatsuniversität des Abendlandes bezeichnet, deren ausdrücklicher Zweck die Heranbildung der Beamten war. Friedrich war es auch, der seiner Gründung auf die Beine helfen mußte. 1226 ließ er das Studium in Bologna verbieten, um Neapel zu fördern und die feindlichen Kommunen Oberitaliens zu behindern. Folgen hatte das keine; Bologna blieb das Haupt der juristischen Studien, und Neapel ist über den Rang einer Landesuniversität schwerlich hinausgelangt. Und auch sonst waren die Zeiten hart; in den Wirren der Kriegsjahre löste sich die Universität 1229 auf und wurde erst 1234 reformiert und wieder eingerichtet. Am Ende des Jahrzehnts dachte der Kaiser sogar an eine völlige Auflösung, ließ aber die Universität in eingeschränkter Form bestehen. In den Wirren nach des Kaisers Tod verkam die Hochschule, erst Karl I. von Anjou verhalf Neapel zu einem bescheidenen, aber kontinuierlichen Dasein.

Die Widrigkeiten der Zeitläufte sprechen nicht gegen den großartigen Entwurf, und daß aus dieser bescheidenen Neugründung das Landeskind Thomas von Aquin hervorging, bildet ihren bleibenden Ruhm. Alle Studien wollte man lehren – außer der Medizin, die Salerno vorbehalten blieb –, doch lag das Hauptaugenmerk auf den Rechtsstudien, denen die Fakultät der »septem artes liberales« die Studenten zuführte. Theologie wurde wahrscheinlich von den Dominikanern gelehrt, ohne daß diese Studien tiefere Spuren in Süditalien hinterlassen hätten. Immerhin ging eine Reihe der Berater und Richter des Königreichs aus dieser Hochschule hervor, und zu diesem Zweck hatte der Staufer sie begründet. So teilte Neapel das Schicksal mancher Neugründung des Jahrhunderts, deren späterer Ruhm in Kontrast zu den bescheidenen Anfängen steht. Im Abendland hat Friedrich jedoch in anderer Weise die Richtung vorgegeben: Manch Stiftungsbrief anderer Hochschulen ist nach den Gedanken seiner Gründungsurkunde formuliert. Daß die Monarchie die Gelehrsamkeit, vor allem die praktische Gelehrsamkeit der Juristen, brauche, gehörte seither zum Herrschaftswissen der Regierenden.

Einem Staat, wie ihn sich der Staufer vorstellte, waren nicht nur Barone und die ein Eigenleben führenden Araber im Wege, auch die Seestädte des tyrrhenischen Meeres, Genua und Pisa, störten den Aufbau der Monarchie. Das Königreich Sizilien war immer noch die Kornkammer des Mittelmeers, und zahllose weitere Produkte waren gleichermaßen begehrt. Vor allem Messina und andere sizilische Häfen waren beliebte Stationen auf dem Weg in die Levante und die Romania. Die apulischen Häfen Brindisi, Bari und Barletta waren wichtige Städte für den Pilgerverkehr und für den Handel. An diesen Kreuzungspunkten des Mittelmeers hatten sich Genuesen und Pisaner, aber auch Venezianer niedergelassen, um Handel und Verkehr in ihrer Hand zu konzentrieren. Sie beriefen sich auf alte Privilegien, agierten in Zeiten der Schwäche der Zentralgewalt aber auch mit nackter Gewalt. Und so hatten vor allem sie von der Zeit der Minderjährigkeit und der Abwesenheit profitiert. Sie bildeten einen Staat im Staate, genossen Steuerfreiheit und hatten sich auch allerhand anderes herausgenommen. Genua beherrschte Syrakus und auch Malta im eigenen Namen und trieb auch eigene Steuern ein. Seit den Assisen von Capua war Friedrich daran, den Seestädten ihre Rechte zu beschneiden. Sie verloren ihren Sonderstatus, zahlten Steuern, Zölle und Hafengebühren wie andere auch und mußten der Monarchie den Vorrang abtreten. Es war ein Vorrecht des Staates, Wege und Straßen, aber auch Häfen mit allen Einrichtungen zu betreiben; die Ein- und Ausfuhr sollte unter die Regie des Fiskus kommen. Wer gegen die Interessen der Krone auf Sizilien agiert hatte, mußte das Land verlassen, und langsam gewann Friedrich die Oberhand.

Diese Politik war nur möglich, weil Friedrich darangegangen war, dem Reich eine Flotte zu schaffen. Nur so war eine eigenständige Handelspolitik oder gar ein Seekrieg möglich. Zunächst waren Schiffe nur zur Verwendung während des Kreuzzugs gebaut worden. Aber auch für die Verbindungen zwischen Festland und Insel sowie zum Verkehr mit dem Norden wurden die Schiffe immer wichtiger. Die Bestrebungen der letzten Normannenkönige wurden wieder aufgegriffen: Sizilien sollte eine achtunggebietende Seemacht werden.

Das Einschreiten gegen die Eigenmächtigkeit der Seestädte wies auf ein Problem hin, das Friedrichs gesamte Lebenszeit belasten sollte: auf die Frage der Kronrechte in Reichsitalien nämlich und damit auf die lombardischen Kommunen, die bereits seinem Großvater, dem Staufer Friedrich, getrotzt hatten. Bisher hatten sie ihm immer Schwierigkeiten bereitet, wenn er im Begriff war, zwischen seinem Nord- und Südreich zu wechseln, und diese Landsperre konnte er auf Dauer nicht dulden. Außerdem lockte ihn die Steuerkraft der reichsten Städtelandschaft der Zeit, die zur Finanzierung eines Kreuzzugs ein willkommener Beitrag gewesen wäre. Auch hatte in seiner Staatsidee die Vorstellung von Stadtfreiheit und Unabhängigkeit von der Krone kaum Platz.

Auch die andere Seite hatte ihre Befürchtungen und Ressentiments. Man hatte Barbarossa noch nicht vergessen, hatte sich in langen Jahrzehnten aber wieder daran gewöhnt, daß der Herrscher fern und schwach war. Wenn jetzt die Rede auf die Wiederherstellung der Reichsrechte kam, erwartete man das Schlimmste. Hatte man nicht sehen müssen, wie Friedrich II. in Sizilien die schwachen Ansätze der Selbstverwaltung seiner Städte unterdrückte? Daß der Kaiser laut davon sprach, er werde im Auftrag des Papstes und in Erfüllung seines Amtes energisch gegen die Ketzer vorgehen, beruhigte auch nicht. Die Städte der Lombardei galten als Hort der Ketzerei, was manchen Vorwand zum Eingreifen geben mochte. Und wenn dann Friedrich auch noch deutsche Fürsten nach Oberitalien aufbot und diese mit bewaffnetem Gefolge erschienen, wurden die Ängste noch größer.

In dieser Atmosphäre des Mißtrauens lud Friedrich für das Jahr 1226 zu einem Reichstag nach Cremona. Dies war ein bedauerlicher Fehlgriff, denn die Wahl des Ortes war Programm: Cremona war die entschiedene Feindin Mailands und traditionell mit den Staufern verbunden. Die stolzen Städte waren einander spinnefeind, und ein kluges Vorgehen hätte dies berücksichtigen müssen. So aber trauten die Kommunen der Versammlung und ihrer Tagesordnung nicht: Die Regelung der Organisation des ins Auge gefaßten Kreuzzugs verhieß neue Steuern, Ketzerverfolgung ließ Schlimmes ahnen, und die geforderte Anerkennung der kaiserlichen Rechte klang nach Friedrich Barbarossa. So beschlossen denn Mailand, Brescia, Mantua, Padua, Treviso und Bologna, sich auf dieses Abenteuer gar nicht erst einzulassen. Sie gründeten erneut einen Bund der lombardischen Städte, den zweiten, und verschworen sich gegen die kaiserlichen Pläne. Zahlreiche Städte schlossen sich an, und Oberitalien befand sich in hellem Aufruhr.

Als der Königssohn Heinrich mit einem Heer über die Alpen zog, sperrten ihm die Lombarden den Weg, so daß er unverrichteter Dinge monatelang bei Trient lag. Nur wenige deutsche Fürsten stießen zu Friedrich, doch kamen die deutschen Angelegenheiten wieder in sein Blickfeld. Die Goldene Bulle von Rimini, die dem Deutschen Orden sein Arbeitsgebiet im fernen Preußen durch Privileg sicherte, und die Erhebung Lübecks zur Reichsstadt fallen in diese Zeit. Ansonsten aber war Friedrichs Heer zu schwach, um gegen den Bund irgend etwas durchzusetzen, und für ein Einlenken stellten die Kommunen unerfüllbare Bedingungen. So blieb ihm nur, die Rebellen als Majestätsverbrecher in die Reichsacht zu tun; die anwesenden Bischöfe verkündeten die Exkommunikation der Rebellen wegen der Behinderung des Kreuzzugs. Danach zog er wieder in sein Königreich, seine Pläne waren gescheitert.

Klug war diese Politik Friedrichs sicherlich nicht, aber ihn leitete nicht Vernunft, sondern Haß: »Sobald wir nämlich in den uns reifenden Jahren in der erglühenden Kraft des Geistes und des Leibes zu des römischen Reiches Gipfel wider Erwarten der Menschen durch den einzigen Wink göttlicher Vorsehung aufstiegen ..., war unseres Geistes Schärfe darauf gerichtet ..., die am Großvater und Vater begangene Beleidigung zu verfolgen und den schon in anderen Gegenden gezüchteten Setzling verruchter Freiheit niederzutreten.« Dagegen war rational nicht zu rechten. Als folgenschwer sollte sich aber erweisen, daß seine Lombardenpolitik zu ernster Verstimmung mit der Kurie führte. Diese sah in den Städten traditionell die Verbündeten gegen den Imperator, so daß sich die alten politischen Konstellationen des 12. Jahrhunderts wiederholten. Daß Friedrich auf seinem Zug nach Norden ohne zu fragen durch die Länder des Kirchenstaats zog und dann auch noch darauf bestand, der Papst habe diese vom Kaiser nur zu Lehen erhalten, reizte selbst den friedfertigen Honorius. Es kam zu einem erbosten Briefwechsel, einer Mahnung vor künftigem Ungemach, der Mißbehagen auf allen Seiten zurückließ.

Nachdem es der Kurie gelungen war, einen Waffenstillstand zwischen dem Staufer und seinen lombardischen Widersachern zu vermitteln, kam der Papst auf den seit 1215 gelobten Kreuzzug zurück. Nun mußte Friedrich sein Versprechen erfüllen, das ihm durch veränderte Umstände nunmehr selbst am Herzen lag. Es war Honorius III., der dem seit 1222 verwitweten Kaiser eine neue Braut erwählt hatte: Isabella von Brienne, die Erbin des Königreichs Jerusalem. Um »die Angelegenheiten des Heiligen Landes desto besser zu Ende zu bringen«, hatte Friedrich eingewilligt, die Vierzehnjährige zu heiraten. Einfluß übte sie nie auf den Herrscher aus, schon im Jahre 1228 starb die junge Frau bei der Geburt Konrads IV. Die Ehe begann mit einem Eklat: der Gemahl führte vom Hochzeitstage an den Titel eines Königs von Jerusalem, der Brautvater Johann, der auf die Statthalterschaft gerechnet hatte, reiste nach unschönen Szenen nach Rom, wo er die Reihen der Feinde Friedrichs ergänzte. Und aus dieser Ecke mögen auch die Gerüchte stammen, die in Europa umgingen: Friedrich habe die Hochzeitsnacht mit einer Verwandten seiner Frau verbracht, diese verschmäht und geschlagen, schließlich sogar eingekerkert.

Der »König von Jerusalem« machte nun Anstalten, ins Heilige Land zu reisen, ja er verpflichtete sich bei Strafe des Kirchenbannes, die Reise bis zum August 1227 anzutreten. Zuvor allerdings änderten sich die Dinge von Grund auf, denn Honorius III., der liebenswürdige Greis, verstarb am 18. März dieses Jahres. Am folgenden Tag bereits wählten die Kardinäle einen der ihren, einen Verwandten des großen Innocenz aus dem Hause Conti, Hugo von Ostia, zum Papst. Daß sich dieser Gregor IX. nannte, nach dem Eiferer des Investiturstreits und Gegenspieler Kaiser Heinrichs IV., war ein schlimmes Vorzeichen. »Lieblingspflanze der Kirche« hatte er vor nicht langer Zeit Kaiser Friedrich genannt, war dann aber offenbar anderen Sinnes und des Kaisers Feind geworden. Hugo von Ostia war ein Mann tiefer Gegensätze, Diplomat und Jurist und damit der Ratio verpflichtet, daneben ein Mystiker, ein Freund der Armutsbewegung und der Franziskaner. Den neuen religiösen Bewegungen und der Stadtlandschaft Italiens stand er nahe, der höfischen Welt und dem staufischen Lebensgefühl unendlich ferne.

Zunächst aber trübte nichts das Verhältnis der beiden Gewalten. Auf den Sommer sammelte sich in Brindisi ein Kreuzheer, bereit für die Fahrt ins Königreich Jerusalem. Da brach in der Gluthitze des apulischen Sommers, »der das Erz zu schmelzen schien«, eine Seuche aus, der zahlreiche Krieger, darunter der Landgraf von Thüringen, zum Opfer fielen. Friedrich selbst segelte ab, erkrankte aber auf See, hieß die Flotte umkehren und suchte Heilung in den Bädern von Pozzuoli.

Die Bäder von Pozzuoli bei Neapel waren damals weithin berühmt: »Auch gibt es dort an die zwanzig Quellen mit heißem Wasser, die am Ufer des Meeres aus der Erde hervorsprudeln: und jeder, der von irgendeiner Krankheit befallen ist, macht sich auf den Weg dorthin, um in ihnen zu baden und Erquickung zu finden. Alle Kranken der Lombardei kommen zur Sommerszeit dorthin«, berichtet der jüdische Reisende Benjamin von Tudela. Über diese Bäder hat Petrus de Ebulo, der unermüdliche Lobredner des staufischen Hauses, zwischen 1211 und 1220 ein Werk verfaßt, das er seinem Herrn, König Friedrich, gewidmet hat: De balneis Puteolanis – nomina et virtutes balneorum. In fünfunddreißig Versen werden die Vorzüge der Quellen gerühmt; das Original war mit einem Widmungsbild und Illustrationen geschmückt. Gedichte und Bilder gehen vielleicht auf die antiken Inschriften und Wandmalereien zurück, die damals wohl noch sichtbar gewesen sind. Das Original ist heute verloren, doch entstand eine Abschrift am Hofe des Kaisersohnes Manfred, die einen Eindruck dieses Werkes vermittelt *(Abb. 24)*. Zu sehen ist auf der Miniatur die Quelle Calatura, von der es heißt: »Der Lunge gewährt Calatura die gewohnte Ruhe, sodann vertreibt es den Husten, den der schwere Katarrh hervorbringt. Es stellt die Kräfte des Magens wieder her; es bewirkt Appetit. Öfters läßt es die eingenommenen Mahlzeiten wieder dahinschmelzen. Es verschafft ein gutes Aussehen, den Verstand stärkt es und das Herz erfreut es; vom Gesicht entfernt es häßliche Flecken. Jeder, der die Schwindsucht fürchtet, die mit dem Husten entstanden ist, betrete öfters das Wasser, damit die Furcht verschwinde. So, wie ein fest verwurzelter Baum nur mit Mühe herausgerissen werden kann, so können auch die schleichenden Keime alter Krankheit nicht durch irgendein Verfahren auf einmal beseitigt werden.«

Das Bild selbst, dem eine Darstellung des letzten Abendmahls oder der Hochzeit zu Kana zugrunde liegen mag, illustriert die Aussage, daß die Quelle die Kräfte des Verdauungsapparats wieder herstelle, also jene Linderung verschaffe, die Friedrich dringend benötigte. Wer unten in die Quelle hinabsteigt, hat oben dann einen guten Appetit und tafelt mit Freuden! Unter die Kurgäste des Jahres 1227 reihte sich also auch der Staufer ein.

Seine Gesandten gingen nach Rom, wo aber der neue Papst keine Entschuldigungen anzunehmen bereit war. Gregor ließ die Gesandten nicht vor, ja seine Schritte gaben zu bösen Ahnungen Anlaß. Um seine Position zu stärken, ernannte er eine Zahl von Kardinälen aus der kaiserfeindlichen Lombardei, zehn Tage später erklärte er die Exkommunikation Friedrichs. Ihm ging es um den Sieg über die weltliche Macht und um die Demütigung des Kaisers. Sein Manifest von Anagni spricht es deutlich aus: »Das Schifflein Petri, das in die weite Öde des Meeres gesetzt oder vielmehr den wirbelnden Stürmen ausgesetzt ist, wird von Wind und Wellen so herumgeworfen, daß seine Steuerleute und Ruderer kaum unter den strömenden Regengüssen atmen können ... So kommt es, daß der Apostolische Stuhl, um Ungeheuer solcher Art – Schlangen, die man im Glauben, Söhne zu nähren, am Busen aufwachsen läßt – zu vernichten und feindliche Gewalten niederzuschmettern, um die Wut der Stürme zu mildern, zu diesen Zeiten einen Zögling aufzog, den Kaiser Friedrich nämlich, den er gleichsam aus dem Schoße der Mutter auf die Knie nahm, den die Kirche an ihren Brüsten säugte und auf ihren Schultern trug, dessen Leben sie oft den Häschern entriß, den sie unter großen Unkosten und Mühen zu erziehen sich abmühte, bis sie ihn zu einem vollkommenen Mann gemacht hatte, den sie zur Würde der königlichen Hoheit und schließlich zum Gipfel der kaiserlichen Majestät beförderte, in dem Glauben, er werde ein Stecken der Verteidigung und Stab ihres Alters. Er aber zeigte, während er nach Deutschland zog, um die Zügel des Reiches in seine Hand zu nehmen, manche, wie man glaubte, erfreulichen Vorzeichen, doch in Wahrheit Unzeichen in den Augen der Mutter. Denn aus eigenem Entschluß, nicht auf Mahnung des Apostolischen Stuhls heftete er das Kreuz auf seine Schultern und gelobte feierlich, zur Rettung des Heiligen Landes aufzubrechen. Darauf gab er zu, daß er und die anderen Kreuzfahrer exkommuniziert werden sollten, wenn sie nicht zu einem bestimmten Zeitpunkt aufbrächen ... Damit Wir also nicht gleich stummen Hunden, die nicht bellen können, einen Menschen mehr als Gott zu ehren scheinen, indem Wir keine Rache an dem nehmen, der ein solches Unheil über das Volk Gottes brachte, haben Wir den Kaiser Friedrich ..., wenn auch ungern, öffentlich exkommuniziert und befehlen, daß er von allen gemieden, daß er durch Euch und die übrigen Prälaten der Kirchen öffentlich als exkommuniziert bezeichnet werde. Gegen ihn selbst aber werden Wir härter vorgehen, wenn er seinen Trotz auf die Spitze treibt, damit er einsehe, daß das Gesetz Gottes über die Willkür des Kaisers geht.«

Friedrich hatte lange zu den Vorgängen und Anwürfen geschwiegen, erst im Dezember antwortete er in einer großen, ausführlichen Rechtfertigungsschrift an die Fürsten Europas. Kaiser und Papst suchten die Öffentlichkeit des Abendlands auf ihre Seite zu ziehen, der Kaiser ein Meister der Verstellung, aber auch überlegener Rhetorik seiner Kanzlei, der Papst ein Künstler der kleinen Lügen und der Halbwahrheiten. Punkt für Punkt wies der Staufer die gegen ihn erhobenen Vorwürfe zurück, er sei schuld an dem Fehlschlag der Kreuzfahrer vor Damiette, er habe den Landgrafen von Thüringen vergiftet und was der Dinge mehr waren. Seine Botschaft lautete: »Wir also werden, wie sehr auch der Eifer der angriffslustigen Kirche entbrennt, da Wir ein reines Gewissen haben und dem Gericht Gottes mehr vertrauen als es fürchten, zumal die Schrift den unrechtmäßig Geschmähten zuruft: ›Selig seid ihr, wenn man euch schmäht und verfolgt‹ [Matth. 5,11], von dem in Angriff genommenen Werke Christi keinesfalls abstehen, weil Wir es nicht nur mit dem Munde, sondern mit aufrichtiger Gesinnung und mit Unterstützung des Reiches unter Führung dessen, der Anfang und Ende ist, zu vollenden wünschen ...«

Im Juni 1228 stach die kaiserliche Flotte wiederum in See: »Schon haben wir uns von Brindisi glücklich nach Syrien gewandt und reisen mit Eile unter glückhaftem Wind mit Christus, dem Führer«, meldete sich Friedrich zu Wort. Damit hatte niemand gerechnet, vor allem Gregor war überrascht: »Wir wissen nicht, wessen törichtem Rat er da folgte oder besser: welche teuflische List ihn verführte, ohne Buße und ohne Absolution den Hafen von Brindisi zu verlassen, ohne daß man mit Sicherheit wüßte, wohin er ging.« Der Papst erwartete Unterwerfung oder doch Beachtung des Kirchenbannes; daß jemand die Feindschaft der Kurie auf sich beruhen ließ, konnte er nicht verstehen.

Das Abenteuer, auf das sich der Kaiser eingelassen hatte, barg viele Risiken. Norditalien war ihm damals verloren, der Kirchenstaat sowieso, und daß Gregor auch nach Sizilien greifen würde, lag auf der Hand. Selbst das Kaisertum war ihm nicht mehr sicher. Sollte er nun auch noch im Heiligen Land scheitern, so käme dies einem Gottesurteil gleich. Auf der anderen Seite würde die Rückgewinnung Jerusalems als unmittelbares Wirken Gottes gesehen werden und Friedrich wäre gerechtfertigt, ja er stünde im Einklang mit jener Sage, nach der der Endkaiser Abend- und Morgenland vereinen und in der heiligen Stadt die Zeiten erfüllen werde.

Das Heer des Kaisers war nicht groß, 1000 Ritter und die zehnfache Zahl an Pilgern, damit konnte man die Mächte des nahen Ostens nicht beeindrucken. Wohl aber das Königreich Zypern, das Friedrich auf dem Wege wieder der Botmäßigkeit des Imperators unterwarf. In Akkon begrüßte man ihn mit Jubel, die Johanniter und Templer beugten vor ihm die Knie, doch der hohe Klerus verweigerte dem Gebannten den Friedenskuß. Zwei Tage später kam mit zwei Franziskanern als Papstboten auch die Zwietracht ins Heilige Land. Sizilianer, der Deutsche Ritterorden, Genuesen und Pisaner standen zum Herrscher, Engländer, Franzosen, Templer, Johanniter und der gesamte Klerus verweigerten sich ihm. An Kampf war mit dieser Opposition im Rücken nicht zu denken.

Tiefen Eindruck auf den Kaiser machte das muslimische Morgenland, dessen Kultur er bereits in seiner Jugend in Palermo gestreift hatte und das er nunmehr gierig in sich aufnahm. »So große Liebe und so großes Vertrauen hatte er zu den Ungläubigen, und so gut kannte er sie, daß er dieses Volk und seine Einrichtungen mehr als alle anderen ehrte.« Im Sultan von Ägypten, seinem Feind, fand er einen Bruder im Geiste, der wie er Philosophie und Gelehrsamkeit achtete. Man tauschte mehr als nur Artigkeiten aus; Friedrich wollte die Weisheit des Orients kennenlernen. »Dieser König war ein sehr gelehrter Mann; er war ein gründlicher Kenner der Geometrie, der Arithmetik und der anderen spekulativen Wissenschaften. Er sandte an Malik al-Kamil mehrere schwierige Probleme der Geometrie, der Philosophie und der spekulativen Wissenschaften. Al-Kamil legte sie dem Scheich Alam ed-Din Hanefit, genannt Ta-asif, und anderen Gelehrten vor und schrieb dann dem Kaiser die Antworten.« »Von dieser Zeit also verband sich die Seele des Kaisers mit der Seele des Sultans durch den unauflöslichen Kitt der Liebe und der Freundschaft, und sie verbündeten sich und schickten sich gegenseitig kostbare Geschenke, unter denen vom Sultan dem Kaiser ein Elefant geschenkt wurde.« Zeit seines Lebens sollte Friedrich die arabische Kultur bewundern. Zahlreiche Anekdoten zeugen davon, Legenden und Märchen erzählen von seinem Hang zu den Muslimen, von seiner Hochachtung vor ihrem Glauben und von der engen freundschaftlichen Verbindung.

All dies mochte seine Gegner und religiöse Eiferer nur erzürnen. Der gebannte Kaiser, der keine Anstalten machte, sich auf die »Feinde Gottes« zu stürzen, bestätigte alles, was man schon immer von ihm gedacht hatte. »Was wir ferner mit größter Wahrhaftigkeit und brennender Scham berichten, ist, daß der Sultan dem Kaiser, als er hörte, daß dieser nach sarazenischer Sitte lebe, Sängerinnen, die auch Tänzerinnen genannt werden, schickte, sowie Gaukler, Personen also, die nicht nur verrufen sind, sondern von denen man unter Christen überhaupt nicht sprechen sollte; mit diesen vergnügte sich der Fürst dieser Welt bei abendlichen Gelagen, bei sarazenischen Getränken, in sarazenischen Kleidern und überhaupt in jeder Weise als Sarazene.« Dieser Bericht des aufgebrachten Patriarchen genügte den Zwecken Gregors nicht. Im päpstlichen Schreiben für das Abendland wurden aus den Tänzerinnen christliche Frauen, die man vor Sarazenen zu tanzen gezwungen habe, bevor man »fleischlich sich an ihnen verging«. Das machte Eindruck auf die Meinung Europas. Friedrich sei ein Sultan, ein Ungläubiger, ein Abtrünniger, die Schar der Kritiker schwoll zu einem mächtigen Chore an. Er habe sich mit dem »Alten vom Berge«, dem Haupt des Geheimbundes der Assassinen verschworen, um durch diese seine Gegner ermorden zu lassen. Kein Gerücht, das nicht auch offene Ohren gefunden hätte!

Insgesamt war die Sache Friedrichs verfahren. Er brauchte den Erfolg, da dieser allein seinen Trotz gegen die Kirche zu erklären vermochte. Gegen die feindlichen Heere hatte er keine Chance, und die Lage in seinem Königreich Sizilien war verzweifelt. In der Rückschau erzählt er, daß er damals vor Zorn und Schmerz geweint habe. »Doch meinen zehrenden Schmerz eilig hinter heiterer Miene verbergend, damit nicht die Feinde, wenn die solches erführen, jubelnd triumphierten, fing ich an, über Frieden und Vertrag zu verhandeln und beschleunigte die Heimkehr.« Er beriet im Geheimen durch Gesandte mit al-Kamil und ließ sich durch das Murren der Christen nicht verdrießen. Beide Seiten gewannen Achtung füreinander, so daß schließlich eine Abmachung zustande kam, die persönlicher Sympathie entsprach. »Der König der Franken unterhielt sich mit dem Emir Fahr ed-Din und sagte, daß er niemals solche Bedingungen von dem Sultan verlangt hätte, wenn er nicht den Verlust seines Ansehens hätte fürchten müssen, daß er nicht auf Jerusalem bestehe noch auf den anderen Ländereien, aber daß der Sultan sein Ansehen bei den Franken habe erhalten wollen.«

Der Vertrag, dessen Schwachpunkte die päpstliche Propaganda sogleich aller Welt verkünden ließ, hatte Erstaunliches erreicht. Die Stadt Jerusalem wurde an Friedrich übergeben, unter Ausschluß freilich des heiligen Bezirks mit Omar-Moschee und Felsendom. Dort durften die christlichen Pilger die Stätten besuchen und ihre Gebete verrichten. Das gleiche war den Muslimen in Bethlehem gestattet, das neben Nazareth, Sidon, Caesarea, Jaffa und Akkon sowie Land zwischen der Küste und Jerusalem an Friedrich übergeben wurde. Daneben sollte ein zehnjähriger Waffenstillstand geschlossen werden, den der Kaiser dann mit al-Kamil verlängern wollte.

Dies alles war den Eiferern auf beiden Seiten zuwider. In der Welt des Islam kam es zu Protesten, denn in der Tat hatte der Sultan nichts gewonnen außer der Freundschaft des Kaisers. Er konnte immerhin darauf hoffen, nun ungestört von den christlichen Heeren seine Expansionspolitik fortzusetzen. Dennoch schmerzte der Verlust der Heiligen Stadt. Friedrich aber hatte als Gebannter mehr gewonnen als alle Anstrengungen seit dem Jahre 1187. Dies tat er auch aller Welt kund: »Frohlocken und jubeln mögen alle im Herrn, und rühmen mögen ihn die, die aufrichtigen Herzens sind, da es ihm gefiel, die Sanftmütigen seines Volkes glückhaft zu erhöhen. Loben auch Wir ihn, den die Engel loben, weil er Unser Herr und Gott ist, der allein große Wunder tut und der seiner alten Barmherzigkeit nicht vergaß, sondern diese Wunder, die er, wie man liest, in alten Tagen getan hat, in Unseren Zeiten erneuerte, da er, weil er, um seine Macht kundzutun, nicht immer mit Pferden und Wagen prangt, sich jetzt Ruhm gab in der geringen Anzahl der Männer, auf daß alle Völker erkennen und begreifen, wie er furchtbar ist in seiner Herrlichkeit, ruhmvoll in seiner Majestät und wunderbar in seinen Plänen über den Menschensöhnen, da in diesen wenigen Tagen, mehr durch ein Wunder als durch Tapferkeit jenes Werk glücklich vollbracht wurde, das seit langen, vergangenen Zeiten viele Mächtige und mancherlei Fürsten der Erde weder mit der Menge der Völker noch durch Furcht oder irgend etwas anderes zu vollbringen vermochten.«

Der Vertrag rief im Abend- wie im Morgenland Verwunderung hervor. Noch im 14. Jahrhundert war es dieses Ereignis wert, daß ihm in der Chronik des Giovanni Villani aus Florenz eine Illustration gewidmet wurde *(Abb. 25)*. Und dies in einer Zeit, als das gesamte Heilige Land längst wieder verloren war! Der Sultan reicht Friedrich die Hand und weist einladend in die Stadt Jerusalem, die den Christen – mit Ausnahme der Omarmoschee – übergeben wird.

Der Zug nach Jerusalem wurde ein persönlicher Triumphzug. Patriarch Gerold hatte den Pilgern die Fahrt mit dem Kaiser rundheraus verboten, aber daran halten wollte sich niemand. Vor allem die deutschen Kreuzfahrer jubelten über den diplomatischen Schachzug. »Den Deutschen lag ja nichts anderes am Herzen, als das Heilige Grab besuchen zu können und sie als einzige Nation stimmten Lobgesänge an und beleuchteten festlich die Stadt, während alle anderen in dem Geschehenen nur eine Dummheit sahen.« Grollend stand die päpstliche Partei abseits, als am 17. März, einem Samstag, der Kaiser in Jerusalem Einzug hielt und den Sonntag auf seine Weise beging.

Die Vorgänge am Sonntag Oculi, am 18. März des Jahres 1229, klingen in der Schilderung des Kaisers harmlos: »Am folgenden Tage aber trugen Wir die Krone, die Uns der allmächtige Herr vom Throne seiner Majestät zusprach. In der besonderen Huld seiner Gnade hat Er Uns unter den Fürsten des Erdkreises wunderbar erhöht, damit er so, während Wir über eine solche Würde beglückt sind, die Uns nach dem Rechte des Königtums gebührt, der Welt mehr und mehr offenbar werde, daß die Hand des Herrn dies alles bewirkte. Und weil seine Werke im Erbarmen über allem bestehen, so sollen die Söhne des wahren Glaubens von nun an erkennen und weit und breit über den Erdkreis verkünden, daß Er, der gebenedeit ist in Ewigkeit, sein Volk heimgesucht und Uns als Horn des Heils im Hause seines Vaters David errichtet hat.«

Aus anderen Darstellungen wird das Ereignis klarer. Der gebannte Kaiser, dem keine Messe gelesen werden durfte, betrat im Ornat, begleitet von seinen Getreuen, die Grabeskirche in Jerusalem, schritt auf den Altar zu, nahm von diesem die Krone des Königreichs und setzte sie sich selbst aufs Haupt. Danach sprach der Kaiser zu seinem Gefolge und zu den anwesenden Pilgern, während Hermann von Salza seine Worte zunächst ins Deutsche und danach ins Lateinische übersetzte. Der letzte Kaiser sollte nach dem Volksglauben Jerusalem befreien, hier hatte der Staufer dieses Wunder ohne Schwertstreich bewirkt.

Was waren die Motive Friedrichs für sein Vorgehen? Man hat ihn, den Selbstbekröner, in eine Reihe mit Napoleon gestellt, man hat aus dem Vorfall den Triumph des gottunmittelbaren, nicht von der Kirche vermittelten Herrschertums herausgelesen. Man hat an Gottfried von Bouillon erinnert, der sich Vogt des Heiligen Grabes genannt hatte, nicht König von Jerusalem, weil er dort, wo Christus die Dornenkrone getragen habe, nicht selbst unter der Krone gehen wollte. Warum aber blieben dann die Feinde des Staufers, allen voran der Papst, ruhig angesichts eines derartigen Frevels? Die Zeitgenossen haben die Selbstkrönung ganz anders verstanden. Mochte Friedrich auch der Meinung sein, mit der Erlangung Jerusalems sei er vom Banne befreit, wollte er gleichwohl Gregor nicht reizen. Indem er sich vom Gottesdienst fernhielt, achtete er den Spruch des Papstes. Es war keine Krönung, dazu brauchte er in der Tat einen Prälaten, es war ein Gehen unter der Krone, wie es Könige an Festtagen zu tun pflegten. Freilich war die Festkrönung nur für bereits gekrönte Monarchen üblich, und diese Erstkrönung hatte Friedrich nicht vollzogen. Außerdem betonte er mit dieser Geste die Gottesunmittelbarkeit seines Königtums. Dieses war notwendig, um aller Welt seinen Anspruch als König von Jerusalem kundzutun, ein Affront gegen die Kirche war es nicht.

Wohl aber wurde der Sonntag in Jerusalem zu einem Wendepunkt im Leben Friedrichs. Er, der bereits in den wunderbaren Tagen seiner frühen Triumphe diese auf Gottes besondere Pläne mit seiner Person zurückgeführt hatte, sah sich nun überhöht. Er war das »Horn des Heils« – Epitheta Christi werden jetzt auf den Caesar bezogen; Friedrich wird den Menschen entrückt und in die Nähe Gottes gestellt. Der Staufer wird den einen zum Kaiser der Endzeit, während an der Kurie die ersten Stimmen laut werden, die den Antichrist am Werke sehen.

Friedrich hat sich als König von Jerusalem, als David dem Volke gezeigt. »Auch daß unser Heiland, Jesus von Nazareth, aus Davids Königstamm entsproß, erfüllt uns mit Freude«, tat der Staufer der Welt kund. »David warst Du in Jerusalem«, jubelten die Höflinge, und ein deutscher Dichter sang:

Jauchze Jerusalem, den Namen des Herrn zu verehren ...
Weil als hehrer König einst Jesus jetzt Kaiser Friedrich,
Beide zu dulden bereit, in Deinem Glanze erhöht sind.
Opfer brachten sie beide: Der Erste sich selbst für den Zweiten
Und für des Ersten Ruhm der Zweite sich und das Seine ...

Nach dem Tag des Triumphs begannen die Widrigkeiten des Alltags. Der Patriarch Gerold belegte die Stadt Jerusalem mit dem Interdikt, um Gottesdienste zu verhindern, und die Papstfreunde begannen sich zu regen, der Kaiser wurde zum ungebetenen Gast. Für den Staufer blieb im Heiligen Lande nichts zu tun. König von Jerusalem wurde sein neugeborenes Söhnchen Konrad IV.; Friedrich selbst führte in seinem Namen die Geschäfte. Die Aufgabe, die er sich gestellt hatte, war vollendet, der Staufer kehrte Palästina den Rücken. Am 1. Mai 1229 segelte er ab und landete nach sechs Wochen in Apulien.

Gregor IX. hatte die Abwesenheit des Kaisers genutzt, um ein Heer päpstlicher Schlüsselsoldaten unter Johann von Brienne aufzustellen und in das Königreich Sizilien einzubrechen. Zahlreiche Städte und Landstriche, vor allem in Apulien, fielen von Friedrich ab, wozu freilich das Gerücht beigetragen hatte, der Kaiser sei in Übersee gestorben. Als nun der Totgeglaubte am 10. Juni 1229 in Brindisi eintraf, bewirkten allein sein Nahen und sein Name einen völligen Umschwung. Die Schlüsselsoldaten, genannt nach ihrem Feldzeichen, den Symbolen des heiligen Petrus, begannen zu laufen und machten auch an den Grenzen des Kirchenstaates kaum halt, der Kaiser aber übte an seinen Feinden furchtbare Vergeltung. Jansen Enikels Reimchronik zeigt, daß die Öffentlichkeit sehr wohl wußte, was die Absichten des Papstes gewesen waren:

Nun weiß ich nicht, wie es kam,
daß ihn der Papst in Acht nahm
und tat ihn bannen,
dazu all seine Mannen.
Doch ward mir das bekannt:
der Krieg ging um Sizilienland;
das wollt der Papst gern fassen,
der Kaiser wollt's nicht lassen ...
Darob erhob sich großer Streit.

Sie hatten beide Haß und Neid,
so daß sich um dasselbe Land
erhob viel Krieg und Raub und Brand.
Der Kaiser an die Arbeit ging:
wo er des Papstes Leute fing,
da hieß er sie mit Nöten
wahrhaftig alle töten.
Die Pfaffen mußten da ihr Blut
vergießen, denn in seiner Wut
riß ihnen er vom Kopf die Platte,
wie er im Herz gewünscht sich hatte.
Die Mönche konnten nicht entfliehen:
den ließ die Haut er ziehen
bis über beide Ohren,
als ob sie wären Toren.

Nicht weniger heftig war die Reaktion eines Peire Cardenal, die zeigt, daß man nicht nur im Reich so dachte: »Statt bei Königen sehe ich die Herrschergewalt in Händen des Klerus, ausgeübt durch Raub, Treulosigkeit, Heuchelei, Gewalttätigkeit und durch die Predigt ... Sie sind begierig, sich die Welt zu eigen zu machen, und vertrieben deshalb Kaiser Friedrich aus seiner Heimat«, schreibt der provençalische Troubadour am Hof Jakobs I. von Aragon. So war der Rachezug des Kaisers überaus populär, das Ansehen Gregors IX. aber auf dem Tiefpunkt.

Die Wurzel Jesse

Inmitten des furchtbaren Strafgerichts kam es zu einer denkwürdigen Begebenheit. Unter den abgefallenen Städten war auch die Kleinstadt Bitonto in Apulien, deren verräterische Bevölkerung Friedrich selbst in einem bitteren Aphorismus als untreue Esel bezeichnet hatte. In der 1175 bis 1200 errichteten Kathedrale des Ortes, einem der schönsten und reinsten Beispiele apulischer Romanik, hielt anläßlich der Unterwerfung Bitontos ein Geistlicher mit Namen Nikolaus vor dem Kaiser eine Predigt, deren Wortlaut wir kennen. Wohl als Zeichen der Sühne hat man in der Folge eine Kanzel errichtet, die als Illustration eben dieser Predigt zu verstehen ist.

Das Kanzelrelief von Bitonto *(Abb. 26)* hat schon zu manchen Diskussionen geführt, die bis heute nicht verstummt sind. Man hat es als Anbetung der Könige gelesen und sich nicht daran gestört, daß das Christuskind fehlt, es sollen drei

Magier vor Herodes sein oder drei Ritter vor Kaiser Friedrich II. Die Königin von Saba vor Salomon wurde vorgeschlagen, aber auch Heinrich VI. und Konstanze, Friedrich II. mit seinen Söhnen, was nur das Problem aufwirft, wie vier Gestalten fünf Menschen abbilden können. Friedrich mit seiner Gemahlin Isabella und den Söhnen Heinrich und Konrad war eine Deutung, die viele Anhänger fand. Schließlich dachte man an König David, Friedrich II. und seine Söhne Heinrich und Konrad. Die inschriftliche Datierung der Kanzel – mag auch das Relief etwas später entstanden sein – setzt das Kunstwerk in den engsten Zusammenhang mit den Ereignissen des Jahres 1229. Daß das Relief als Herrscherreihe zu lesen ist, macht ein ähnlicher Auftrag für den Dom von Cefalù in den Jahren 1226 bis 1229 deutlich. In der Vorhalle der Kathedrale ließ Friedrich die regierenden Vorfahren aus dem Hause Hauteville anbringen, Roger II., Wilhelm I., Wilhelm II., seine Mutter Konstanze und sich selbst. Wie dieser verlorene Mosaikenzyklus seine normannischen Vorfahren pries, so die Kanzel von Bitonto das staufische Kaiserhaus.

Wie man das Relief zu verstehen hat, dafür bietet uns die Predigt eine Anleitung. Der Geistliche legte Psalm 146, 5 aus: »Groß ist der Herr und groß seine Kraft und seiner Weisheit ist keine Zahl.« Daß Nikolaus hier an die Kaiseridee des Kreuzzugs anknüpft, wird sofort deutlich, denn er bezieht die Bibel auf seinen kaiserlichen Herrn. »Groß ist er durch die Würde seiner Ehre, da er selbst der Mensch ist, gesetzt über unsere Häupter, nach dem wie der Psalmist sagt: Du hast Menschen gesetzt über unsere Häupter. Er selbst ist die Sonne im Firmament der Welt, durch die nach Gnade und durch Beispiel die Menschen erleuchtet werden. Er selbst ist es, dem jegliches Knie der Himmlischen sich beugt, das heißt der Könige, der Irdischen, das heißt der Ritter, der Unterirdischen, das heißt aller Untertanen. Wer unter den Wolken wird ihm gleichen und wer könnte ihm ähnlich sein unter den Söhnen der Könige? Er ist einer und hat keinen zweiten, der herrliche Phoenix geschmückt mit goldenen Federn. Groß ist er, größer und am größten: groß, da er König von Sizilien, größer, da er König von Jerusalem, am größten, da er Römischer Kaiser. Er ist's, den der Herr gekrönt hat mit Ruhm und Ehre und ihn eingesetzt über alle seine Werke.«

Über alle Menschen ist Friedrich erhaben, aber es ist seine Familie, die mit der Abstammung Jesu gleichgesetzt wird: »Groß ist sein Herr Großvater, da er römischer Kaiser, größer sein Herr Vater, da er Kaiser und König Siziliens, am größten er selbst, da er Römischer Kaiser, König von Jerusalem und Sizilien. Wahrhaftig diese drei Kaiser sind gleichsam die drei Magier, die mit Geschenken kamen, um den anzubeten, der zugleich Gott und Mensch; aber dieser ist jugendlicher als jene drei, dem der Jesusknabe die glückspendenden Hände auferlegte und die heiligen Ärmchen. Diese sind wie drei Patriarchen im alten Testament, deren dritter vor den anderen erhoben war, da er an jenem Ort wunderbare und den Ohren der Gläubigen am wenigsten Zweifel verursachende Dinge tat«. Kaiser Friedrich I. wird zum Stab Aarons, der allein grünte und Früchte trug, das staufische Haus zum Haus David, aus dem auf ewig die Kaiser kommen sollen. Und dann wendet sich Nikolaus an Friedrich: »Dies ist die Wurzel Jesse, das ist die Blume aus dem Großvater; der aus dessen Wurzel aufging, das ist sein Enkel, unser Herr Kaiser ... von Sonnenaufgang bis Sonnenuntergang wird sein Name gelobt, jetzt und immerdar.« Er ist der David der Gegenwart.

Als sei dies alles nicht genug, fordert Nikolaus die Gemeinde auf: »Wohlan denn, Geliebteste, lasset ihn grüßen mit dem Engel Gabriel: Gegrüßet seist Du, Herr Kaiser, voller Gnade Gottes, der Herr sei mit Dir; vernimm: er war, ist und wird sein; er war im Knaben- oder Jünglingsalter, als Herodes den Knaben zu verderben suchte, und tot sind alle, die solcherart suchten; er ist auch in den gegenwärtigen Kämpfen, als die Kinder der Fremde, ungetreue und treulose Vasallen sich lügenhaft zeigten, Kinder der Fremde, die alt wurden in Übeltaten und lahmten auf den Pfaden der Treue; und er wird sein in Ewigkeit in allen Taten des Vaters, da der Herr Eure Hände gelehrt hat zum Kampf und Eure Fäuste zum Krieg. Gebenedeit bist Du unter den Königen, und gebenedeit sei die Frucht Deines Leibes, das heißt die schönste Frucht, König Konrad, Eucr heißgeliebter Sohn, an dem ihr Wohlgefallen habt ...«

In diesem Stil fährt Nikolaus in seiner Predigt über den von der Kirche gebannten Kaiser fort. Vor dem Hintergrund dieser Vorstellungen von der Würde des Kaisers und seines Geschlechts entziffert sich das Relief. Auf dem Thron sitzt Kaiser Friedrich Barbarossa, der Aaronstab der Predigt, durch den das staufische Geschlecht erhoben wurde. Das Lilienszepter in seiner Linken deutet auf den grünenden Stab und auf die Wurzel Jesse. Er reicht das Szepter seinem Sohn Heinrich VI. Und eine Stufe höher, gemäß der Steigerung der Predigt, steht Kaiser Friedrich. Der Begründer des staufischen Kaisertums und der herrschende Kaiser tragen die Kronen. Daß nicht alle Kronen tragen, mag damit zusammenhängen, daß in der Predigt ausdrücklich von zwei Kronen in der Stiftshütte die Rede ist. Die vierte Figur kann nur Konrad IV. sein, der gebenedeite Sohn. Dann erklärt sich auch der Vogel auf dem Relief. Zum einen ist es der staufische Adler, zum anderen aber der Phoenix aus der Predigt, das Symbol der Unsterblichkeit des Kaisergeschlechts. Unwidersprochen blieb auch diese Deutung nicht, vor allem in der sitzenden Gestalt wollte man eine Frau sehen, die man verschieden gedeutet hat: Als Jerusalem, welche die Herrschaft über das Königreich weitergibt, oder auch als zweite Gemahlin Friedrichs, die ihre

Ansprüche an ihren Sohn Konrad weitergibt. Nur daß es eine staufische Herrscherreihe darstellt, darin ist sich die Wissenschaft einig.

Vor einem solchen Augustus konnte kein Verräter auf Gnade hoffen: Wer sich an Friedrich verging, verging sich am göttlichen Heilsplan. Mochten Einzelne Gnade finden, der vom Kaiser verordnete Terror seiner Truppen ging weiter. Wie man sich die Vergeltung vorzustellen hat, verdeutlicht ein Marschbefehl an fünfzehntausend Muslime aus Lucera, die er gegen das aufständische Gaeta schickte: »Sobald sie gelandet sind, sollen sie Weinberge und Obstgärten von Grund auf zerstören. Darauf sollen sie, um das Gebiet zu erobern, Tag und Nacht unablässig an den Wurfmaschinen, Steinschleudern und Katapulten sein. Nach Einnahme der Stadt aber sollen sie die Angehörigen der höheren Stände und des Adels des Landes, die sie finden, blenden, der Nasen berauben und nackt und bloß aus der Stadt jagen. Den Frauen sollen sie die Nasen abschneiden zur Schande, dann aber abzuziehen erlauben. Den Knaben hingegen, die sie vorfinden, sollen sie die Hoden abschneiden und sie in der Stadt bleiben lassen. Die Mauern der Stadt, ihre Häuser und Türme sollen sie völlig zerstören, außer Kirchen und Pfarrhäusern, denen sie keinen Schaden antun sollen, so daß, wenn die Kunde von einem derartigen Strafgericht sich über den Erdball verbreitet hat, jeder Verräter bis ins Innerste erschüttert wird und angstvoll erbebt.« Allein die Idee, sich gegen die Majestät zu erheben, sollte ein für alle Mal ausgerottet werden. Die Stadt Sora wurde dem Erdboden gleichgemacht, nach Friedrichs Worten sollte sie das Schicksal Karthagos erleiden, über dessen Gebiet der Pflug zog. Und wer glaubte, er könne sich durch seinen Abfall besonders erhöhen, dem ließ man einen besonders hohen Galgen zur Erfüllung seines Wunsches errichten. Bis nach England trug man die Kunde, wo Roger von Wendover erzählt: »Um die Fastenzeit dieses Jahres [1230] erlangte der Römische Kaiser ein solches Übergewicht über seine Feinde, daß er alle seine Burgen und alle dem Reiche zuständigen Rechte mit Macht zurückeroberte. Alle seine Gegner, die er in seinen Burgen gefangennahm, ließ er lebendig schinden oder an den Galgen hängen. Johann von Brienne aber, der sein erklärter Feind war, fürchtete, ihm in die Hände zu fallen, und entfloh in sein Geburtsland Gallien mit seinen Söldnern, die der Papst mit dem Raub von den Ordensleuten bereichert und mit der Beute von den Armen aller Länder hoch geehrt hatte.« Der Feldzug war vorbei und Friedrich klug genug, an den Grenzen des Kirchenstaats haltzumachen, da er die Aussöhnung mit der Kirche brauchte.

In jener Zeit wurde in Apulien das Kastell von Oria, einer der frühesten Festungsbauten, fertiggestellt *(Abb. 27)*. Von dem staufischen großen Bau sind wohl in der heutigen Anlage nur noch Reste – vor allem ein mächtiger quadratischer Turm – vorhanden, doch kann man an der Lage ihre Funktion ablesen, bereits die Messapier in frühgeschichtlicher Zeit haben sie genutzt. Auf einem Höhenrücken zwischen den Häfen von Brindisi an der Adria und Tarent am Ionischen Meer gelegen, beherrscht es die weiten fruchtbaren Flächen und gestattet, durch Feuerzeichen Nachrichten weiterzuleiten. Die Burg von Oria ist Teil eines ganzen Netzes von Befestigungsanlagen, die das Königreich schützen sollten. Wie wichtig solche Kastelle für das Land waren, hatte der Einfall der päpstlichen Truppen gerade erst gezeigt.

Gregor IX. hatte das Ringen verloren, nur einsehen wollte er es nicht. Die Kardinäle, die deutschen Fürsten, alle Welt drängte, der Greis wollte nicht nachgeben. Über ein Jahr zogen sich die Verhandlungen hin. Da der Bann wegen des verweigerten Kreuzzugs inzwischen sinnlos war, traten die Rechte der Kirche im Königreich in den Vordergrund, die Restitution der Besitzungen der Templer und Johanniter, denen Friedrich alles genommen hatte, sowie die Begnadigung der päpstlichen Parteigänger. Kardinal Thomas von Capua und der Hochmeister des Deutschen Ritterordens, Hermann von Salza, vermittelten. Überall gab der Staufer nach, da er den Frieden mit der Kirche wollte und brauchte. Da endlich kam eine Einigung in San Germano zustande, der im August der förmliche Friede in Ceperano folgte. Der »Schüler Mohammeds« wurde zum »geliebten Sohn der Kirche«. Zu Anagni trafen die Kontrahenten zusammen und verhandelten privat miteinander, was allen als Zeichen der wiederhergestellten Eintracht erschien. Friedrich aber ging daran, in seinem Königreich aufs neue Ordnung zu schaffen.

Vater und Sohn des Rechts

Der Friede war da und damit die Zeit des Rechts gekommen. Im Herbst 1230 wurden je vier rechtsverständige Männer aus jeder Provinz des Königreichs einbestellt, um über die Assisen des Königs Roger sowie Recht und Gewohnheit seiner Nachfolger Auskunft zu geben. Die Arbeiten zogen sich bis in den Frühsommer des nächsten Jahres hin, danach wurde das Werk den Vertretern des Reiches auf einem Hoftag zur Begutachtung und zur Äußerung von Änderungswünschen vorgelegt. Wer dem Unternehmen die Feder geführt hat, kann niemand mit Gewißheit sagen, doch nehmen viele an, daß sich Petrus de Vinea (vgl. Abb. 36) leitend an diese Aufgabe machte. An vorderster Stelle war auch Erzbischof Jacobus von Capua beteiligt, dem dies im Juli 1231 eine heftige Rüge Gregors IX. einbrachte. Überhaupt war der Papst erzürnt über das Unterfangen, das er als gegen die Kirche gerichtet interpretierte: »Es kam uns zu Ohren, daß Du aus eigenem Antrieb oder verführt durch die übel beratenen Räte Verderbter neue Gesetze herauszugeben im Sinne hast, aus denen notwendig folgt, daß man Dich einen Verfolger der Kirche und Umstürzer staatlicher Freiheit nennt, der Du solchermaßen Dir selbst entgegen gegen Dich mit Deinen Kräften wütest ... Wahrlich wenn Du etwa von Dir aus dazu bestimmt wardst, so fürchten wir sehr, Dir sei die Gnade Gottes entzogen, da Du so offen den eigenen Ruf verwirkst wie das Heil. Bist Du aber von anderen gestachelt, so wundern Wir uns, Daß Du solchen Beratern Dich verstehst, die, vom Geist der Verderbtheit gepeinigt, darauf ausgehen, Dich Gott und den Menschen zum Feinde zu machen.« Das jedoch focht den Kaiser nicht an, der gereizt reagierte und im August 1231 zu Melfi die Konstitutionen, den Liber Augustalis, wie er auch genannt wurde, veröffentlichte.

»Friede und Gerechtigkeit haben sich geküßt«, singt der Psalmist, und dies war ein Leitmotiv aller mittelalterlichen Herrschaft. Die Friedenswahrung stand an erster Stelle der königlichen Pflichten, und dies spricht auch der Liber Augustalis in einem historischen Rückblick aus: »Da nun das Königreich Sizilien, Unserer Majestät kostbares Erbteil, zunächst wegen Unserer jugendlichen Ohnmacht, dann wegen Unserer Abwesenheit durch den Ansturm vergangener Wirren bisher zerstritten war, hielten Wir es für geziemend, mit aller Kraft für dessen Ruhe und Gerechtigkeit Vorsorge zu treffen, weil Wir es – bis auf einige Widersetzliche, welche überdies weder zur Herde des vorerwähnten Königreiches noch zu der Unseren gehörten – immer bereit zum Gehorsam gegen Unsere Durchlaucht und ergeben fanden. Wir wünschen also, daß die vorliegenden, in Unserem Namen erlassenen Satzungen in Unserem Königreich Sizilien allein Geltung haben, und verordnen, daß diese künftig von allen unverbrüchlich zu beobachten sind. Die veralteten Gesetze und Gewohnheiten in Unserem vorerwähnten Königreich, die diesen Unseren Konstitutionen entgegenstehen, sind hiermit aufgehoben. Wir haben befohlen, daß frühere Gesetze der Könige Siziliens und eigene darin aufgenommen würden, damit diejenigen, welche in der vorliegenden Sammlung Unserer Konstitutionen keineswegs enthalten sind, weder Kraft noch Geltung innerhalb oder außerhalb der Gerichte beanspruchen können.«

Mochten sich die Anjou nach dem Ende der staufischen Herrschaft im Königreich noch so sehr bemühen, in einer »damnatio memoriae« den verhaßten Namen verlöschen zu lassen, an den Konstitutionen durften sie nicht rütteln, sollte nicht alle Ordnung zusammenbrechen. Und so hat man den Text immer wieder abgeschrieben; die schönste aller dieser Handschriften ist nach langen Irrfahrten nun ausgerechnet in der päpstlichen Bibliothek gelandet *(Abb. 28)*, bei jener Institution, die einst den Staufer wegen dieses Werks gescholten hatte. Der Prachtband zeigt in seiner ersten Miniatur, die neben den ersten Zeilen des Proömium steht, wie die Rechtsgelehrten dem Kaiser eine Holzkiste überreichen, in dem das Original der Gesetze aufbewahrt wird.

Die Konstitutionen von Melfi sind die erste mittelalterliche Rechtskodifikation, mögen in Sizilien und anderswo auch schon früher Ansätze dazu vorhanden gewesen sein. Mochte dieses Werk des Augenblicks, das noch unter Friedrich selbst ständiger Novellierung bedurfte, auch bescheiden und unvollkommen sein – immerhin hatte es im Königreich Sizilien bis 1819 Geltung –, so waren die selbsternannten Vorbilder gewaltig. Liber Augustalis hieß das Werk nach dem Friedenskaiser, unter dem Jesus Christus gelebt hatte. Er, dem die Zeit den eigentlichen Ursprung des römischen Rechts zuschrieb, war auch in anderem Vorbild des Staufers (vgl. die Augustalen Abb. 38). Nicht zu übersehen sind die Anspielungen auf Justinian, den großen Sammler des Rechts. Das beginnt bereits im Titel: KAISER FRIEDRICH DER IMMER ERHABENE, DER HERRSCHER ÜBER ITALIEN, SIZILIEN, JERUSALEM UND DAS ARELAT, DER GLÜCKLICHE, FROMME, SIEGER UND TRIUMPHATOR, so lautet unter Einschluß eines zeittypischen Mißverständnisses der Name des

Ausstellers. Aus dem römischen Recht, dem Recht seiner kaiserlichen Vorfahren, wie es die staufische Reichsidee wollte, ist auch die Begründung kaiserlicher Vollmacht entnommen:

»Die römischen Bürger haben nicht ohne gewichtige Absicht und wohlerwogene Überlegung durch die Lex Regia das Recht zur Gesetzgebung und die Herrschaft auf den römischen Princeps übertragen: die Gerechtigkeit sollte eben von demjenigen, welcher mit Hilfe des ihm übertragenen kaiserlichen Standes machtvoll über die Völker herrschte, ihren Ursprung nehmen, von dem auch ihre Verteidigung ausging. Wenn nun in derselben Person diese beiden, nämlich Ursprung und Hort des Rechts, zusammenfallen, so läßt sich von daher nachweisen, dies sei nicht so sehr des Vorteils halber denn aus Notwendigkeit so eingerichtet, damit der Gerechtigkeit nicht die Strenge und der Strenge nicht die Gerechtigkeit abgeht. Folglich muß der Kaiser der Gerechtigkeit Vater sein und auch Sohn, Herr wie Diener: Vater und Herr durch Hervorbringen der Gerechtigkeit und danach durch deren Wahrung; zugleich sei er in seiner Ehrfurcht vor der Gerechtigkeit Sohn und, indem er ihre Fülle darbietet, Diener.«

Vater und Sohn des Rechts ist der Kaiser, er ist der Mittler zwischen dem Gesetz und den Menschen und damit eine Emanation, eine Verkörperung, Gottes: »Quell der Justitia ist Gott«, hatte Augustin gelehrt, und die Juristen hatten es sich angewöhnt, vom Kaiser als der »lex animata in terris«, dem »beseelten Gesetz auf Erden«, zu sprechen. Die Idee eines Barbarossa, daß das Reich heilig sei, hat hier eine weitere Steigerung erfahren. Die Ideen der Legisten von Bologna, die es sich angelegen sein ließen, ihren Stand mit einem Orden und ihre Tätigkeit in der Tradition Justinians mit der von Priestern zu vergleichen, drangen hier in einen glänzend formulierten Gesetzestext ein.

Dem Gesetzeswerk stellt Friedrich eine Einleitung voran, die in ihren grundsätzlichen Aussagen schon immer zu Interpretationen Anlaß gab: Gott habe einen Weltplan verfolgt, in dem der Mensch als einfaches Wesen seinen Platz gefunden hätte. Weil sich aber der Mensch in Dinge gemischt habe, die ihn nichts angingen, wäre der Sündenfall gekommen und damit der ursprüngliche Gottesplan gescheitert. »So sind durch die zwingende Notwendigkeit der Dinge nicht weniger als auf Eingebung der göttlichen Vorsehung den Völkern Fürsten erstanden, durch welche die Freiheit zu Verbrechen gezügelt werden konnte. Sie sollten als Richter über Leben und Tod – gewissermaßen als Vollstrecker des göttlichen Spruches – für die Völker festsetzen, welches Vermögen, welches Los und welchen Stand ein jeder haben solle, und imstande sein, über die ihren Händen anvertraute Verwaltung vollkommene Rechenschaft abzulegen. Von dem König der Könige und Herrscher der Herrschenden aber wird vor allem gefordert, nicht zuzulassen, daß die hochheilige Kirche, die Mutter der christlichen Religion, durch heimliche Treulosigkeit der Verleumder des Glaubens befleckt werde; er soll sie vor den Angriffen der öffentlichen Gegner mit der Macht des weltlichen Schwertes schützen und den Völkern den Frieden und, nachdem sie befriedet sind, die Gerechtigkeit nach Kräften bewahren, welche sich wie zwei Schwestern gegenseitig umschlingen sollen. Wir also wollen, da Uns allein die machtvolle Hand Gottes wider die Erwartung der Menschen an die Spitze des Römischen Reiches und zu den Würden der anderen Königreiche erhöht hat, die Uns anvertrauten Talente dem lebendigen Gott doppelt zurückgeben. Zur Ehre Jesu Christi, von dem Wir alles empfangen haben, was Wir besitzen, schicken Wir Uns an, mit der Pflege der Gerechtigkeit und der Abfassung von Gesetzen ein beredtes Dankopfer darzubringen, indem Wir für den Teil Unserer Gebiete zuerst Fürsorge treffen, der gegenwärtig Unserer Vorsorge bezüglich der Gerechtigkeit erkennbar besonders bedarf.« Klarer hat Friedrich nirgends mehr angesprochen, weshalb und wie er regieren wolle, doch steht der gesamte Text in einer jahrhundertealten Tradition, deren einzelne Stränge zu entwirren vergebliche Mühe ist. Die Notwendigkeit des Staates aus dem Sündenfall abzuleiten, ist abendländisch-christliche Tradition seit der Patristik, und dem Mittelalter vor allem durch Augustin vermittelt worden. Andererseits hat man zu Recht darauf aufmerksam gemacht, daß mit der Notwendigkeit des Staates bereits Aristoteles argumentiert habe und vor allem auch die arabische Philosophie eines Averroës, durch den man damals die Schriften des griechischen Philosophen kennenlernte. Die Bibel, Seneca, das römische Recht und vor allem auch die Kanonistik – die Vorbilder wollen kein Ende nehmen. Mag der Text auch konventioneller sein, als es die Lobredner des Staufers wahrhaben wollen, so muß doch auffallen, daß hier der Kaiser wohl nicht ohne Gott, aber doch recht wohl ohne dessen Kirche und den Papst auskommt. Das heilige Reich bedarf keiner Begründung durch die Kirche, es führt das Schwert durch eigene Vollkommenheit.

Die Stellung des Kaisers erklärte sich durch die Staatsmetaphysik, der Herrscher war über den Rahmen des Menschlichen hinausgehoben. Nur so versteht man eine Bestimmung, die auf spätantikes Rechtsdenken zurückgeht und die ein Wirken des Herrschers auch dort voraussetzt, wo er selbst nicht anwesend ist. »Das Recht der Völker enthält den gültigen Grundsatz – und das natürliche Recht steht nicht dazu in Widerspruch –, daß einem jeden der Schutz seines Leibes gestattet ist. Weil es jedoch häufig geschieht, daß die Kraft des Angreifers derart überwiegt, daß die Bedrängten sich zwar von Rechts wegen wehren dürfen, es tatsächlich aber nicht können, so billigen Wir kraft gegenwärtigen Gesetzes einem jeden die Erlaubnis zu, sich gegen seinen Angreifer durch die Anrufung Unseres Namens zu schützen und diesem von kaiserlicher Seite zu verbieten, daß er sich weiterhin anmaße, ihn zu verletzen«. Mag man an den praktischen Folgen im Alltag auch zweifeln, so drohte doch jedem, der sich über den kaiserlichen Namen hinwegsetzte, ein Verfahren vor dem Hofgericht. Allein der Name Friedrich sollte zur Friedenswahrung ausreichen.

Von einem solchen Caesar durfte kein Aufrührer Milde erwarten. Bereits seine normannischen Vorfahren hatten die Prinzipien des römischen »crimen laesae majestatis« in hohen Ehren gehalten, und Friedrich tat es ihnen gleich: »Ein Richterspruch des Königs, seine Entschlüsse, Anweisungen oder Handlungen dürfen nicht kritisiert werden. Es kommt nämlich einem Gottesfrevel gleich, seine Richtersprüche, Handlungen, Anweisungen und Entschlüsse sowie das Verdienst derjenigen, den der König auswählt und für den er sich entscheidet, zu kritisieren.« Und dies waren keine leeren Worte. Wer sich gegen den Kaiser verging, stellte die gottgewollte Ordnung auf Erden in Frage, rebellierte damit gegen Gott und war deshalb ein Ketzer. Feinde des Staufers waren Feinde Gottes, weshalb er nicht zögerte, all die schweren Strafen, die das Gesetz gegen Abtrünnige und Irrgläubige vorsah, auf die Opposition anzuwenden, wie Gregor einmal voller Vorwurf konstatierte.

Was dabei herauskam, war eine Tyrannis, war doch die Insel Sizilien die »Mutter der Tyrannen«. »In deinem Königreich Sizilien wagt keiner ohne deinen Befehl Hand oder Fuß zu bewegen«, schrieb Gregor IX. erbost, aber nicht ohne Grund. Spitzelwesen, Denunziation, Gütereinzug, Verbannung und Ärgeres waren die probaten Mittel der sizilischen Beamten gegen jedes Aufmucken der Bevölkerung. Die Beweggründe des Staatsterrors beschreibt Friedrich selbst: »Wir beschlossen, an dem bei dem Verbrechen der Beleidigung Unserer Majestät ergriffenen Angeklagten nach vielen und verschiedenen Foltern die Todesstrafe vollziehen zu lassen, damit durch die Sühne des einen vielen anderen Furcht eingeflößt werde; denn es ist ein Zeichen der Milde, in der Bestrafung derartiger Verbrechen grausam zu sein.«

Die Konstitutionen von Melfi sind bereits in ihrem Staatsgedanken nicht so bahnbrechend, wie man einmal gemeint hat, in ihren Einzelbestimmungen sind sie es noch weniger. Süditalien mit seiner romanisch-abendländischen, byzantinischen, griechischen, arabischen und langobardischen Rechtstradition, in die Elemente des gelehrten römischen und kirchlichen Rechts eingeflossen sind, war der Nährboden der Kodifikation, und jedes dieser Elemente findet sich in den Einzelbestimmungen wieder. So stehen dann archaische Elemente neben modernem Denken, aber da sich Friedrich in der Nachfolge der antiken Caesaren begriff, war dies für ihn kein Widerspruch. So ging der Herrscher ohne jede Nachsicht gegen die Ketzer vor, die er mit dem Feuertod bedrohte. Wer Ketzer begünstigte oder gar aufnahm, verlor das Vermögen, ja man dehnte die Rechtsfolgen auch auf die nächste Generation aus, denn Kindern von verurteilten Ketzern war der Staatsdienst verschlossen. In das Alltagsleben der Untertanen griff er mit strengen Bestimmungen gegen Ehebruch, Kuppelei, Entführung, Herstellung von Liebestränken, Gotteslästerung, Wucher und Glückspiel ein.

Ein ganz anderer Geist macht sich dort bemerkbar, wo Friedrich altertümlich-überholte und grausame Elemente des Prozeßverfahrens abschaffte: »Wir, die Wir der wahren Rechtsgelehrsamkeit folgen und irrige Auffassungen verwerfen, schaffen bei Unseren Gerichten die Einrichtungen ab, welche von gewissen einfältigen Leuten, die weder das Wesen der Dinge berücksichtigen noch die Wahrheit anstreben, ›Gottesurteile‹ genannt werden ... Weniger richtiggestellt als vielmehr ausgerottet werden muß nämlich Unserer Meinung nach die Anschauungsweise derer, welche fest glauben, die natürliche Hitze eines glühenden Eisens könne ohne rechte Ursache lauwarm oder – was noch törichter ist – eiskalt werden, oder welche versichern, daß ein in ein Verbrechen verwickelter Angeklagter bloß seines schlechten Gewissens wegen nicht von dem Element des kalten Wassers aufgenommen wird, während ihn vielmehr das Einatmen von genügend Luft nicht untergehen läßt.« Desgleichen schaffte er bis auf Reste auch den gerichtlichen Zweikampf ab: »In Verfolgung einer wohlwollenden Absicht Unseres Willens ordnen Wir an, aus Unserem Staat die Zweikämpfe bis auf einige äußerst wenige Fälle zu verbannen.« Die Wahrheit könne auch durch Zeugen, Urkunden oder andere derartige Beweise vollkommen nachgewiesen werden. Auch die Folter wurde beschränkt.

Überhaupt weisen die Konstitutionen dort in die Zukunft, wo sie die mittelalterliche Rechtsordnung mit ihren komplizierten Zuständigkeiten aufhoben und mit ihrem Recht auf Selbstjustiz aufräumten. Die Justizhoheit der Stände, die baroniale Gerichtsbarkeit, das Gericht der Geistlichkeit und der Städte sollten hinter dem königlichen Richter zurückstehen. Die Verfolgung von Verbrechen wurde Aufgabe des Staates, der Richter ermittelte von Amts wegen nach dem Prozeßrecht der Bestimmungen von Melfi. Dies sind Bestrebungen, die allen Monarchien des 13. Jahrhunderts zu eigen sind, hier jedoch in seltener Klarheit formuliert werden. Was er von seinem Staat dachte und wie er sein Herrscheramt verstand, hat Friedrich zudem in seiner politischen Propaganda vermittelt, zu der auch die staufischen Kunstwerke zu zählen sind.

Des Reiches Pforte

Kaplan Andreas von Ungarn, der Lobredner des Stauferfeindes Karl von Anjou, berichtet, wie das französisch-guelfische Heer auf der Via Casilina von Rom nach Capua zog. Als sie am Volturno diese alte Normannenstadt erreichten, vermerkt er sein bewunderndes Staunen: »Hier befindet sich eine Brücke, an deren Zugang durch Manfreds Vater, Friedrich, als ihn des Kaisertums Glanz noch umstrahlte, zwei Türme von erstaunlicher Kraft, Schönheit und Größe für zwanzigtausend Unzen reinen Goldes errichtet wurden. An ihnen ließ er zum ewigen unvergeßlichen Angedenken sein gemeißeltes Bild anbringen: die Arme vorgestreckt, zwei Finger der einen Hand wie zur Mahnung erhoben, auf daß die unter ihm Hindurchschreitenden die hochfahrende Drohung der Worte nicht vergäßen, die, obwohl zu seinen Füßen in den Stein gemeißelt, dennoch sein Mund gleichsam auf sie herabdonnert:

Auf des Caesars Geheiß schaff ich des Königreichs Eintracht!
Stürzen werd ich in Schmach, die ich veränderlich weiß.
Sicher schreite hindurch, wer fehllos zu leben gewillt ist.
Aber der Untreue fürcht' Bann und im Kerker den Tod.

Der Bischof von Teramo, Giovanni Antonio Campano (1427–1477), hat eine lebhafte Schilderung des gesamten Bauwerks hinterlassen: »Nahezu auf drei Seiten wird Capua vom Volturno umflossen, so daß an vielen Stellen der Strom die Mauern ersetzt. Man kann ihn nur mit Booten oder auf einer Brücke überqueren, an deren Zugang sich zwei äußerst wehrhafte Türme erheben, zwischen denen nur eine schmale Durchfahrt für den Verkehr bleibt. Durch den Fluß sind sie von der Stadt getrennt, und die Besonderheit der Lage wird von der Großartigkeit des Bauwerks noch übertroffen. Das Mauerwerk der Turmsockel besteht ungefähr bis zur Höhe von dreißig Fuß aus Marmorquadern. Damit es weder durch Wurfwaffen beschädigt, noch auch durch die schweren Stöße von Belagerungsmaschinen zum Einsturz gebracht werden kann, ist es durch eine unmittelbar angefügte, gleich dicke Mauer aus Bruchsteinen so verstärkt worden, daß durch feindliche Einwirkungen ebensowenig geringe Zerstörungen wie große Breschen erzielt werden können. Zwischen den beiden Türmen, über dem Scheitelpunkt des Torbogens, befindet sich ein königliches Gemach mit marmornen Statuen und antiken Bildwerken geschmückt. Eine Holzbrücke verbindet die Plattform beider Türme miteinander, die von vorkragenden Zinnenkränzen bekrönt sind, wie sie künstlerischer Erfindungsgeist nicht vorzüglicher hätte erdenken können. Zur unterirdischen Zisterne, wohin im Falle der Not die Besatzung aus dem Fluß Wasser ableiten kann, gibt es einen Zugang. Aus stärksten Mauern besteht allseitig der Bau; und die Türme reichen ebenso tief in die Erde, wie sie darüber emporragen; auch in dieser Beziehung sind sie ein ebenso wunderbares wie ungewöhnliches Werk.« Dann aber schlug dem Bauwerk seine letzte Stunde, da es der modernen Verteidigungskunst im Wege stand.

»Am 9. Februar 1557 um die achtzehnte Stunde, legte man Hand an die Türme von Capua, der so getreuen Stadt. Die Zerstörung dieses so alten und schönen, erhabenen, ja einzigartigen Wahrzeichens, vor rund vierhundert Jahren von Kaiser Friedrich II. erbaut, hat nicht nur alle Bürger Capuas, sondern auch viele Fremde mit tiefster Betrübnis und Trauer, mit großem Schmerz und Schrecken erfüllt; viele, und zwar nicht nur Einheimische, die nun mit ansehen müssen, wie dieses staunenswerte Bauwerk der Vernichtung anheimfällt, haben dasselbe deshalb zuvor noch beschrieben, um späteren Geschlechtern, denen sie davon Kunde hinterlassen, zugleich Grund geben, das Geschehene zu beklagen.«

Und so haben sich heute von diesem Eintrittstor zum Königreich nur noch Stümpfe in der Landschaft sowie Reste der Skulpturen erhalten. Dank vieler Bemühungen haben wir heute wieder eine Vorstellung von der ursprünglichen Form des Bauwerks *(Abb. 29)*. Es handelt sich um einen Torbau, flankiert von zwei mächtigen Türmen, dessen Eingang links und rechts von einem Löwen bewacht wurde. Darüber standen in drei runden Nischen Skulpturen; in der Mitte eine weibliche Kolossalfigur (vgl. Abb. 30) und zwei bärtige Männerbüsten (vgl. Abb. 36). In der nächsten Zone thronte der Kaiser in einer erhöhten Mittelnische, daneben sah man kleinere Gestalten. Unter den obersten Arkaden standen fünf weitere Figuren, die wahrscheinlich allegorische Bedeutung hatten.

Auffallend ist auch eine Frauengestalt von bemerkenswerter Größe, die alle anderen Skulpturen überragt. Heute ist noch der Kopf erhalten, vom Aussehen der Plastik gibt es nur eine ältere Beschreibung *(Abb. 30)*: »Im unteren Teil der Fassade, über dem Scheitelpunkt der Portalwölbung, befand sich eine Frau, die das getreue Capua darstellte, und, sich die Brust aufreißend, ließ sie darinnen einen Adler sehen. Über ihr waren die Worte eingemeißelt: ›Auf des Cäsars Geheiß bin ich des Königreichs Wächter‹.« Der Adler mag eine Gewandschließe dargestellt haben, und auch die Bestimmung der Gestalt als »Capua felix« mag der Begeisterung des Lokalpatrioten zuzurechnen sein, der erhaltene Kopf ist jedenfalls die künstlerisch wertvollste Arbeit am Brückentor. Die Augen aus Metall oder Glasfluß sind heute nicht mehr erhalten, deren beschwörender Blick sollte aber wohl doch den drohenden Worten über dem Tor an der Grenze Nachdruck verleihen. Anklänge an antike Vorbilder sind hier deutlich.

Der heutige traurige Zustand der Kaisergestalt *(Abb. 31)* ist der schwerste Verlust (vgl. auch Abb. 1), denn sie war die zentrale Gestalt des Triumphtores. Der

Künstler hat Friedrich II. nach antiken Vorbildern gearbeitet, entstanden ist freilich eine Herrschergestalt des Mittelalters. Er soll beide Hände vorgestreckt haben, wobei zwei Finger der einen Hand drohend emporgereckt schienen. Nun ist dies zwar auch eine Gebärde Christi als Weltenherrscher, und die kaiserliche Kanzlei stellte durchaus Vergleiche zwischen dem Kaiser und dem Gottessohn an, doch ist eher an andere Bezüge zu denken. Im Hofgericht erteilt der Kaiser seinem Logotheten mit dieser Geste das Wort (vgl. Abb. 35); Friedrich ist hier wohl als Herrscher agierend dargestellt.

Über die Deutung des Bauwerks, das durchaus programmatisch zu verstehen ist, hat man viel gerätselt. Nachdem der Staufer bereits 1233 die Vorstadt von Capua – wohl aus Sicherheitsgründen – hatte einebnen lassen, befahl er 1234 den Bau des Kastells, dessen Plan er angeblich eigenhändig anfertigt hat. Nun ist dies sicherlich eine Übertreibung, doch daß der ganze Bau den Ideen seines Hofes nahestand und Bedeutung für die Herrscheridee besaß, ist unbestritten. Einig ist man sich auch, daß der Brückenbau wohl zunächst einmal als kaiserliches Triumphtor gedeutet werden kann. Dies ist für eine Zeit äußerst bemerkenswert, in der nur Gott dem Herrn Triumphpforten errichtet wurden. Dem Rückgriff auf antike Herrscherpropaganda entsprach der Rückgriff auf dieselbe Epoche im Stil der Skulpturen.

Äußerst umstritten ist eine andere Deutung, die jedoch auf Ideen des kaiserlichen Hofes verweisen kann und auch eine direkte Beziehung zum großen Gesetzeswerk herstellt. Im Liber Augustalis hatte Friedrich den Kult der »Iustitia imperialis« aufgenommen. Die Idee, daß die Rechtsprechung Gottesdienst sei, verkündeten die Legisten der Zeit, und angeblich hatte ja Augustus, Friedrichs Lieblingskaiser, der Iustitia einen Tempel errichten lassen. Der Aufbau der Fassade sei so als derjenige eines Kirchenschiffs zu deuten, die weibliche Kolossalbüste sei die Iustitia, über der der Kaiser throne, die beiden Büsten stellten also zwei Richter als Priester der Gerechtigkeit dar. Nun gehörte ja die Herstellung von Friede und Eintracht bereits in antiker Zeit zu den vornehmsten Aufgaben des Rechts, so daß auch die Inschrift eine derartige Deutung zulassen würde. Sicherheit wird sich in dieser Frage nicht gewinnen lassen. Daß das Eingangstor zum Königreich mit seiner drohenden Inschrift jedoch als Manifestation des Herrscherwillens zu betrachten ist, trifft gewiß zu.

Doch warum hat man dieses Triumphtor, das den Ruhm des großen Staufers kündete, unter seinen Nachfolgern stehenlassen? Man gab dem Bauwerk eine neue Deutung, so paßte es sich den geänderten politischen Umständen an und verlor jeglichen irdischen Bezug. Die Gesta Romanorum nämlich, eine moralisierende Anekdotensammlung des 14. Jahrhunderts, interpretieren das Brückentor in klarer Erkenntnis der Anklänge an eine Kirchenfassade im frommen Sinn der Zeit: »Geliebte, jener Kaiser, das ist unser Herr Jesus Christus; das marmorne Portal bedeutet die heilige Kirche. Durch dieses Portal kann man in das himmlische Königreich eingehen; es steht über einer Flußbrücke, nämlich über der Welt, die ebenso wie das Wasser immer in Bewegung ist. An diesem Portal befindet sich das gemeißelte Bildnis unseres Herrn Jesus Christus und rechts und links von ihm jenes von Maria, seiner Mutter, und vom Evangelisten Johannes, die für uns des Heilands Barmherzigkeit und Gerechtigkeit bedeuten. Ein Vers lautet: sicher sollen sie eintreten, nämlich die Heiden, Juden und Sarazenen, durch die Taufe, damit sie dann rein von jeder Sünde wie unschuldige Kinder leben können. Ein anderer Vers besagt: der Ungetreue, das heißt der in Sünde beharrende, fürchte von der triumphierenden Kirche ausgeschlossen zu bleiben und für alle Ewigkeit im höllischen Kerker schmachten zu müssen. Über dem Haupt des Kaisers steht geschrieben, daß die Elende sind, die vom Weg der Wahrheit abweichen; und noch ein anderer Vers lautet: im Reich des Cäsars, das ist das Reich unseres Herrn Jesus Christus, wird unser Schutz und unsere ewige Heimat sein.« Aus dem Triumphtor Kaiser Friedrichs II. war das Sinnbild der göttlichen Ordnung der Welt geworden, das keinen mehr, am allerwenigsten aber die römische Kirche, bedrohen konnte.

Eine Renaissance im 13. Jahrhundert?

Vor allem die Herrscherikonographie, aber auch Schmuckformen in der Plastik und der Steinschneidekunst näherten sich unter Friedrich antiken Vorbildern, so daß man immer wieder von einer Protorenaissance, ja sogar von direkten Wurzeln der europäischen Renaissance im Staat des Staufers gesprochen hat. Und kam nicht Niccolò Pisano, der in der Plastik der neuen Zeit in der Toskana bahnbrechend wirkte, aus dem Regno? Vieles nähert sich in der Tat so sehr dem antiken Vorbild, daß man sich streiten kann, ob ein Kopf der römischen Kaiserzeit oder eine Arbeit des 13. Jahrhunderts vorliegen mag. Doch es sind auch andere Einflüsse spürbar. Die Normannen aus dem Norden Frankreichs adaptierten die Gotik der Île-de-France und der Champagne für ihre Zwecke, es mögen Einflüsse aus dem Heiligen Land spürbar sein, und nicht zuletzt muß man annehmen, daß vielerlei lokale Traditionen im Kernbereich des antiken Imperium Romanum vorhanden gewesen sind.

Wie stand nun der Kaiser zu diesen Strömungen der Zeit? Daß er die Zeugnisse der Antike sammelte, steht fest; seine Neugier ging sogar so weit, daß er anläßlich eines Besuches in Ravenna 1231 die dortigen Gräber öffnen ließ: »In diesem Kloster ist eine wunderbare Kapelle, die die Kaiserin Galla Placidia erbauen ließ, mit Mosaiken geziert; in ihr sind drei alabasterne Grabstätten, in deren einem der Leichnam des Kaisers Theodosius ruht, neben dem ein Schwert nebst dem Banner liegt. In dem anderen ruht der Leichnam seiner Gemahlin nebst denen seiner beiden Töchter. Im dritten aber liegt der Leichnam des Propheten Elias, der mit anderen von Konstantinopel hierher überführt wurde.« Und tatsächlich fand der Kaiser nach den Worten Richards von San Germano die Kapelle. »Jedoch infolge des Alters und der Anschwemmung der Flüsse war sie so von Erde verschüttet, daß ihr Eingang nicht zugänglich war. Er befahl also, die Erde wegzuschaffen und bis zum Pflaster der Kapelle auszugraben. Nachdem das geschehen war, betrat er die Kapelle, wo er, wie Richard gesagt hatte, drei Sarkophage fand. Als der Sarkophag des Theodosius göffnet worden war, fand man seinen Leichnam mit Banner und Schwert, und weil in dem einen Sarkophage die Wahrheit gefunden worden war, wollte der Kaiser die anderen nicht öffnen lassen...« Allenthalben ließ er alte Standbilder und Bronzeskulpturen in seinen Palästen aufstellen, darin Fortsetzer einer Bewegung, die im 12. Jahrhundert begonnen hatte. Bereits Heinrich von Blois, 1129 bis 1170 Bischof von Winchester, hatte sich aus Rom »Götzenbilder« mitgenommen, die er in seinem Palast aufstellen ließ.

Ob Friedrich die antiken Statuen und ihre Kopien aus ästhetischen Gründen gesammelt hat, darüber mag man streiten, die politischen Bezüge hingegen liegen auf der Hand: Ein Herrscher, der kaum eine Gelegenheit ausließ, sich selbst als zweiten Augustus feiern zu lassen, oder Vergleiche mit dem Gesetzgeber Justinian wohlwollend betrachtete, der seinen Neugründungen Namen wie Augusta, Caesarea oder Aquila gab, der das Winterlager vor Parma Vittoria nannte und die dortige Kirche St. Viktor weihte, wie hätte dieser Imperator seine Augen vor den Propagandamöglichkeiten der antiken und antikisierenden Plastik verschließen sollen? Dieser direkte Bezug zu Friedrichs Herrscheridee liegt nur bei der Plastik auf der Hand, bei den Miniaturen im Falkenbuch etwa, verzichtet er auf jede antikisierende Stilisierung. Auch sonst sind ja byzantinische, arabische, einheimische und französische Einflüsse deutlich zu spüren.

All die Schwierigkeiten, die der Herrscherikonographie der Zeit eigen sind, zeigen sich auch bei dem Portraitkopf aus Lanuvio *(Abb. 32)*. Man hat in ihm ein im 13. Jahrhundert überarbeitetes Original der Spätantike sehen wollen, man hat es als ein frühes Portrait des Kaisers Augustus gedeutet, auch als einen Konstantin und hat es dann wieder als Büste Kaiser Friedrichs II. aufgefaßt. Schließlich hat man darin einen heroisierten Friedrich erkannt, der trotzdem ausgesprochen individuelle Züge trägt. Durch den Vergleich mit den anderen Kaiserbildern wollte man eine Nachahmung der Eigenheiten des Staufers wahrscheinlich machen. Dazu bleibt im Dunkeln, welche Funktion dieser Kopf einmal gehabt hat: in den Hinterkopf ist eine Eisenklammer eingedübelt, die sicherlich einmal der Aufstellung gedient hat. Die Schädelkalotte ist nur roh behauen, ebenso ein Streifen am Hinterkopf und am Nacken, ein Dübelloch befindet sich in der Mitte der Kalotte, die hintere linke Seite des Kopfes ist stufenförmig abgearbeitet. Man hat versucht, diese Bearbeitung durch die Aufstellung in einem baulichen Verband zu erklären, aber auch an einen aufgesetzten herrscherlichen Lorbeerkranz gedacht. Diese Unklarheiten verhindern eine sichere Einordnung. Als mittelalterlich haben die Linearität der Konturen und das Fehlen eines lebendigen Ausdrucks zu gelten. Die Ähnlichkeit des Kopfes Friedrichs mit demjenigen des Augustus mag sich daraus erklären, daß der Staufer gerade diesem Kaiser nachzufolgen trachtete und man deshalb die Form des Kopfes und die Frisur Octavian anpaßte.

Nicht leichter sind die Fragen zu klären, die das Kaiserbildnis von Barletta aufwirft *(Abb. 33)*. Es galt allgemein als Büste Friedrichs. Der Kalkstein ist stark verwittert, und große Teile fehlen; auch die Inschrift des Sockels, auf den man den Kopf im 15. Jahrhundert gestellt hat, ist so ausgewaschen, daß sie nicht sicher zu lesen ist. Und was soll eine Inschrift aus viel späterer Zeit beweisen? Auch bei dieser Büste kann kaum mehr festgestellt werden, wo sie einst stand und wie man sich die Plastik vorzustellen hat. Wegen der Wendung des geneigten Kopfes hat man sogar an ein erhöht angebrachtes Reiterstandbild gedacht. Es ist die Zeit auch wenig pfleglich mit diesem Imperator umgegangen. Bevor das Werk vor einigen Jahrzehnten ins Museum kam, war es frei am Eingang eines Bauernhofes aufgestellt und deutliche Einschußspuren zeugen heute noch davon, daß mancher seinen Jagdeifer an einem Kunstwerk des Mittelalters ausgelassen hat. So ist denn vieles Mutmaßung, was zur Kaiserbüste von Barletta geäußert worden ist.

Sicherlich handelt es sich um den Kopf einer Kaiserstatue, das zeigen der Lorbeerkranz und die Inschrift SPQR (Senatus populusque Romanus) der Spange deutlich. Daß die Statue in Frankreich, zumal in Reims ihre Vorbilder hat, kann man trotz aller Verwüstungen sehen. Aber Aussagen wie die, daß die Plastik einen Herrscher in den fünfziger Jahren seines Lebens darstelle oder daß dieser Mann bereits vom Tode gezeichnet sei, benennen Eindrücke, die eher auf Zerstörung und Verwitterung als auf künstlerischer Intention beruhen. Natürlich hat man den Kaiserkopf mit Friedrich identifizieren wollen, Sicherheit läßt sich indessen nicht gewinnen. Der Kopf unterscheidet sich deutlich von allen anderen Büsten, die man diesem Herrscher zugeordnet hat, so daß wohl an Portraitähnlichkeit gar nicht zu denken ist. Allenfalls um eine idealisierte Herrscherfigur kann es sich gehandelt haben.

Der thronende, von Viktorien bekrönte Herrscher *(Abb. 34)*, ist in Italien zwischen 1220 und 1230 entstanden und ein Meisterwerk in der Bildgestaltung, der Komposition, der technischen Ausführung und der Modellierung. Der Grund des Sardonyx ist dunkelbraun, die Figuren sind bläulichweiß, und Thronsockel, Schuhe, Szepter, Kugel, Mäntel und Haare der Engel sind aus einer hellbraunen Steinschicht geschnitten. Früher sah man hier einen thronenden Christus und hielt das Werk deshalb für frühchristlich. Doch spricht viel gegen diese Auffassung: Die Kleidung, die Schuhe, die modische Frisur und der Typus der angeblichen Engel, es fehlt ein Nimbus, es fehlt der Segensgestus. Wenn man die Kamee aber als Apotheose eines Herrschers auffaßt, wird vieles einfacher. Ein Kaiser mit Szepter und Weltkugel, in antikischem Gewand, den zwei Viktorien krönen – dies entspricht der Darstellung weit eher. Sowohl die Stilgeschichte, der vermutliche Entstehungsort Italien sowie das, was wir von Friedrich II. wissen, legen es nahe, daß der Staufer gemeint sein könnte. Auch hier zeigen die Unsicherheiten der Deutung, in welchem Maße die Hofkunst in Plastik und Steinschneiderei auf antike Vorbilder zurückgegriffen hat.

Diener des Staates und der Gerechtigkeit

Friedrich war ein Fanatiker der Gerechtigkeit, so wie er sie verstand. Bereits die Normannen hatten aus dem römischen Recht entnommen, daß Richter und Rechtsgelehrte »Priester der Justitia« seien; ihr Nachfolger steigerte den Kult. Er sprach von seinem Reich als einem »Tempel der Justitia«, ja er war der Vorsteher der »ecclesia imperialis«. »Der Kult der Justitia heischt Schweigen«, forderte der Liber Augustalis, und dies brachte Friedrich in seinem normannisch-byzantinischen Zeremoniell zum Ausdruck. Das Erbe der beiden Großväter wirkte zusammen: der byzantinische Hofbrauch in der Adaption der Normannen und die Heiligkeit des staufischen Reiches. Zahlreich sind die Gelegenheiten, bei denen man dem Kaiser ein Kreuz vorantrug, und manchmal begleitete Glockengeläut die Urteilsprüche des Herrschers. Und immer thront der Staufer erhaben über der Menge der Sterblichen. Dargestellt hat man einmal die Szene des kaiserlichen Gerichts im Palast von Neapel, heute verloren, aber in deutlicher Schilderung erkennbar: »Im Palast zu Neapel finden sich Bilder des Kaisers und des Petrus [de Vinea]. Der Kaiser sitzt auf dem Thron, Petrus sitzt an einem Katheder. Das Volk liegt dem Kaiser zu Füßen und bittet diesen, ihnen in ihren Streitigkeiten Gerechtigkeit zu gewähren mit diesen Versen:

> *Caesar, Liebhaber der Gesetze,*
> *Friedrich frömmster der Könige,*
> *lös auf das Gespinst unserer Streitfälle.*

Der Kaiser aber scheint mit diesen anderen Versen auf dies eine Antwort zu geben:

Für euren Streit heischt Hilfe beim Urteiler des Rechts:
Hier ist er; er wird Recht geben oder Recht von mir erbitten.
Vinea mit Beinamen Petrus, Richter ist sein Name.

Die Gestalt des Kaisers nämlich, dem Volk zugewandt, zeigt mit dem Finger an, daß er das Rederecht an Petrus weiterleitet.

So weit ist der Kaiser über alle erhoben, daß er in aller Regel nicht selbst spricht. Er hat seinen Logotheten, den Setzer der Worte, der für ihn spricht und dem Volk den kaiserlichen Willen dartut. Dies ist byzantinischer Brauch, die Spätantike hatte eine derartige Versammlung recht treffend mit dem Wort »silentium« umschrieben. Und weil so vieles aus dem spätrömischen Herrscherkult sich mit christlichen Gottesattributen trifft, so findet die verlorene Darstellung des staufischen Gerichts ihre Entsprechung in einem zeitgenössischen religiösen Kunstwerk. Sollte die Qualität der Malerei in Neapel derjenigen der mehr als dürftigen leoninischen Hexameter entsprochen haben, so reichte das Bild keinesfalls an die Propagandawirkung des Brückentores von Capua heran.

Wie dieser thronende Herrscher in Neapel ausgesehen haben mag, davon gibt uns die Exultetrolle von Salerno einen Eindruck *(Abb. 35)*. Diese Pergamentrollen – es gibt in Süditalien eine Reihe, von denen diese die späteste und farbenprächtigste ist – dienten im Gottesdienst der Karsamstagsliturgie, die mit den Worten »Exultet jam angelica turba caelorum« begann. Die Rollen sind mehrere Meter lang und enthalten einerseits den Text der Liturgie und andererseits auf dem Kopf stehende Illustrationen des Inhalts. Wenn also der Diakon auf der Kanzel seinen Text ablas und der Gemeinde vorsang, fiel das Pergament Zug um Zug nach vorne und gab der Gemeinde den Blick auf die Bilder frei. So konnte jeder dem lateinischen Text, den er vielleicht gar nicht verstand, folgen. Wie es sich für die feierliche Liturgie der Ostervigil gehörte, endete der Gesang mit der Fürbitte für die beiden höchsten Gewalten der Christenheit, für Papst und Kaiser. Und so hat dann auch eine Herrscherdarstellung am Ende der Exultetrollen ihren festen Platz.

Das Stück aus Salerno ist auf die Regierungszeit Friedrichs zu datieren, und deshalb hat man nach einer Ähnlichkeit gefragt, die hier allerdings fehl am Platze wäre. Natürlich ist dieser Herrscher blond, vor allem trägt er einen grünen Mantel. Mehrere Zeitgenossen berichten davon, daß Grün die bevorzugte Farbe sowohl Friedrichs als auch seiner Söhne gewesen und daß schließlich diese

Abb. 25
Friedrich II. und der Sultan Al-Kamil vor den Mauern von Jerusalem. Giovanni Villani, Chronik, Biblioteca Apostolica Vaticana, Cod. Chigi L.VIII. 296, fol. 75r

Abb. 26
Kanzelrelief. Bitonto, Kathedrale

Abb. 27
Der staufische Teil der Burg von Oria

Abb. 28
Die Verfasser überreichen dem Herrscher das Gesetzeswerk. Liber Augustalis, Rom, Biblioteca Apostolica Vaticana, Cod. Reg. Lat. 1948, Prooemium

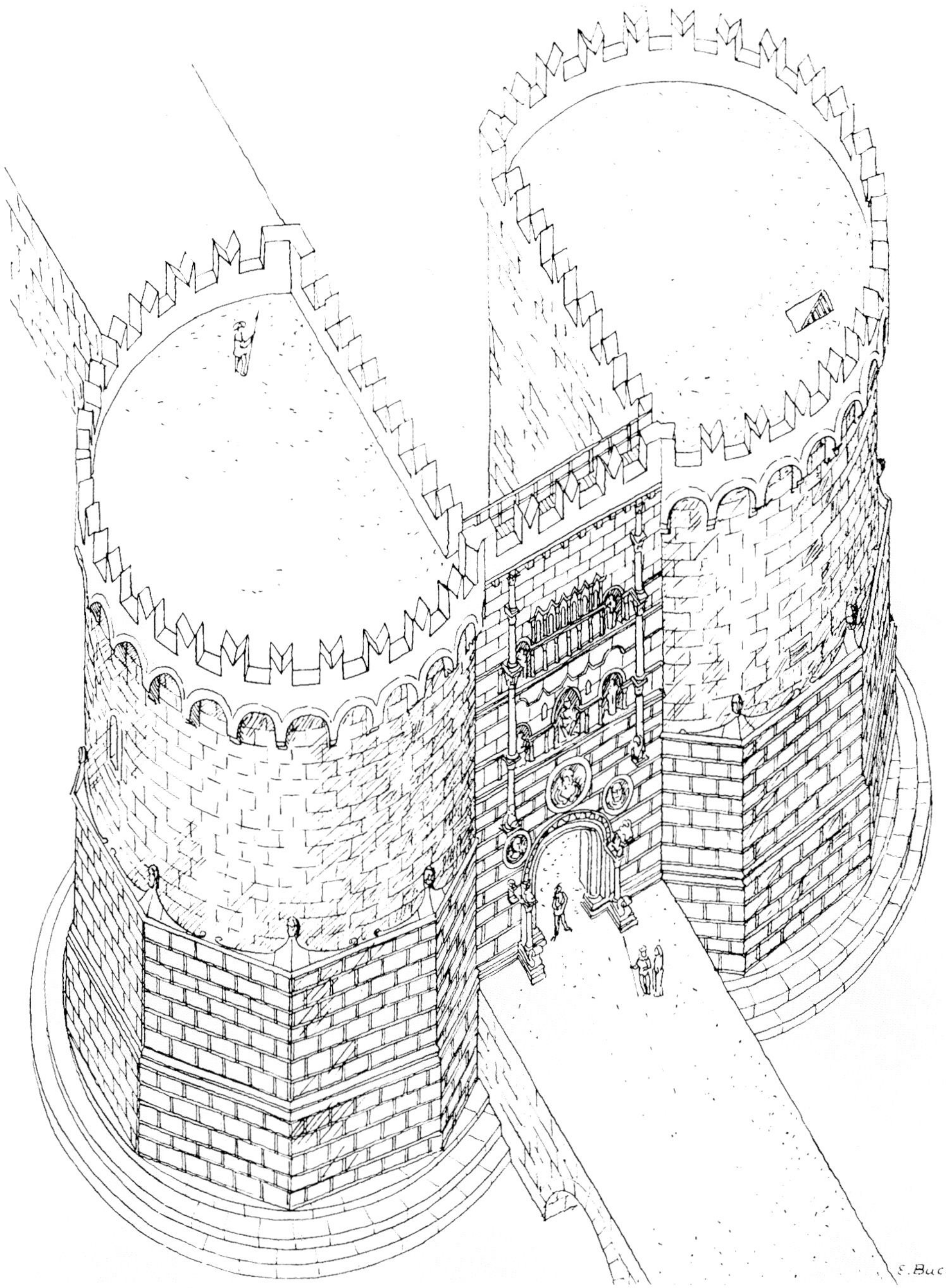

Abb. 29
Rekonstruktion des Brückentors von Capua

Abb. 30
Kopf der »Justitia«, Capua, Museo Provinciale Campano

Abb. 31
Torso der Kaiserbüste, Capua, Museo Provinciale Campano

Abb. 32
Portraitkopf aus Lanuvio, Rom, Deutsches Archäologisches Institut

Farbe geradezu die Parteifarbe der Ghibellinen geworden ist. An alle möglichen Erklärungen dieses Phänomens hat man gedacht und dabei auch die Jagdleidenschaft des Staufers nicht ausgelassen; am wahrscheinlichsten bleibt aber, daß der grüne Mantel doch der Farbensymbolik der Zeit entsprochen hat, die im Grün ein Zeichen der Unsterblichkeit sah. Daß dies der staufischen Herrscheridee entsprach, daran kann kein Zweifel bestehen. Mag man auch gewisse Ähnlichkeiten zwischen diesem Bild, Friedrichs Siegeln (vgl. Abb. 15 und 16) und dem Kaiserbild im Falkenbuch (vgl. Abb. 48) gesehen haben, so liegt dies daran, daß die Darstellung des hieratisch dasitzenden Kaisers mit Krone, Szepter und Reichsapfel eine gängige Auffassung der Zeit vertritt. Was aber eine Parallele zu dem verlorenen Wandbild in Neapel darstellt, ist die Ausführung des Motivs. In beiden Fällen handelt es sich um eine sogenannte Satellitendarstellung, die sich an antike Vorbilder anlehnt: Der Kaiser thront inmitten seiner Würdenträger und Großen.

Um das Programm der Gesetze von 1231 zu verwirklichen, um die alten feudalen Gewalten auszuschalten und alle Untertanen unmittelbar an die Person des Herrschers und an die Krone zu binden, brauchte Friedrich eine königstreue und unbestechliche Beamtenschaft. Zu einem derartigen Unterfangen fehlten weithin die Traditionen, und was hier Anspruch und was hier Wirklichkeit ist, kann kaum auseinandergehalten werden. Von einem »Orden der Officialen« spricht Friedrich, von einem Korps der Beamten, das aber immer wieder und besonders in seinen letzten Jahren Grund zu Klagen gab. Eine straffe Beamtenhierarchie überzog das Land. An der Spitze der zehn Provinzen standen Justitiare, bei denen die gesamte staatliche Tätigkeit zusammenlief. Sie hatten die unteren Ränge zu beaufsichtigen und durften weder aus der jeweiligen Provinz stammen, noch dort Besitz haben, wurden nur auf Zeit ernannt und hatten am Ende strenge Rechenschaft abzulegen. Ihnen und allen ihren Untergebenen schärfte der Kaiser persönlich den Sinn ihres Amtes ein: »Des Justitiars Namen und Norm haben Jus und Justitia zusammengesetzt, und je näher ihnen die Justitiare durch den Namen verwandt sind, desto wahrer und eifriger müssen sie diese verehren.« Ein Beamtenethos wollte der Kaiser schaffen, für das doch weithin die Voraussetzungen fehlten, und so wird er wohl öfter Grund zu Ermahnungen gehabt haben wie in einem Brief an die Stadt Florenz: »Das sei ferne von der Meinung der Getreuen, daß sie daheim der Ruhe pflegen, Anstrengungen meiden, nach dem Mahle schlafen und sich auf weichem Pfühle ausstrecken, während Unsere Person, die durch göttliche Fügung dem Reiche vorsteht und für die Wonnen des Palastes erzogen ist, unter Frost und Eis im Panzer schwitzt.« Über den Justitiaren standen die beiden Magister der Justitiare für die Reichshälften Festland und Insel und schließlich an der Spitze der streng geordneten Hierarchie der Großhof-Justitiar mit seiner Weisungsbefugnis an Stelle des Herrschers, »gleich wie das kleinere Licht verdunkelt wird, wenn es das größere Licht überkommt«.

Das größte aller dieser Lichter aber war über lange Jahre Petrus de Vinea. Man dichtete ihm eine niedrige Herkunft an, um seine Karriere desto prächtiger abheben zu können, doch war er wohl der Sohn des Stadtrichters von Capua, seinem Geburtsort. Nach dem Studium in Bologna wandte er sich mit einem Bittgesuch an Erzbischof Berard von Palermo, der ihm den Weg in die kaiserliche Kanzlei wies. Dort stand der Aufstieg für den glänzendsten Stilisten des Mittelalters offen. Er wurde der Logothet, der Wortsetzer des Kaisers, der Künder seines Willens, der Sprecher seines Urteils und der Stilist seiner Gesetze. Dante, in dessen Inferno er im Geisterwald der Selbstmörder verweilen muß, läßt ihn sagen, er besitze beide Schlüssel zu Kaiser Friedrichs Herz: es zu öffnen und zu schließen. Ein Lobredner des Großhofrichters nennt ihn einen neuen Moses, der die Gesetze zurückbringt, einen neuen Joseph, dem der Kaiser die Regierung des Erdenrunds biete, einen neuen Petrus, einen Fels der Sicherheit. »Was Piero schließt, kann niemand öffnen, und was er öffnet, kann niemand schließen.« Sein Sturz und verzweifelter Tod in der Spätzeit Friedrichs war vielen unbegreiflich, nach Dante hervorgerufen durch die »Hure der Höfe«, den Neid der Schranzen. Man darf vermuten, daß er in Bestechungsaffären verwickelt war. Es sind seine Staatsbriefe, die den Ideen des Staufers ihre Form geben. So kann es nicht verwundern, wenn man eine der Gestalten am Brückentor von Capua für den wortgewaltigen Logotheten gehalten hat *(Abb. 36)*. Wahrscheinlicher ist aber, daß die beiden Figuren zur Rechten und Linken des Kaisers zwei identische, heute unterschiedlich erhaltene Richterfiguren sind – sie versinnbildlichen die Rechtsprechung im Regnum Siciliae und nicht Individuen.

Der Staat Friedrichs II. war nur vor dem Hintergrund der wachsenden Laienbildung überhaupt denkbar. Und all die Vergleiche mit einem Orden und der Kirche sind nur zu verstehen, wenn man beachtet, daß man damals einen gebildeten, studierten Laien einen »Kleriker« nannte, dessen Gegenüber der Illiteratus war. Der gesamte Staat war von Juristen durchsetzt, die Staatsuniversität Neapel sollte den notwendigen Nachschub für die Verwaltung liefern. Fachjuristen finden sich als Stadtrichter, Vikare, Generalvikare und Podestà in Oberitalien, aber auch als Kämmerer, Großkämmerer, Steuereinnehmer oder Kustoden der kaiserlichen Schatzkammer. Bewährten sie sich, stand ihnen der Weg zum Hofrichter, kaiserlichen Berater, Gesandten und Großhofrichter offen. Für die obersten Ämter mit ihren politischen Aufgaben freilich – bereits für die Justitiare – war eine formelle juristische Ausbildung nicht zwingend nötig, die Wahl eines Illiteratus jedoch erregte kaiserliche Mißbilligung.

Legion aber waren die Juristen, die sich ihren Unterhalt als Notare verdienten. Jeder höhere Beamte verfügte über seine Schreiber, die die schriftliche Verwaltung erledigten und sich in den immer komplizierteren Regeln des täglichen

Geschäfts auskannten. Und erst die kaiserliche Kanzlei! Da das Reich grundsätzlich schriftlich regiert wurde, nahm die Flut der Verwaltungsschreiben kein Ende. Die Bürokratie fühlte sich für alle Lebensbereiche zuständig. Das Fragment eines Registers aus den Jahren 1239 bis 1240 zeigt, wie sehr man auch an kleinen und kleinsten Vorgängen Anteil nahm. Der Hof, mochte er auch fern sein, mochte sich der Kaiser in Oberitalien oder gar jenseits der Alpen aufhalten, versuchte das Königreich durch zahlreiche Schreiben und Berichte bis hinunter zum lokalen Verwaltungsbeamten (Bailo) im Zaume zu halten.

Ein guter Teil der Bürokratie war damit beschäftigt, dem Herrscher Einkünfte zu sichern. Alle Staaten des Abendlands sahen sich damals ganz ähnlichen Problemen gegenübergestellt. Die kommerzielle Revolution der Zeit, der Verfall der Lehensheere und das Aufkommen der kostspieligen Söldner als Kerntruppen führten zu einem enormen Geldbedarf, auf den die Grundherrschaften, bei denen Naturalabgaben überwogen, nicht eingestellt waren. Diese Herausforderung ließ alle Monarchen Europas über die Steigerung ihrer Einkünfte nachdenken, was vor allem bei den Normannen in England und in Süditalien zu Erfolgen führte. So konnte dann Friedrich auf bewährte Methoden der Besteuerung seiner Untertanen im Regno zurückgreifen. Mit Recht hat man einen ausgeprägten Fiskalismus, die Maximierung der Einkünfte, als zentrales Motiv der Wirtschaftspolitik des Staufers angesehen. Die Förderung der Wirtschaft als Selbstzweck kannte das Mittelalter nicht.

Was Friedrichs Lage aber so prekär machte, waren Ausgaben, die seine normannischen Vorgänger nicht gekannt hatten. Der Kreuzzug und die kaiserliche Politik in der Lombardei verschlangen enorme Geldsummen. Da das Königreich Italien steuerunwillig und aus Deutschland kaum etwas zu holen war, hielt sich der Herrscher an Sizilien. Bereits nach seiner Rückkehr aus dem Norden hatte ihn Thomas von Gaeta gewarnt, durch Steuerdruck sein Reich auszubluten. Aber im Laufe der Zeit steigerte sich der Geldbedarf und mit ihm die Gier des Fiskus. »Für viele Geschäfte, die auf uns eindringen, ist uns Geld nötig«, oder: »Unser Hof braucht sehr viel Geld«, schrieb er dann nach Hause. So lebte Sizilien auf Jahrzehnte mit einer Kriegswirtschaft, die dem Wohlergehen des Landes zumindest nicht zuträglich war. Das wichtigste Mittel der Besteuerung, die Generalkollekte, hatte sich beispielsweise direkt aus einem Beitrag der Untertanen zu den Kriegskosten entwickelt. Ursprünglich wurde sie nur in besonderen Zeiten nach Notwendigkeit erhoben, aber bald sah der Hof jedes Jahr die Notwendigkeit. Zwar sollte jedermann nur nach seinem Vermögen herangezogen werden, aber gerade das Steuersystem erzeugte auf den unteren Ebenen Korruption.

Der Nutzen des Hofes, der manchmal auch dem Nutzen der Untertanen entsprach, ist das immer wieder genannte Motiv der wirtschaftlichen Maßnahmen Friedrichs. Salz, Erze, Hanf und Pech wurden staatliche Monopole, ersteres aus fiskalischen Gründen, der Rest waren Grundprodukte für Kriegsgerät. Der Rückgang der Bevölkerung im Königreich, etwa durch Vertreibung der Muslime, war Gift für die königliche Schatzkammer. Friedrich bemühte sich deshalb um jüdische Zuwanderer aus dem Maghreb, die in Westsizilien Datteln und Indigo anbauen sollten. Ghibellinen, die aus Norditalien hatten weichen müssen, erhielten im Königreich Land zugewiesen. Um den Handel im Reich anzuspornen, versuchte der Herrscher ein System von Handelsmessen zu errichten, und um seine eigenen Kaufleute zu fördern, verzichtete er sogar auf Steuern. Überhaupt gab der Hof dort nach, wo der fiskalische Druck sich als hemmend erwiesen hatte; so hatten im Umland von Bari Abgaben und Preisverfall den Bauern die Lust an der Getreideaussaat und der Viehhaltung genommen, worauf sich der Hof anschickte, dies eben dort zu fördern. Den Muslimen von Lucera bot Friedrich Ochsengespanne für die Landwirtschaft an. Bei allem Verlangen des Hofes nach Einnahmen suchte man doch die Ernteerträge zu erhalten, denn diese brauchte man für den Export. Für die Versorgung des Hofes, für die Burgen und Kastelle und für die Flotte arbeitete vor allem die königliche Domäne. Der König war der größte aller Grundbesitzer; die Früchte und Tiere seiner Ländereien bildeten das Rückgrat der staatlichen Wirtschaft. Umfangreicher Ausbau des Landes durch Rodung und Entwässerung, Ausgabe des Landes an Bauern gegen Pacht – all dies sollte die Politik auf eine gesunde wirtschaftliche Grundlage stellen.

Einzigartig aber verdient sein System des Staatshandels genannt zu werden, der durch die Geographie begünstigt wurde. Außer der schmalen Nordgrenze ist das Königreich auf allen Seiten von Wasser umgeben, mithin also leicht zu kontrollieren. In allen Häfen errichtete Friedrich für den Warenhandel staatliche Warenhäuser, der Außenhandel wurde zur Staatsaufgabe: »Es gab und gibt vielleicht noch in allen Küstenländern mit Hafenstädten den Brauch, daß alle Kaufleute, die dort mit Handelsware ankommen, ihre sämtliche Ware nach dem Löschen in ein Lagerhaus bringen, das vielerorts ›Dogana‹ heißt und vom Staat oder vom Grundherrn betrieben wird; wo diejenigen, die mit dieser Aufgabe betraut sind, jedem Händler nach Erhalt eines Lieferscheins für alle seine Waren und deren Wert einen Raum zuteilen, in welchem er seine Waren hinter Schloß und Riegel verstauen kann; woraufhin die besagten Beamten der ›Dogana‹ alle Waren des Kaufmanns im Buch der ›Dogana‹ eintragen und ihm danach auf seine Waren – oder auf Teile, die er dem Lagerhaus entnimmt – eine Zollgebühr berechnen.« So beschreibt Giovanni Boccaccio im 14. Jahrhundert das System, mit dem der Fiskus den gesamten Außenhandel kontrollierte, Warenströme umleitete und Gebote und Verbote durchsetzte. In diesem Rahmen durften auch wieder die Kaufleute der Seestädte Venedig, Genua und besonders Pisa im Königreich tätig werden, aus dem sie vor allem Lebensmittel ausführten und in das sie gleichzeitig oberitalienische oder nordeuropäische Tuche importierten.

Wichtigster Exportartikel war das Getreide, der größte Produzent die Krone. Sizilien lieferte diese Ware reichlich und billig, doch war der Getreidemarkt im Mittelmeerraum starken Schwankungen ausgesetzt. Die Erträge der Ernten wechselten, zu Zeiten von Hungersnöten ließ sich gut verdienen, andererseits brachen die Märkte bei Überschuß schnell zusammen. So war an sichere Einnahmen nicht zu denken. Die norditalienischen Kommunen waren in schlechten Zeiten immer Abnehmer, da deren Umland nur in guten Jahren die Stadt versorgen konnte, und auch in Afrika bestand Nachfrage nach Getreide. Die Politik des Hofes spielte bei der Vergabe von Exportlizenzen auch eine Rolle, so daß von einer Konstanz im Getreidehandel nicht zu reden ist. Das Jahrzehnt nach den Konstitutionen von Melfi sah sinkende Preise, offenbar schreckte eine Sondersteuer auf den Lebensmittelexport und eine Politik zum alleinigen Nutzen der Krone. Man wird also nicht behaupten können, die Fiskalpolitik habe überall Erfolge gezeitigt. Immerhin aber ist dies der erste Versuch in der abendländischen Wirtschaft, Produktion und Handel in ihren Abläufen durch Lenkungsmaßnahmen zu beeinflussen.

Im Zenit der Macht

Mit den Reformen, die der Kaiser seit seiner Rückkehr aus dem Heiligen Lande im Regnum durchgeführt hatte, entstand ein Staat, der zumindest in seinem Wollen zu den modernsten im Abendland zählte. Wie es nun einmal ist in einem Staat, in dem alle schweigen und nur einer – Friedrich – redet, so lassen sich die tatsächlichen Erfolge der Reformen nur schwer erkennen, und so sollte man sich auch hüten, vorschnell von einem »Modellstaat des Mittelalters« zu sprechen. Das Königreich mit seinem Steuersystem war der Rückhalt des Kaisers bei seinen hochfliegenden Plänen, auch wenn er sich jetzt zunächst Reichsitalien und dann Deutschland stärker zuwenden sollte. Führten die Geschäfte den Staufer in den nächsten Jahren häufig von seinem Erbreich fort, so sorgten doch seine Beamten, aus der Ferne stets überwacht, für einen Aufbau des Landes nach den Vorstellungen ihres Herrn.

Eine neue Residenz

HOC FIERI IUSSIT FREDERICUS CESAR UT URBS SIT FOGIA REGALIS SEDES INCLITA IMPERIALIS: »Dies hat Kaiser Friedrich erstellen lassen, damit die königliche Stadt Foggia der ruhmreiche kaiserliche Sitz sei.« Diese Inschrift und einige weitere, die einen Baumeister Bartolomeus nennen und als Datum des Baubeginns das Jahr 1223 angeben, sowie ein einzelner Torbogen – mehr hat sich von der Residenz des Staufers in der Capitanata nicht erhalten *(Abb. 37)*. Im Jahre 1221 hatte er zum ersten Mal den Boden Apuliens betreten, zwei Jahre später baute er an seiner neuen Residenz, um 1225 war diese bereits fertiggestellt und wurde für etwa drei Jahrzehnte das Zentrum staufischer Herrschaft, während Palermo nur dem Namen nach die Hauptstadt blieb. Schon vier Jahre nach Friedrichs Tod legten päpstliche Schlüsselsoldaten den Reichtum und all die Pracht in den Staub, um das Andenken des Verhaßten auszurotten. Dies war die kurze Blüte der Residenzstadt Foggia.

Vielfältig waren die Beweggründe Friedrichs für diesen Schritt. Das Palermo seiner Vorfahren lag zu weit ab vom Königreich Italien und von Deutschland. Die Grenze zum Kirchenstaat galt es zu bewachen. Seit dem Versprechen einer Kreuzfahrt 1215 interessierte sich der Staufer für die Seehäfen in Apulien, traditionelle Standorte für jegliche Unternehmung im östlichen Mittelmeer. Doch anderes, Persönliches kam hinzu. Mag heute der Tavoliere, die Ebene um Foggia, in der Gluthitze des Sommers öde erscheinen, dem Mittelalter war dies der »Locus amoenus« schlechthin. Man schätzte eine vielgestaltige Landschaft in vortrefflichem Klima, die dem Auge die verschiedensten Anreize bietet: Von den Gestaden des Mittelmeers zu den zahlreichen Binnengewässern, von der Ebene über die Hügellandschaft und die Murge bis hin zu den Höhen des Monte Gargano, Wälder, Haine und Felder, Trockengebiete und Sümpfe oder steile Berghänge – all das bot sich hier dem Beschauer auf engstem Raum. Deshalb ist Friedrich in Deutschland das Elsaß als das Lieblichste seiner Länder erschienen. In seinem Kerker im fernen Bologna besang der Kaisersohn Enzio seine geliebte Capitanata, die er nicht mehr schauen durfte.

Die Umgebung der Hauptstadt war das ideale Jagdrevier, hier suchte der Kaiser Zerstreuung, hier standen, etwa am Lago di Lesina oder am Lago di Varano, seine Stationen für die Vogeljagd, hier waren Waldbezirke abgegrenzt, die dem kaiserlichen Waidmann vorbehalten waren, hier standen Dutzende von Jagdstationen und einige der größeren Jagdschlösser. Wurde es im Sommer zu heiß, so bot Melfi im Landesinnern als Sommerresidenz Kühlung. War der Kaiserpalast von Foggia anscheinend auch schwach gesichert, hier konnte ihn niemand überraschen. Eine Bastion von Burgen und Kastellen umgab die staufische Zentrale; die Inselfestung Tremiti, die Befestigungen von Termoli (vgl. Abb. 41), Serracapriola, Civitate, Torremaggiore, Dragonara, Monterotaro und Castel Pagano auf dem Gargano sicherten das Gelände allein nach Norden, weitere zum Gebirge. Aber vor allem wachte in nur achtzehn Kilometer Entfernung vom Palast auf einem Bergrücken über der Ebene des Tavoliere Lucera mit des Kaisers Sarazenen.

Als eine Märchenresidenz schildern Zeitgenossen den Bau, in Marmor erbaut, mit Statuen und Säulen aus Verde antico, mit Marmorlöwen und Wasserspielen, und die Fabelerzähler und Unterhalter steigern Dimension und Reichtum noch ins Unermeßliche. Woher die Anregungen für den Palast in Foggia kamen, ist klar: Es war der Normannenpalast in Palermo, den Benjamin von Tudela einst so beschrieben hatte: »In der Gegend dort gibt es Quellen und Wasserbäche, Weizen und Gerste, Gärten und Obstgärten. Auf der ganzen Insel Sizilien gibt es keinen diesem vergleichbaren Landstrich; denn dies ist der Schloßgarten des Königs, al-Harbina genannt. In ihm wachsen Obstbäume aller Art. Inmitten des

Parks gibt es eine große Quelle, um sie herum ist eine Mauer gebaut. Auch hat man dort ein Aquarium, das al-Buhaira (der See) heißt. Darin schwimmen viele verschiedene Fische. Auf diesem See gibt es auch Schiffe, die mit Silber und Gold überzogen sind. Auf ihnen fährt der König, um sich zu entspannen, er und seine Frauen. Auch in diesem Park steht ein großer Palast. Seine Mauern sind bemalt und mit Gold und Silber überzogen. Die Fußböden sind mit Marmorplatten ausgelegt, in die Ornamente aller Art aus Gold und Silber eingelegt sind. Auf der ganzen Welt bekommt man kein ihm vergleichbares Bauwerk zu sehen.« So oder ähnlich hat man sich das Treiben in Foggia auch vorzustellen, und noch im Jahre 1259 sollte hier von Manfred eine glänzende Versammlung abgehalten werden:

»Alle Arten festlicher Freuden einten sich da und man ward heiter gestimmt durch den Wechsel der Chöre und die pupurnen Aufzüge der Spielenden. Eine Anzahl wurde zu Rittern gemacht, andere geschmückt mit Zeichen besonderer Würden. Der ganze Tag wurde festlich begangen und als er sich dem Ende neigte, wurde bei flammenden Kerzen aus schweren Mengen von Wachs, die überall aufleuchteten, unter Wettkämpfen der Spielenden die Nacht zum Tage gewandelt.« Nach England drang der Ruhm der Residenz durch den Kreuzfahrer Richard von Cornwall, den Friedrich aufnahm und die Strapazen der Reise vergessen ließ. »Und auf Befehl des Kaisers sah er zu seinem großen Vergnügen ihm unbekannte Spiele und Vorstellungen zum Klange musikalischer Instrumente, die alle zur Erheiterung der Kaiserin aufgeführt wurden. Zwei wohlgestaltete sarazenische Mädchen nämlich stellten sich auf dem glatten Estrich mit den bloßen Füßen auf vier Kugeln, jede auf zwei, und auf diesen Kugeln, so fortrollend, bewegten sie sich, in die Hände klatschend, hierhin und dorthin und wohin es ihnen einfiel, die Arme im Spiel und beim Gesang verschiedentlich bewegend und den Körper nach der Melodie wendend, indem sie tönende Zimbeln oder Becken mit den Händen zusammenschlugen und allerlei Scherze ausführten und in staunenswerter Weise darstellten.« Diese exotischen Artistinnen fanden daraufhin im fernen England Eingang in die Historia maior des Mönchs Matthäus Parisiensis, der sie in Randzeichnungen darzustellen versuchte. Dies bekamen nur die hohen Besucher zu sehen, dem Volk blieb das Rätseln und die Mutmaßung: Wie Friedrich den Gesandten des Priesterkönigs Johannes, jenes Fabelherrschers aus Indien, empfing, wie dieser ihm einen Asbestanzug, einen Verjüngungstrank, einen unsichtbar machenden Ring und schließlich auch noch den Stein der Weisen schenkte, oder wie der Hofmagier Michael Scotus an einem heißen Sommertag auf Bestellung des Kaisers Gewitterwolken herbeizauberte. Hier in seiner apulischen Residenz fühlte sich der »Puer Apuliae« offenbar am wohlsten.

Kaiserliches Gold

Im August 1231 hatte Friedrich den Liber Augustalis veröffentlicht, seit Dezember 1231 folgte eine Münzreform, die sowohl wirtschaftliche Gründe hatte, als auch der Herrscherapotheose dienen sollte: Friedrich ließ neue, schwere Goldmünzen schlagen, die Augustalen genannt wurden *(Abb. 38)*. Seit Jahrhunderten hatte man in Europa die Währung in Silber gemünzt, nur Byzanz und die islamischen Staaten – sowie deren sie imitierende christliche Nachbarn wie die Normannen – schlugen Goldmünzen. Die Handelsexpansion ließ jedoch die Zeit reif scheinen für die Rückkehr zum Goldstandard, und in der Tat folgten bald Genua mit dem Genovino, Florenz mit dem Gulden und Venedig mit dem Dukaten. Doch Friedrich ging voran: »Goldmünzen, die Augustales genannt werden, werden auf Befehl des Kaisers in beiden Sizilien, in Brindisi und Messina geschlagen«, berichtet Richard von San Germano. Rasch fanden die Münzen Verbreitung, und wegen ihrer Schönheit galten sie über alle Jahrhunderte als gesuchte Sammlerstücke. Wirtschaftlich hatte Friedrich den Schritt lange vorbereitet. Seit Jahren sollten die Seestädte in Sizilien nur noch in Gold bezahlen, damit dieses überhaupt ins Land käme. Tribute aus Tunesien erhielt er in Gold, und all dieses Edelmetall wurde sorgsam gehortet, um jetzt in Umlauf gesetzt zu werden. Neben die byzantinische Hyperper, die Leitwährung des damaligen internationalen Handels, und die islamischen Dinare sollte jetzt die kaiserliche Münze treten.

Die Augustalen gelten als die schönsten Münzen des Mittelalters: Zahlungsmittel und Träger kaiserlicher Selbstdarstellung schlechthin. Wie sollte es Friedrich entgangen sein, daß sich seit alters politischer Anspruch in Bild und Schrift auf den Münzen manifestierte und daß gerade die antiken Caesaren dieses Mittel hoch geschätzt hatten? Von diesen, voran seinem Vorbild, dem Kaiser Augustus, ließ er sich inspirieren. Die Vorderseite der Augustalen zeigt das nach rechts gewandte, bekränzte Bild des Kaisers, der mit einem von einer Schulterfibel gehaltenen Pallium gekleidet ist. Die Umschrift lautet IMP(ERATOR) ROM(ANORUM) CESAR AVG(VSTVS). Die Rückseite zeigt den Adler, der nach links gewendet ist, mit einem kräftigen Schnabel, das kaiserliche Symbol sowohl der Antike als auch das Wappentier des staufischen Hauses. Die Umschrift lautet FRIDE RICVS. Vielleicht hat diese Zweiteilung des Namens neben dem Adler jenen Spötter inspiriert, der lästerte, der Kaiser führe einen falschen Namen: Er könne nicht Fide ricus, der Glaubensreiche, heißen, sein wahrer Name sei Fide rarus, der Glaubensarme. Auf die alten, Gold schlagenden Caesaren hatte sich Friedrich gestützt, von dort sind auch die Stilmittel des Münzbildes, wie etwa der Profilkopf, genommen. Die römischen Kaiser, von Caesar an, verstanden die Staufer als ihre legitimen Vorläufer, und in diese Reihe stellte sich für jeden, der mit den Augustalen bezahlte, Friedrich II.

Ein Netz von Kastellen

Was Friedrich in Melfi hatte verkünden lassen, rief nicht bei allen Untertanen Freude hervor. Auch in den Städten Siziliens gab es Anhänger kommunaler Autonomie, und so hatten zu Beginn des Jahrzehnts Aufstände das Land erschüttert. Als diese niedergekämpft waren, legte sich Schweigen über das Königreich; die Familiaren, der Großhof und die Beamten hatten das Land im Griff. Jetzt galt es vor allem die über das Land verteilten Stützpunkte des Königs auszubauen, um jeden die Präsenz der Herrschaft spüren zu lassen.

Was der Kleriker von Santa Justina in Padua über den ghibellinischen Schrecken Oberitaliens, Ezzelino da Romano, klagte, gilt noch mehr für dessen kaiserlichen Herrn. Dieser ließ »Paläste von solcher Schönheit und Ausdehnung mit höchstem Eifer errichten, als ob er immer leben würde, und in denen er doch niemals wohnen wollte, und erbaute Burgen und Türme auf den Spitzen der Berge und in den Städten, als ob er glaubte, täglich von Feinden belagert zu werden. Das alles tat er, um seine Macht zu zeigen, Schrecken und Bewunderung bei den Menschen zu erregen und um den Ruhm seines Namens so tief in den Sinn jedes einzelnen einzuprägen, daß nie und nimmer ihn das Vergessen auslösche.« Der repräsentative Sinn der Bautätigkeit war auch den Zeitgenossen klar. Sie wurde als das gesehen, was sie auch war – eine Machtdemonstration.

Aber es ging um mehr: Wollte Friedrich sein Königreich vor äußeren und inneren Feinden schützen, so mußte die kaiserliche Herrschaft spürbar und fühlbar anwesend sein. Als er die Barone in die Dienstmäßigkeit zwang, bestand er auf der Auslieferung der Kastelle; dazu konnte er auf zahlreiche Bauten der Normannenkönige zurückgreifen. Aber es blieben doch noch viele Lücken zu schließen, für die jetzt Neubauten notwendig wurden. Und zuletzt verfügte das Regno über planmäßig angelegte Kastellgruppen, die das Land beherrschten. Mancherorts verlegte man sogar die Trassen der seit der Römerzeit bestehenden Straßen, damit sie der Linie der Befestigungen folgten. Da sind die Seekastelle, die Apuliens offene Küsten schützten: Vieste am Monte Gargano, Monte Sant'Angelo und Manfredonia, Barletta, Trani (vgl. Abb. 39), Bisceglie, Bari (vgl. Abb. 40), Brindisi und Otranto. Bei Castello d'Oria (vgl. Abb. 27) überwand diese Verteidigungslinie den Landsporn, um dann im Golf von Tarent die Festungen der Stadt Tarent selbst und Gallípoli anzuschließen. Von der adriatischen Küste gelangte man über die Festen Lucera (vgl. Abb. 23), Castel del Monte (vgl. Abb. 46), Melfi, Lagopesole (vgl. Abb. 42) und Benevent nach Neapel. Von Bari über Gioia del Colle und Gravina di Puglia (vgl. Abb. 43) und zahlreiche Burgen Kalabriens gelangte man bis zur Meerenge, und auch auf der Insel beherrschten die Burgen das Land.

Nicht jeder sah dies mit Freude. Die Festungsbauten waren teuer, aber noch schlimmer schien manchen Zeitgenossen, daß Friedrich zwar überall seine Zwingburgen einrichtete, aber wenig Anstalten machte, Kirchen zu gründen oder auszustatten. Thomas von Gaeta, ein im Dienste des Staufers ergrauter Beamter, hat seinen Herrn denn auch nachdrücklich darauf hingewiesen: »Bei den Bauten, deren ihr so viele gleichzeitig im Königreich errichten laßt, mögen die Armen nicht gedrückt werden, im Hinblick auf den, der für die Menschheit arm geworden ist. Es hätte Eurer Majestät besser angestanden, wenn Ihr mit den Erstlingen Eurer Bautätigkeit Gott ein wohlgefälliges Werk dargebracht hättet, dem allein Ihr Euer Dasein, Eure Herrschaft zu danken habt, wie es einst die allerchristlichsten Könige von Sizilien, Eure Vorfahren, getan haben, die sogar mitten im Kriege Kirchen und Klöster gründeten und der Wohltaten des Himmels nie uneingedenk waren.« Dieser ganze Festungsbau sei zwar im Hinblick auf die Sicherheit wichtig, aber: »Nur eine unerstürmbare Burg gibt es, die Liebe der Untertanen, die sich für einen guten Herrn gern zu Tausenden den feindlichen Lanzen entgegenwerfen, die ohne Zögern den gegen sein Haupt geführten Streich auffangen und mit vielfachem Tod sein Leben zu retten versuchen werden.« Friedrich aber baute weiter.

Was er an Fortifikationen vorfand, das modifizierte er und setzte es instand; dort lehnten sich die Anlagen auch eng an die Geländeformen an. Bei seinen Neubauten aber achtete er auf die Gleichmäßigkeit der Grundrisse, hier entstanden Bauten, die einfache Formen und klare Linien mit Erhabenheit verbanden. Man weiß, daß Friedrich von den Zisterziensern, seinem Lieblingsorden, eine Bauhütte erbeten hatte und diese in der strengen Frühgotik des ihnen eigenen Stils für den Kaiser bauten. Er selbst ließ sich Pläne vorlegen und griff auch ein, wo er glaubte, die besseren Argumente zu haben. Französischer Einfluß und Anregungen aus dem Heiligen Land verbanden sich mit einheimischen Traditionen zu etwas Neuem.

Riesig waren alle diese Kastelle nicht, sie erfüllten aber ihren Zweck. Sie waren gedacht als Schutz in Krisenzeiten, nicht als Zwingburg für die Umwohnenden, die für den Erhalt und die Bezahlung der Besatzung aufkommen mußten. Ein Kastellan mit wenigen Knechten hielt den Wehrbau instand und pflegte die Bewaffnung, an mehr brauchte Friedrich nicht zu denken. Als dann später Karl von Anjou sich zum Herrn des Regno gemacht hatte, klagte er über die viel zu kleinen Bauten, da er mit zahlreichen Söldnern und Provençalen in den Burgen die einheimische Bevölkerung ruhig halten mußte. »Die Liebe der Untertanen«, wie Thomas von Gaeta geschrieben hatte: mit ihr konnte der Staufer, nicht aber der Anjou rechnen. Wie Perlen an einer Schnur finden sich in den Hafenstädten Apuliens die Seekastelle, von denen dasjenige von Trani *(Abb. 39)* noch heute eines der schönsten und eindrucksvollsten ist. Haben an den meisten anderen Orten die Notwendigkeiten »moderner« Verteidigung durch die Jahrhunderte immer neue Umbauten, Ausbauten und Vergrößerungen erfordert, so ist das staufische Kastell in Trani in seinen Formen weitgehend erhalten geblieben. Trutzig liegt der mächtige quadratische Bau am Strand, etwas abseits vom Hafen, wie es Sitte der Zeit war, aber in nächster Nähe zum Normannendom, mit dem er ein großartiges Panorama bildet. »Wenn auf die von der Seebrise gebleichten Mauern das gleißende südliche Licht fällt, möchte es fast scheinen, als sei hier eine gewaltige Woge aus den Tiefen der Adria aufgerauscht und ihre Schaumkrone im Augenblick vor dem Zurücksinken in Türmen und Mauern zu Stein geworden«, schwärmte C. A. Willemsen.

In Bari hat sich ebenfalls der Kern der normannisch-staufischen Fortifikationen erhalten, da man hier die Schanzanlagen der Neuzeit wie eine Hülle um den alten Kern gelegt hat. Auch hier steht die Feste abseits von Stadt und Hafen. Da das Bauwerk über die Jahrhunderte in Benutzung war, hat man durch steten Umbau dennoch den Eindruck der Anlage stark verändert. Nur das Tor, eine Laube zum Innenhof und die Eingangshalle des Gevierts lassen noch die staufischen Formen erkennen *(Abb. 40)*. Über dem großartigen Portal ist als Manifestation staufischer Macht der Adler angebracht, der einen Hasen reißt, ein Motiv, das unter den Arkaden wiederkehrt. Die Eingangshalle ist mit reich ornamentierten Kapitellen und einer Wandkonsole aus acht Köpfen geschmückt – ein eindrucksvoll schlichter Raum, der noch ein wenig den Eindruck der Innenräume wiederzugeben vermag.

An der Nordgrenze des Königreichs, am Meeresstrand von Termoli *(Abb. 41)*, steht ein Kastell, das in seiner Art für kleinere Anlagen typisch gewesen sein könnte. Hier hat sich der Donjon, jener französische Typ des Wehrturms, den die Normannen einst eingeführt hatten, am reinsten erhalten, wiewohl die Anlage der staufischen Epoche zuzurechnen ist. Die Durchdringung streng geometrischer Figuren (Viereck und Kreis), zeigt sich etwa im Zusammenspiel von fast quadratischer Pyramide im Sockel und den zylindrischen Eckbastionen. Die Grundformen dieser bescheidenen Festung finden sich in anderen, größeren Bauten Friedrichs, etwa in Lucera (vgl. Abb. 23), wieder.

Ganz anders als die Seekastelle präsentiert sich das größte der staufischen Kastelle auf den Höhen der Basilikata: Lagopesole *(Abb. 42)*. Trutzig ragt die Burg auf einer nach allen Seiten abfallenden Kuppe über dem Dorf und über der alten Paßstraße von Potenza nach Melfi und Venosa auf. Bereits in der Antike stand hier ein Wachturm, und immer hat die Festung die Straße gesichert. Zugleich waren die Wälder und Schluchten der rauhen Basilikata ein willkommenes Jagdrevier des Staufers. Die Anlage selbst weicht in mancher Hinsicht von der Formenstrenge anderer Anlagen der Zeit ab, bestehendes Mauerwerk und die Enge der Kuppe ließen für andere Lösungen keinen Raum. Einzigartig für die Bauten Süditaliens ist, daß man einen Bergfried in die Burganlage einfügte, der seine jetzige Form unter Friedrich II. erhielt. Manche Teile der Burg sind bereits unter den Normannen erbaut, andere unter König Manfred, und auch die Anjou bauten Lagopesole aus, da dieser Punkt des Königreichs strategische Bedeutung hatte.

Einen wiederum ganz anderen Eindruck gibt zuletzt die Ruine von Gravina di Puglia *(Abb. 43)*, das natürlich Verteidigungsaufgaben hatte, aber in allererster Linie ein Jagdschloß des Kaisers gewesen ist. Ein Turmbau an der Südostseite gab einst die Einfahrt in einen Innenhof frei, in dem sich Stallungen und Wirtschaftsgebäude befanden. Dem Tor gegenüber lag mit freiem Blick über die Landschaft der dreistöckige palastartige Wohnbau des Herrschers, von dem noch die Außenmauern sowie Verzierungen im Innern erzählen. Nicht nur die Wälder lockten hier den Waidmann, in der Nähe, in einem Gebiet, das heute noch La Pescara heißt, hatte der Staufer einen vier Quadratkilometer großen Stausee zur Verfügung, der ihm Fischfang und vor allem Wasserjagden ermöglichte. Dem Zeitvertreib waren hier alle Möglichkeiten eröffnet.

Das Leid des liebenden Vaters

Herrschte im Regno auch Ruhe, so ging es in Deutschland um so lebhafter zu. Die dortige Regierung war das genaue Gegenteil derjenigen in Sizilien: die Königsmacht war schwach und die Fürsten agierten um so selbstbewußter. Das alles hat Friedrich nie zu ändern versucht; es war die Einsicht, hier doch nichts mehr bewegen zu können, die seine Politik bestimmte. Er brauchte die Fürsten und mußte sie bei Laune halten. Das Parliamentum des Regno kam zusammen, »um das Wort zu hören«, wie die Formel lautete, in Deutschland regierte Friedrich »mit Rat und Zustimmung Unserer Fürsten«. Sein ältester Sohn Heinrich sah die Dinge von einer anderen Warte: In Deutschland unter Ministerialen aufgewachsen, machte er sich die Sache der Städte und des Kleinadels zu eigen und wollte die Zentralmacht gegen die Fürsten stärken. Planvoll ging der junge Staufer dabei nicht zu Werke, er brachte denn auch mehr Verstimmung als Taten hervor. Bereits 1231 zwangen ihn die Großen des Reichs, zu ihren Gunsten ein großes Privileg mit zahlreichen neuen Rechten zu gewähren. Heinrich hatte das Gegenteil dessen erreicht, was seine Absicht gewesen war, und sein Vater bestätigte dieses »Grundgesetz« der Landesherrschaft ein Jahr später.

Daneben war aber auch ganz Persönliches im Spiel. Fürstenkinder wuchsen oft weitab vom Vater auf, eine enge Bindung fühlten die Söhne nicht, und Revolten gegen ihre regierenden Erzeuger melden die Geschichtsbücher der Zeit zuhauf. Friedrich und Heinrich hatten sich wenig zu sagen; als der Sohn seine, wie üblich aus politischen Gründen gestiftete, Ehe auflösen wollte, war das erste öffentliche Zerwürfnis da. Zu einem Hoftag in Ravenna erwartete der Kaiser seinen Sohn 1231 vergeblich, auf Druck erschien dieser ein Jahr später in Cividale, wo er vom Vater gedemütigt wurde. Nicht nur, daß er Gehorsam schwören und eine Verpflichtung zur Freundlichkeit gegen die Fürsten erklären mußte, Friedrich zwang ihn, an Papst Gregor zu schreiben, er, Heinrich, bitte im Falle des Ungehorsams um den Kirchenbann. Auch sonst erhoffte sich Friedrich damals vom Papste viel, denn der sollte zwischen ihm und den Lombarden vermitteln, stand aber mit dem Herzen auf Seiten der Städte. Die nächsten Schritte zeigten dann, daß Heinrich vom politischen Talent seines Vaters wenig geerbt hatte. Wiederum versuchte er, die Fürsten unter die Königsherrschaft zu zwingen, und gleichzeitig protestierte er, was ihn ehrt, gegen unrechtmäßige Ketzerverfolgungen durch die Kirche. Er legte sich also mit Kaiser und Papst gleichzeitig an. Und beide reagierten: Der junge König wurde exkommuniziert, und Friedrich machte Anstalten, nach Deutschland zu kommen. Da verband sich Heinrich mit den Lombarden, die dem Kaiser den Weg versperren sollten. Dies war offene Rebellion!

Friedrich ließ sich Zeit; im Mai 1235 überschritt er die Alpen. »Wie es sich für die kaiserliche Majestät ziemt, so zog er einher in großer Pracht mit vielen Wagen, die mit Gold und Silber, feinem Leinen und Purpur, Edelsteinen und kostbaren Gegenständen beladen waren. Er führte mit sich Kamele, Maultiere, Dromedare, Affen und Leoparden sowie viele Sarazenen und Äthiopier, die sich auf manche Künste verstanden und sein Geld und seine Schätze bewachten. So kam er mit vielen Fürsten und großer Streitmacht an ...« Der Chronist irrt nur in einem: Der Kaiser kam ohne ein Heer, er verließ sich auf die Wirkung seines bloßen Erscheinens und täuschte sich darin nicht. Alle liefen ihm zu, und Heinrich mußte sich in Wimpfen seinem Vater unterwerfen. Der ließ ihn einkerkern, um ihm dann in Worms den Prozeß zu machen. Auf den Knien mußte er vor den Fürsten seinen Vater um Verzeihung anflehen, er mußte auf seine Krone und seine Güter verzichten. Danach wanderte er in die Gefängnisse Süditaliens, erst nach Rocca San Felice in Lukanien, dann nach Nicastro in Kalabrien. Als man ihn am 10. Februar 1242 nach Martirano bringen wollte, stürzte der Dreißigjährige mit seinem Pferd in eine Schlucht und starb an seinen Verletzungen. Ob dies ein Unfall oder Selbstmord war, bleibt ungeklärt, der Papst schob später die Schuld natürlich dem Kaiser zu.

Seinen Getreuen meldete Friedrich das traurige Ereignis damals: »Das Leid des liebenden Vaters hat die strenge Stimme des Richters verstummen lassen. Tief müssen Wir das Geschick Unseres Erstgeborenen Sohnes Heinrich betrauern, und die Natur trieb eine Flut von Tränen aus Unserem Innersten, die bisher der Schmerz über die Kränkung und die Starre der Gerechtigkeit zurückgehalten hatten. Vielleicht werden sich harte Väter wundern, daß der von öffentlichen Feinden unbesiegte Caesar von häuslichem Schmerze hat besiegt werden können. Aber eines jeden Fürsten Sinn, sei er auch noch so starr, ist dem Gebote der allmächtigen Natur unterworfen; sie, die ihre Macht über jeden ausübt, anerkennt weder Könige noch Kaiser. Wir gestehen es, daß Wir, der Wir durch des lebenden Königs Übermut nicht gebeugt werden konnten, durch den Sturz dieses Unseres Sohnes gerührt sind. Wir sind jedoch weder die ersten noch die letzten, die durch die Übergriffe von Söhnen Schaden erlitten und nichtsdestoweniger an ihrem Grabe weinen. Denn auch David trauerte drei Tage über seinen Erstgeborenen Absalom; und über der Asche seines Schwiegersohnes Pompejus, der dem Glück und dem Leben seines Schwiegervaters nachstellte, versagte sich jener erhabene Julius, der erste Caesar, nicht die Pflicht und die Tränen väterlicher Liebe. Und der herbste Schmerz über die Verfehlung bedeutet ja auch kein wirksames Gegenmittel gegen den Schmerz der Eltern, den sie beim Tode der Söhne durch den Stachel der Natur empfinden, wenn sie auch wider die Natur von den Söhnen unehrerbietigerweise beleidigt wurden. So wollen und können Wir beim Hingang Unseres teuren Sohnes nicht unterlassen, was des Vaters Pflicht ist.« In Cosenza wurde der unglückliche Erstgeborene beigesetzt.

Konrad IV., der neue Thronfolger, wurde als Kind in Deutschland erzogen; der römische König sollte hier auf seine Herrscherpflichten vorbereitet werden. Von der Ferne verfolgte der Vater seine Entwicklung und griff ein, wenn er glaubte, Anlaß zur Sorge zu haben. Dieser väterlichen Sorge entspringt auch ein sehr persönliches Schreiben, das Friedrich seinem unmündigen Sohn sandte. »Es genügt den Großen der Erde und den Königen nicht ihre berühmte Herkunft, wenn ihrer hervorragenden Abstammung nicht adliges Wesen entspricht und erlauchte Tatkraft das Fürstentum erhebt. Auch nicht deshalb allein unterscheidet man Könige und Kaiser von anderen, weil sie höher thronen, sondern weil sie tiefer blicken und tüchtiger handeln. Außer dem nämlich, daß sie den Menschen durch ihre Menschlichkeit gleich sind und an ihrem Leben teilhaben, können sie nichts Besonderes für sich in Anspruch nehmen, wenn nicht jeder einzelne von ihnen durch die Tugend der Klugheit die übrigen Menschen überstrahlt. So wie Menschen nämlich werden sie geboren, und wie Menschen sterben sie. Keiner aber von den Königen hat nach dem Spruche Salomons [Sap. 7,5] einen anderen Anfang seines Daseins, ist Herr eines anderen Ausgangs; deshalb mußte und wollte er die Weisheit des Geistes besitzen, die er allen Königen und Thronen vorzog; im Vergleich zu ihr achtete er alle Schätze für nichts. Also, mein Sohn, achte die Weisheit und leihe der Klugheit Dein Ohr, auf daß Du, mit den königlichen Zeichen geziert, die Wirkung des königlichen Namens erlangst! Denn den königlichen Namen eines Herrschers haben Wir erhalten, damit Wir über die Untertanen herrschen: Herrscher aber hören Wir auf zu sein, wenn Wir Uns, herrscherlicher Klugheit bar, eher durch die Herrschaft Untergebener beherrschen lassen als selbst herrschen. Ja, mit um so größerem Tadel machen sich unwissende Fürsten schuldiger als Untergebene, je mehr der Adel des Blutes durch die Einflößung einer feinen und adligen Seele sie vor anderen für Belehrung empfänglich macht und je mehr die verderbliche Einfalt der Erhabenen nicht allein ihnen selbst Schaden zufügt, sondern auch den Untertanen, da der Sturz des Fürsten die Völker mit sich ins Verderben reißt. Deshalb sagt man mit Recht: ›Wehe dem Lande, dessen König ein Kind ist!‹, denn durch die Kindlichkeit des Herrn wird das Land gestraft, und die Torheit des Königs beweint das Volk oft. Und da unter den übrigen Fürsten von Dir als dem zum König der Römer Erwählten die Sache vieler Völker abhängt und deswegen aus Deiner Unklugheit gefährliche Verluste zu befürchten wären, so kommt es Dir notwendig zu, die Klugheit zu lieben, zu der man auf der Leiter des Fleißes und auf den Stufen der Zucht rasch gelangt und in der Du, unter Ablegung der kaiserlichen Würde und Demütigung des Gipfels königlicher Majestät, unter der Rute des Meisters und dem Stocke des Lehrers nicht König oder Kaiser, sondern nur Schüler sein sollst. Gehorche dem Schelten des Lehrers, höre seine Lehren gern, und wenn Du zu wissen wünschest, so wünsche, belehrt zu werden! Denn nach dem Worte der Weisheit [Sprüche 29,1] kommt über den, der den Strafenden halsstarrig verachtet, plötzlicher Untergang, und Heilung folgt ihm nicht. Auf daß Du also, als weiser Sohn, den Vater erfreust, liebe das Wissen und verabscheue die Zucht nicht! Und es genüge Dir nicht, lediglich durch die Würde des Namens ein König zu sein, sondern sei durch die Tüchtigkeit der Herrschaft ein Herrscher!«

Nach dem Sturz seines Sohnes Heinrich regelte Friedrich die deutschen Angelegenheiten. Auf einer Reichsversammlung in Mainz erließ er einen Landfrieden und setzte wie in Sizilien einen Reichshofrichter ein. Den Streit mit den Welfen beendete er durch die Belehnung Ottos mit dem Herzogtum Braunschweig-Lüneburg. Schließlich schloß in diesen Tagen Friedrich auch seine dritte Ehe mit Isabella, der Schwester Heinrichs III. von England. Vor allem aber erreichte er das Einverständnis der Fürsten für einen Reichskrieg gegen die Rebellen in der Lombardei. Es schien, als könne der Kaiser nun mit starken militärischen Kräften Ernst machen. Dies ließ jedoch das Einvernehmen zwischen den beiden höchsten Gewalten des Abendlands brüchig werden, denn ein starkes kaiserliches Heer in Oberitalien konnte Papst Gregor nicht hinnehmen. Die Gefahr

Abb. 33
Die Kaiserbüste von Barletta. Barletta, Museo Civico

Abb. 34
Herrscher, von Viktorien gekrönt. München, Staatliche Münzsammlung

Abb. 35
Der Herrscher inmitten seiner Ratgeber. Exultetrolle, Salerno, Domschatz

Abb. 36
Sogenannter Petrus de Vinea vom Brückentor. Capua, Museo Provinciale Campano

Abb. 37
Torbogen vom ehemaligen Palast Friedrichs in Foggia

Abb. 38
Augustalis

Abb. 39
Blick auf Kastell und Kirche von Trani

Abb. 40
Eingangshalle. Bari, Kastell

einer erneuten Konfrontation wuchs. Bevor Friedrich Deutschland verließ, nutzte er noch einen Festakt zu einer politischen Demonstration. Elisabeth, die Witwe des Landgrafen von Thüringen, hatte aufopfernden Dienst in dem von ihr gegründeten Hospital geleistet und war bereits kurz nach ihrem Tod 1231 vom Volk verehrt worden. Gregor hatte schließlich der Heiligsprechung zugestimmt. Jetzt, im Mai 1236, wurde der Leichnam aus dem Grab in einen neuen Schrein umgebettet, das Erscheinen Friedrichs zu Marburg an diesem Tag – er war mit Elisabeth verwandt – zeigte die Verbindung des staufischen Hauses mit der Heiligen. Er setzte ihr eine goldene Krone auf und gab ihr einen goldenen Becher mit, sodann schritt er in der grauen Kutte der Zisterzienser hinter ihrem Sarg einher. Noch einmal hatte er sich einer riesigen Menge, darunter Erzbischöfe, Bischöfe und zahlreiche Fürsten, gezeigt, bevor er nach Süden zog.

Der älteste Sohn Friedrichs saß im Kerker, den zweitgeborenen Konrad ließ er in Deutschland in der Obhut der Räte zurück. Viel näher sollten ihm in den folgenden Jahren andere Kinder – wir kennen deren neunzehn – stehen: an erster Stelle Manfred, ehelicher, aber nicht ebenbürtiger Sohn, den er mit Bianca Lancia gezeugt hatte. Ihn, der in seinen geistigen Interessen, seinem ritterlichen Wesen und seiner Dichtkunst dem Vater ähnlich war, hütete Friedrich wie seinen Augapfel. An dessen älterem Bruder Enzio hing der Vater ebenfalls. Der begabte Dichter mit den blonden Haaren und dem heiteren Wesen bezauberte seine Zeitgenossen, und als Kampfgefährte Friedrichs in der Lombardei wurde er zu einem der wichtigsten Heerführer der Ghibellinen. Und Friedrich von Antiochien, unehelicher Sohn des Staufers, tat es ihm gleich.

Der Todfeind der Lombarden

Alle Wirren und die sich überstürzenden Ereignisse in Deutschland hatten die Frage nach der Stellung des Kaisers in Reichsitalien und der Haltung der Städte zu seiner Herrschaft nur aufgeschoben. Nun wandte er sich diesem Problem zu. »Da in der östlichen Welt das Königreich Jerusalem, Konrads Unseres teuersten Sohnes mütterlich Teil, und weiterhin das Königreich Sizilien, Unserer mütterlichen Nachfolge glanzvolle Erbschaft, und Germaniens machtvolle Obergewalt nach Befriedung der Völker ringsum auf den Wink himmlischen Willens in der Ehrfurcht Unseres Namens verharren, so glauben Wir, daß für nichts anderes des Erlösers Vorhersehung so gewaltig, ja wunderbar Unsere Schritte lenke, als dafür, daß jene Mitte Italiens, die von Unseren Kräften rings umgeben ist, zu den Diensten Unserer Erlauchtheit rückkehre und zu des Kaisertums Einheit.«

Wieder einmal weilte Friedrich seit langem fern von seinem Königreich Sizilien, und die leidige Lombardenfrage hinderte ihn auch weiterhin an der Rückkehr. Im Gegenteil, neben den deutschen Kräften brauchte er nun dringend die Hilfe des Regno, und so schrieb er seinen Untertanen im Süden: »Zum Neide aller Völker, die irgendwelchen Königen und Fürsten der Erde unterworfen sind, haben die Getreuen des Königreichs Sizilien von jeher für ihre Herren nicht nur den Eifer schuldiger Treue, sondern angeborener Liebe gehegt ... Wenn nun nach der Zerschmetterung vieler Gewalthaber, die nicht Uns, sondern vielmehr dem göttlichen Gericht, das Unsere Gerechtigkeit lenkt, leichtfertig widerstanden, zur Erlangung der Herrschaft über das Römische Reich noch ein parteisüchtiger Haufe in Italien übrig ist, wie das Unkraut auf dem Speicher und der Unrat in der Kloake, so wünschen Wir, da sich zu seiner Unterwerfung das mutige Deutschland mannhaft und mächtig genug ganz zur Verfügung Unserer Hände rüstet, daß Ihr eines so großen Sieges nicht unteilhaftig seid, und halten Euch seiner nicht für unwürdig, zumal da Wir glauben, daß unter den Kräften Unseres Reiches die Leistung Unseres Erblandes um so glänzender aufleuchten sollte.«

Die Geplänkel des Jahres 1236 bildeten nur den Auftakt, auch wenn Petrus de Vinea dem für einen Reichstag ausersehenen Piacenza über die Christusweissagung des Propheten »Das Volk, das im Finstern wandelt, sieht ein großes Licht« predigte und damit den Ton anschlug, nach welchem jetzt der staufische Hof Politik machte. Ärger mit dem Babenberger in Österreich hinderte Friedrich am vollen Einsatz seiner Kräfte und machte sein Erscheinen im Januar auf einem Hoftag zu Wien nötig. Dort ließ er seinen Sohn zum König und künftigen Kaiser wählen und erhob den Tagungsort zur Reichsstadt. Nun stand einem Feldzug gegen die Rebellen nichts mehr im Weg. Im Sommer zog Friedrich über den Brenner nach Verona, in seinem Gefolge ein Heer von etwa zwölf- bis fünfzehntausend Mann: italienische Gefolgsleute, sarazenische Bogenschützen und deutsche Söldner. Das Lehensaufgebot hatte bereits seine militärische Bedeutung verloren; die Soldritter kosteten große Summen, die nun das sizilische Reich aufbringen mußte.

Der Herbst verging mit Scharmützeln im Gebiet von Mantua, und Friedrich machte Anstalten, sich auf Brescia zu werfen, das zum Kern der aufständischen Städte zählte. Etwa zehntausend Lombarden lagen jedoch vor der Stadt, so daß der Kaiser, der sicherlich kein großer Feldherr war, eine Schlacht vermied. Er erklärte – das Jahr war schon vorgerückt – das Ende der Kriegssaison und entließ die italienischen Verbündeten, behielt aber die schwere Reiterei und die Sarazenen bei sich. Er zog nach Norden, als er bei Cortenuova, südöstlich von Bergamo, auf die heimziehende Streitmacht der Städte traf. Diese wurde vom Zusammentreffen überrascht und war nicht auf Kampf eingestellt, so daß der Sieg Friedrichs eine vernichtende Schlappe der Lombarden wurde. Tausende lagen tot auf dem Felde, etwa dreitausend Mann Fußvolk und tausend Ritter wurden gefangen. Es sollte Friedrichs größter militärischer Sieg bleiben.

Der Staufer hat ihn voll ausgekostet. Als antiker Feldherr zog er in das kaiserliche Cremona ein. Der Fahnenwagen Mailands, das Wahrzeichen der Lombardenmetropole, wurde von einem Elefanten gezogen, an den gesenkten Fahnenmast hatte man den Podestà der Stadt, den venezianischen Dogensohn Pietro Tiepolo, gebunden. Es war der Zug eines Überwinders und Triumphators, dessen sieghaftes Glück zu feiern der Anlaß des Festes war. Und um jedem deutlich zu machen, wo die Traditionen dieser Feier lagen und um seinen heimlichen Gegner Gregor zu ärgern, sandte er die Zeichen seines Sieges nach Rom, wo sie auf dem Kapitol ausgestellt wurden. Die staunenden Römer durften folgende Begleitschrift lesen:

Friedrichs des Zweiten Geschenk, o Rom, des erhabenen Kaisers,
halte den Wagen stets hoch in Ehren hinfort!
Denn zu künden den Sieg des Kaisers, der ihn erobert,
kam er als Beute hierher, Mailand zur ewigen Schmach.
Hier zur Schande der Feinde steht er, zur Ehre der Hauptstadt.
Liebe zu Rom befahl, ihn zu senden nach Rom.

Allen tat des Kaisers Propagandist Petrus de Vinea den Sieg von Cortenuova kund: »Frohlocken möge nun des Römischen Reiches Gipfel, und der gesamte Erdkreis möge sich freuen über den Sieg eines solchen Herrn! Erröten möge die widerrechtliche Genossenschaft der Lombarden, zerschmettert werde der Wahnwitz der Empörer, und angesichts des Ausgangs der Schlacht mögen die feindlichen Völker erzittern! Vor allem jedoch möge das unglückliche Mailand seufzen und jammern und in bittere Tränen ausbrechen über eine solch große Anzahl von gefallenen Rittern und gefangenen Bürgern! und es möge sich unverzüglich daran gewöhnen, dem Herrn der Welt zu gehorchen! Höret also, wie die Ströme des feindlichen Blutes die kaiserlichen Schwerter färbten, wie die Macht des Kaisers alle Feinde überwand! Wahrlich vom Throne Gottes ging das Gericht der Rache aus; denn die Gräber reichten nicht aus für die Gefallenen, und die Paläste Cremonas faßten die Menge der Gefangenen nicht. Deshalb feiert, ihr getreuen Völker, das Fest des kaiserlichen Sieges mit feierlicher Freude, und freut euch in überströmendem Jubel über die Verkündung solches Sieges!«

Der Erfolg und der zum Greifen nahe Sieg sowie der unbändige Haß haben Friedrich in dieser Situation blind gemacht. Sogar Mailand war jetzt zur Unterwerfung bereit, doch der Staufer wollte diese ohne jede Bedingung. Das trieb sechs Städte zum Äußersten – Mailand, Alessandria, Brescia, Piacenza, Bologna und Faenza standen zusammen. Von jetzt an sollte es im Kampf gegen die Städte zwar zu vielen Geplänkeln kommen, ein staufischer Sieg indes lag nie wieder in greifbarer Nähe. Zunächst versuchte der Kaiser Brescia einzunehmen, mußte aber nach langer Belagerung dieses Vorhaben aufgeben. Und das gab seinen Feinden, deren er eine Menge hatte, neuen Mut.

Vor allem aber reizten die Taten Friedrichs Gregor IX. bis aufs Äußerste. Nicht genug, daß nach Cortenuova ein kaiserlicher Herr der Lombardei drohte, im Herbst 1238 verheiratete er auch noch seinen unehelichen Sohn Enzio mit der Erbin von Sardinien, jener Insel, die die Päpste nach der angeblichen Schenkung Konstantins für sich beanspruchten. »Der Kaiser aber behauptete, die Insel habe von alten Zeiten her zum Reiche gehört und die Kaiser hätten sie nur durch unberechtigte Inbesitznahme und wegen anderer dringender Geschäfte verloren, weshalb er sie jetzt wieder mit dem Reiche vereinigte. ›Ich habe‹, sagte er, ›wie die Welt weiß, geschworen, die zerstreuten Güter des Reiches wieder zu sammeln, und ich werde nicht ablassen, dies zu tun‹. Der Herr Kaiser schickte also seinen Sohn [Enzio], um, dem Verbote des Herrn Papstes entgegen, den ihm dargebotenen Teil der Insel in Besitz zu nehmen.« Das war eine Herausforderung Gregors, doch die größte sollte folgen: Friedrich streckte seine Hände nach der Stadt Rom selbst aus. Der Fahnenwagen Mailands auf dem Kapitol war ein Fanal, Friedrich war der römische Princeps, Rom die Hauptstadt des Kaiserreichs. Die Päpste als die Stadtherren haben zu allen Zeiten ihre Schwierigkeiten mit der widerborstigen Stadt gehabt, Gregor sollte es nicht besser gehen. Es gab eine kommunale Bewegung wie in Oberitalien auch, und deren Vertreter auf dem Kapitol liebten die Anspielungen auf antike Größe ebenso, wie sie aus Opposition zum Pontifex Maximus Antik-Heidnisches zur Schau stellten. Außerdem suchte man Halt beim Gegner des Papstes, und dies war der Staufer. 1238 regierte eine ghibellinische Adelsfraktion, mit deren Hilfe Friedrich die Stadt zu erringen hoffte.

Trotz seines vorgerückten Alters zeigte sich Gregor rüstig. Mit Kardinal Gregor von Montelongo, einem Mann von großem militärischen Geschick, stellte er den Ghibellinen in Oberitalien einen ernstzunehmenden Feldherrn entgegen. Er schmiedete das unnatürliche Zweckbündnis der rivalisierenden Seestädte Genua und Pisa, deren Flottenmacht den langen Küsten des Erbreichs Sizilien gefährlich werden konnte. Die Partei der Papstfreunde brachte die Stadt Rom mit einem Putsch wieder in ihre Gewalt. Vor allem aber war er entschlossen, dem Kaiser selbst entgegenzutreten: Am Palmsonntag, dem 20. März 1239, verkündete er zum zweiten Mal den Bann über Kaiser Friedrich und entband alle

Untertanen vom Treueid. Des Herrschers hochfliegende Pläne und die Lombardenfrage waren die eigentlichen Gründe, die Gregor freilich nicht öffentlich anführte. Mit Beschwerden über Kirchenfragen in Sizilien und der Behauptung, Friedrich habe eine Verschwörung gegen ihn geplant, um ihn aus der Stadt zu treiben, begründete der Papst sein Vorgehen. Der erneut ausgebrochene Streit sollte lange währen: An diesem Tag verstarb Hermann von Salza, der Hochmeister des Deutschen Ordens, Vertrauter der beiden Streitenden und langjähriger Vermittler; wenig später folgte ihm Kardinal Thomas von Capua, das Haupt der Kaiserfreunde an der Kurie. Diesmal sollte keine Seite mehr zum Zurückweichen bereit sein.

Stupor mundi

Das »Staunen der Welt« war Friedrich seinen Zeitgenossen, seine Bildung rief Bewunderung und scheues Raunen hervor, manchen war er unheimlich, ein Zauberer. Es hat in diesen Zeiten sicherlich gelehrsamere Menschen gegeben, es gab dichtende Monarchen und Mäzene aller Künste, doch die Verbindung des Herrscheramtes mit Gelehrsamkeit war etwas besonderes. Unter seinen Zeitgenossen war ihm hier nur al-Kamil, der Sultan von Ägypten und gleichzeitig sein Freund, ähnlich. »Zur Erhöhung des Gipfels der königlichen Hoheit ... halten wir die Würze der Wissenschaft für unerläßlich ... In der Tat haben Wir ... vor Übernahme der Lasten Unserer Regierung sie stets von Jugend an gesucht ... und haben stets unermüdlich im Dufte ihres Öls gebadet.« Selbst die Araber, in Fragen der Wissenschaften dem Abendland Lehrmeister, haben den Staufer so gesehen: »Dieser Fürst war ein sehr gelehrter Mann; er war ein gründlicher Kenner der Geometrie, der Arithmetik und der anderen spekulativen Wissenschaften«, konstatiert der Chronist Makrizi. Für Saba Malaspina, den kurialen Schreiber, waren die kaiserlichen Studien ein Grund, am Glauben des päpstlichen Widerparts zu zweifeln: »Dieser Kaiser, der Herr des Erdkreises, dessen Ruhm sich über alle Teile der Welt erstreckt, war in dem Glauben, sich vielleicht durch die Kenntnis der Astrologie den Überirdischen angleichen zu können. Er, der vor seinem Irrtum sich den Großen angeglichen hatte, bemühte sich eifrig, mit unersättlicher Neugier den Grund der Dinge zu erkennen und die Vorgänge am Himmel gründlich zu erforschen. Und da er auf solche Weise die Naturvorgänge genauestens verfolgte, verehrte er auch die Astrologen, Schwarzkünstler und Wahrsager so sehr, daß durch ihre Voraussage seine Meinung gleich der schnellen Bewegung des Windes umherschweifte. Und da diese Wahrsager behaupteten, sie hätten durch Weissagung erfahren, daß Friedrich unter der Blume [sub flore] sterben müsse, so hat Friedrich, da er gegen die Natur unsterblich zu sein begehrte, Florenz und Ferentino in der Campagna nach Möglichkeit gemieden.«

Woher Friedrich seine Bildung hatte, verliert sich im Dunkel seiner frühen Jahre. Damals gab es am Hofe noch Araber, von denen er vielleicht seine später feststellbare Vorliebe für diese Kultur und ihre Philosophie vermittelt bekommen hat. Der »Kadi der Muselmanen« habe den jungen Staufer erzogen, behauptet eine arabische Quelle und läßt uns mit dieser Meldung und vielen Fragen allein. Der Kardinal Gregor von Galgano, von Innocenz III. eingesetzt, und ein gewisser Wilhelm Francisius waren als Lehrer tätig, aber was sie dem frühreifen Knaben vermittelten, bleibt im Dunkeln. Latein, Arabisch, Griechisch, Französisch, Provençalisch, das Volgare seiner Heimat, wohl Deutsch und vielleicht auch Hebräisch soll der Kaiser gesprochen haben. Daß man ihn auf seinen Fürstenberuf vorbereitet hatte, dafür spricht sein schnelles Einschwenken in die Traditionen sowohl der Hauteville wie der Staufer. Intensive Kontakte zum Orient aber pflegte er seit seinem Kreuzzug und mit wachsendem Interesse an den Wissenschaften in seinen späten Jahren. Daß dieser geistige Austausch ihn deutlich von den anderen Monarchen seiner Zeit im Abendland abhob und zu einem bedeutenden Charakter hat reifen lassen, steht außer Frage.

Es war zu erwarten, daß ein Monarch mit dieser Geisteshaltung für die Pflege der Wissenschaften und Künste in seiner Umgebung Sorge tragen würde. An seinen Absichten läßt Friedrich auch keine Zweifel: »Unablässig beschäftigt Uns die Sorge, wie Wir Unser Königreich Sizilien, das die Natur mit einem Überfluß an Lebensgütern versehen hat, Unsererseits zu unseren Lebzeiten mit einer Fülle von gelehrten Männern zieren, damit Unsere getreuen Untertanen, um die Früchte der Wissenschaften, nach denen sie unablässig hungern, nicht in fremden Ländern betteln müssen, sondern im Königreich selbst einen gedeckten Tisch für ihren Hunger finden und damit diejenigen, die eine angeborene geistige Begabung zum hohen Studium befähigt, die Kenntnis der Wissenschaften zu Gelehrten macht. Wenn Uns dazu auch das erhabene Vorbild Unserer Ahnen beispielhaft einlädt, da Uns bekannt ist, daß zu ihren Zeiten die Studien der verschiedenen Wissenszweige im Königreich so geblüht haben, daß sich die Süßigkeit ihres Duftes nicht nur bis zu den Söhnen der Untertanen, sondern auch bis zu den Fremden verbreitet hat, so sind Wir dennoch darüber hinaus um so lieber ohne irgendeine Veranlassung dazu bereit, als Wir dadurch Unsere Ehre um so mehr zu fördern glauben und jegliche Erhöhung Unseres Reiches mit allem Uns möglichen Eifer betreiben.«

Zentren der Kultur waren das Kloster Montecassino, dessen Einfluß auf den Hof aber gering war, und Salerno mit seiner Medizinschule, dazu trat die vom Kaiser gegründete Universität Neapel. Palermo aber, das mit den Aktivitäten des Hofes im 12. Jahrhundert zum strahlenden Mittelpunkt der Kultur geworden war, fiel in Agonie. Apulien, vor allem der Palast zu Foggia mit seinem Kranz von

Jagdsitzen, wurde zum Zentrum des Reichs. Die Stadt seiner Jugend, weitab von den politischen Interessen des Kaisers, trat in den Hintergrund. Auch war der Hof zumeist auf Reisen, auf die das Tagesgeschäft Friedrich führte. Die Zeiten der Hauteville wollte Friedrich wiederbeleben, daß diese aber vergangen waren, zeigt bereits sein Großhof. Er kannte nicht mehr die Vielfalt der Zeit Rogers II., die geistige Kultur war immer westlicher, abendländischer geworden, von eigenständigen arabischen, griechischen oder jüdischen Werken, die im Königreich entstanden, kann nicht die Rede sein. Dazu hatte sich die Zusammensetzung des Hofes entscheidend verändert, denn der Kaiser stützte sich weniger auf seine Barone, deren Eigenmächtigkeiten er ja bekämpfte, und mit Maßen auf seine Prälaten, es waren die Juristen, die sein Ohr und seine Hochschätzung fanden. Mit ihnen kam die Denkweise der Universitäten in die unmittelbare Umgebung des Herrschers, und bei den vielen Mitarbeitern, die er aus Kampanien gewann, ist die Ideenwelt der römischen Kurie durchaus spürbar.

Mögen die persönlichen Interessen Friedrich die Richtung gewiesen haben, er war auch ein Meister, wenn es galt, Wissenschaft und Kunst in Politik umzusetzen. Seine Menagerien dienten sicherlich ebenso seiner Naturbeobachtung und der Jagd wie der herrscherlichen Selbstdarstellung. »Auch sah die Stadt Vittoria Tiere, die Italien seit den Zirkusspielen zur Zeit des Römischen Reiches nicht gesehen hatte: Elefanten, Dromedare, Panther, Löwen, Leoparden, Luchse und weiße Bären. Auch Hunde versichert unser Theologe damals gesehen zu haben, bald von schrecklicher Größe und Wildheit, bald von äußerster Winzigkeit, sowie auch wilde und zahme Vögel. Friedrich hielt sich auch außer den in Italien gewöhnlichen Vögeln viele andere, unter ihnen Falken und Weihen, Sperber und weiße Gerfalken, um seine kaiserliche Majestät zu erhöhen; besonders beachtlich waren bärtige Uhus von ungeheurer Größe.« Wie ein König aus dem Morgenland zog er einher, die Wirkung war wohlberechnet. In der arabischen Welt war es üblich, in diplomatischen Verhandlungen auch seine geistigen Interessen kundzutun und damit dem Gegenüber zu signalisieren, daß man kein ungebildeter Idiot sei. Genau dies tat Friedrich, doch scheinen diese Formen der Prachtentfaltung auch auf persönlichem Interesse beruht zu haben.

Ganz sicher und in besonderem Maße kann man den unmittelbaren Nutzen der Rhetorik für die Politik des Staufers erkennen. Das Studium kunstvoller Sprache und geschliffener Stilistik war seit dem 12. Jahrhundert ein eifrig betriebenes Gebiet, zuvorderst in Bologna, aber auch im Regno. Zuerst zog die Kurie daraus Nutzen, kunstvolles Latein verbunden mit logischer Schärfe zeichnen die Dekretalen aus. Der Verwaltungsapparat des apostolischen Stuhles verstand es, päpstliche Politik der Welt verständlich zu machen. Allein der Hof Friedrichs vermochte darauf eine ebenbürtige Antwort zu geben. Assonanzen, Wortspiele, die

Häufung von schmückenden Adjektiven, das Suchen seltener und ungewöhnlicher Worte und strenge Beachtung rhythmischen Wohlklangs sind die Kennzeichen dieser ausladenden Hofsprache. Meister der Sprache und begnadeter Propagandist war Petrus de Vinea, der Jahrzehnte des Kaisers Politik in Sätze goß, die man an der Kurie zu fürchten gelernt hatte. Bibel, Kirchenväter, römisches Recht und antike Autoren – die kaiserliche Kanzlei zog alle Register, wenn es galt, der Welt den staufischen Standpunkt klarzulegen.

Was Friedrich zuhause nicht vorfand, suchte er in der Fremde. Arabische und jüdische Philosophie und – von diesen vermittelt – die Lehren des Aristoteles faszinierten das abendländische Denken. Bei den Gelehrten Afrikas und den spanischen Juden suchte er auch Antwort auf Fragen, die ihm dringlich schienen. Spanien, und hier vor allem Toledo, war das führende Zentrum, aus dem Europa antikes, arabisches und auch griechisches Wissen in lateinischen Übertragungen bezog. In Toledo hatte auch der Schotte Michael, Friedrichs Hofastrologe, gelernt und geforscht, bevor er an den Großhof kam. Den Professor des römischen Rechts, Roffred von Benevent, hatte er der Universität Bologna abgeworben. Als der Pisaner Leonardo Fibonacci arabische Mathematik auch für das Abendland propagierte, suchte der Herrscher bei Gelegenheit eines Besuchs in dessen Heimatstadt mit ihm Kontakt. Jacob Anatoli und Moses ben Samuel Ibn Tibbon waren sephardische Juden, deren Familien nach Südfrankreich geflohen waren. Der Magister Theodor war ein Christ aus Antiochien, ein anderer, Dominicus, war Spanier, Petrus Hispanus, der spätere Papst Johannes XXI., war Portugiese. Mit vielen Gelehrten hatte Friedrich vielleicht nur kurzen Kontakt, andere mögen ihn länger begleitet haben. An allen geistigen Regungen, die der Zeit neu waren, hatte er ein persönliches Interesse, das über neugieriges Wohlwollen hinausging.

Von den Früchten der antiken, arabischen, griechischen und jüdischen Gelehrsamkeit konnte das Abendland nur ernten, was ihm in lateinischen Übersetzungen dargeboten wurde. Nicht daß Sizilien an die Bedeutung der toledanischen Schule herangereicht hätte, aber dem staufischen Hof verdankt das Abendland doch manche Kenntnis des Alten und Fremden. Die Gelehrten in seiner Umgebung beschäftigten sich mit Aristoteles und seinen gelehrten Kommentatoren Avicenna und Averroës und trugen zur Verbreitung dieser neuen Lehren im Abendland bei. Der Versuch des Maimonides, Aristoteles mit der jüdischen Religionslehre zu verbinden, wurde aus dem Arabischen übersetzt – vielleicht die wichtigste der Vermittlungsarbeiten. Diese Übersetzungen waren wohl das Gemeinschaftswerk jüdischer, christlicher und islamischer Gelehrter. Michael Scotus beteiligte sich an Übersetzungen aus dem Hebräischen, obwohl seine Kenntnisse anscheinend begrenzt waren, während die Rezeption griechischen

Wissens stagnierte. Um 1230 sandte Friedrich dann eine Reihe von übersetzten Werken an die Universitäten Italiens: »Während Wir also die Bände der Werke ... wälzten ... begegneten Unsere Augen zuweilen verschiedenen Sammelwerken der logischen und mathematischen Schriften des Aristoteles und anderer Philosophen ... In dem Willen also, die ehrwürdige Beispielhaftigkeit solcher Werke ... bei Uns durch Übersetzung bekannt zu machen, befahlen wir dringend, sie ... zu übersetzen ... Ihr also, Ihr gelehrten Männer, die Ihr aus den alten Brunnen klüglich neue Wasser zu schöpfen wißt, die Ihr den dürstenden Lippen vielfältige süße Tränke bereitet, nehmt diese Bücher als ein Geschenk Eures gnädigen Kaisers dankbar entgegen, und legt nach den Werken der alten Philosophen, die durch Euer Wort neues Leben gewinnen und deren Ruhm Ihr vergrößern sollt, ihre Lehrsätze, wie es sich gebührt, weise aus!«

»Forschender Mensch und Liebhaber der Weisheit«, hat Manfred seinen Vater genannt. Und wo der Kaiser Probleme nicht verstand, da stellte er Fragen an diejenigen, bei denen er Wissen und Verstand vermutete. In Ägypten suchte er Aufklärung über optische Fragen: »Warum sieht man Ruder, Lanzen und alle geraden Körper, von denen ein Teil in klares Wasser taucht, nach der Wasserfläche zu gekrümmt?« Michael Scotus stellt er Fragen, die komplizierter sind, wie denn Gott im Himmel throne, wie ihn Engel und Heilige begleiten, ob es außer Luft und Wasser weiteres gebe, was die Erde trage. Oder ganz einfach: »Daher bitten wir Dich bei Deiner Liebe zur Weisheit ... Du mögest Uns die Grundlage der Erde erklären.« Von Ibn Sab'în, einem der größten Gelehrten der Epoche, ließ er sich Grundfragen der Philosophie erläutern. Er erkundigte sich nach der Lehre des Aristoteles, die Welt existiere von Ewigkeit, er fragt nach dem Zweck der Metaphysik, nach den Kategorien und ihrer Zahl, nach der Unsterblichkeit der Seele. Der wohl etwas ratlose Gelehrte bemängelt die Ungenauigkeit der Fragen, erläutert sie dann in der Tradition der Mystik des Sufismus und verweist auf die Vorzüge des Islam. Ob Friedrich von diesen Ideen nur gehört hat, ob er wirklich mit allen Grundproblemen vertraut war und die Fragen selbst formuliert hat oder sie durch seine Hofgelehrten zusammenstellen ließ, bleibt die Frage. Zusammen mit der päpstlichen Propaganda über den Epikuräer und gottlosen Friedrich ergab dies das Bild eines Skeptikers, der dem Christentum distanziert gegenüberstand. Nun bedeuten interessierte Fragen noch nicht, daß man eine bestimmte Meinung vertritt, und an den abendländischen Universitäten hat man ebendiese Probleme wenig später lebhaft erörtert, ohne daß die Professoren deshalb sofort stets der Ketzerei verdächtigt worden wären. Friedrich wollte nur die Meinungen von Experten hören, die er selbst keineswegs teilen mußte.

Zur Beobachtung der Natur, einem Steckenpferd des Kaisers, gehörte ebenfalls die Beobachtung der Gestirne, was auch die Araber wußten: »Der Sultan von

Babylon – el Ashraf – sandte dem Kaiser damals [1232] ein mit wunderbarer Kunstfertigkeit gearbeitetes Zelt, in dem die Bilder der Sonne und des Mondes auf kunstvolle Weise in Bewegung gesetzt, ihren Lauf in bestimmten und richtigen Zeiträumen vollenden und die Stunden des Tages und der Nacht untrüglich anzeigen. Der Wert dieses Zeltes soll den Preis von zwanzigtausend Mark überstiegen haben. Es wurde unter den königlichen Schätzen von Venosa aufbewahrt.« Dieses Astrolabium zählte Friedrich zu seinen kostbarsten Besitztümern, und er sann lange nach, wie er sich für dieses Geschenk erkenntlich zeigen könnte. Schließlich schickte er den staunenden Arabern einen weißen Pfau und einen Eisbären. Das Zelt ließ er sich sogleich nach Oberitalien nachsenden, und in seiner Besitzerfreude führte er das Astrolabium dem beeindruckten Abt von Sankt Gallen vor, der daheim seinen Mönchen davon berichtete.

Die Kirche verfolgte Friedrichs gläubiges Interesse an der Astrologie mit Mißtrauen, obwohl auch Innocenz III. einen Nekromanten an der Kurie bestallt hatte. Vor allem in der arabischen Welt wurden Berechnungen des Zusammenhangs zwischen dem Lauf der Gestirne und den menschlichen Befindlichkeiten und Geschicken gepflegt, und in Michael Scotus hatte Friedrich einen Fachmann an seinem Hofe. Astrologie war eine exakte Wissenschaft, an die viele Fürsten Europas glaubten, auch der Kaiser ließ sich für den Vollzug der Ehe und für mancherlei Unternehmungen von seinem Hofastrologen Michael Scotus, später Theodor von Antiochien, die günstige Stunde errechnen. Die Berechnungen ließen sich genau durchführen, wenn auch für den Sterndeuter die Gefahr bestand, durch Gefühle und andere Einflüsse zu falschen Ergebnissen zu kommen. Er selbst lieferte dem Herrscher Expertisen für den Verlauf des Lombardenkriegs.

Auf Geheiß seines kaiserlichen Herrn verfaßte Michael Scotus eine Einführung in das Wissen seiner Zeit für Anfänger und Unwissende, von der der »Liber introductorius« der erste Teil ist *(Abb. 44)*. Es ist eine Mischung aus einer Enzyklopädie des Wissens und allerlei mystischen Vorstellungen über Sphären und deren Bewohner, Sphärenklänge, Sternbilder und dergleichen. Unter den Kopien des 14. Jahrhunderts ist jene aus München nicht nur die früheste, der Kodex geht in seiner Ausstattung auf das Original zurück, da sich Anklänge an spanische Handschriften des 12. Jahrhunderts nachweisen lassen. In Spanien hatte Michael der Schotte einst studiert und sich mit antikem Bildungsgut vertraut gemacht, auf das die Zeichnungen zurückgehen, angereichert freilich durch arabische Weisheit.

Tradition hatte die gelehrte medizinische Schule von Salerno, deren geistige Wurzeln ebenfalls im arabischen Raum zu suchen sind, und die auch schon zu

Experimenten schritt. Da man aber Hantieren mit menschlichen Körpern als Angriff auf die Menschenwürde empfand, entstand eine denkwürdige »Anatomie des Schweins«. Ansonsten arbeitete man vorwiegend an der Theorie, übersetzte Antikes und Arabisches und war das anerkannte Zentrum medizinischer Studien im Abendland. Friedrich interessierte sich sehr für Medizin, an seinem Hof entstand eine Reihe von medizinischen Abhandlungen.

Direkt auf die Zeit Friedrichs und seines Sohnes Manfred und auf die medizinische Schule zu Salerno geht eine Sammelhandschrift zurück, die durch ihre kostbare Ausstattung auffällt. Der heute in der Österreichischen Nationalbibliothek in Wien aufbewahrte Kodex, eine reich illuminierte Handschrift, gilt als das verbreitetste Arzneimittelbuch des Mittelalters. Sie ist eine Sammlung botanisch-medizinischer Abhandlungen verschiedener, meist fiktiver, spätantiker Autoren, entstanden im frühen 13. Jahrhundert. Das Wiener Exemplar schmücken zusätzlich zu den Deckfarbenbildern zahlreiche Federzeichnungen, die wohl ein halbes Jahrhundert später eingefügt wurden, »allesamt reizvolle Darstellungen aus der Sprechstunde des mittelalterlichen Arztes«, wie der Herausgeber meint. Diese »Medicina antiqua« war außerdem das erste Pflanzen- und Medizinbuch, das gedruckt wurde und bis ins 16. Jahrhundert Bedeutung hatte, wobei seine Anziehungskraft vor allem in den Anweisungen für die »magischen« Kuren bestand, da die pharmazeutischen Wirkungen wohl selten den Ankündigungen entsprachen. Der Band enthält ungefähr eintausendneunhundert Kuren, Behandlungsmethoden, Beschwörungen und praktische Anleitungen, auch Ratschläge für das tägliche Leben. So werden Mittel beschrieben gegen Kopfschmerzen, Verdauungsbeschwerden, Husten, Vergiftungen, Fieber, Tierbisse und vieles andere mehr, auch Tips zur Kosmetik fehlen nicht. Er preist allerdings auch »die erste Kur für den, der auf der Straße sicher reisen will«, an *(Abb. 45)*. »Wenn du die Pflanze Heraclea mit dir trägst, brauchst du Räuber nicht zu fürchten; sie vertreibt diese, weil sie statt eines Reisenden viele Personen sehen.« Nicht nur die Pflanzenbilder, auch die Behandlungsdarstellungen gehen auf antike Vorbilder zurück. Die ungewöhnlich prachtvolle Gestaltung läßt vermuten, daß die Handschrift in die unmittelbare Nähe des staufischen Hofes gehört hat.

Friedrich ließ die Doktoren zu Salerno gewähren, sein Beitrag war profaner Natur. Im Liber Augustalis erließ er eine Ordnung für das Studium – drei Jahre Logik, fünf Jahre Fachstudium, ein Jahr als Assistenzarzt – und regelte die staatliche Approbation gleich mit. »Weil die Wissenschaft von der Heilkunst niemals ohne gewisse Vorkenntnisse der Logik verstanden werden kann, bestimmen Wir, daß niemand Medizin studieren darf, wenn er nicht vorher mindestens drei Jahre lang der Wissenschaft von der Logik obliegt. Wenn er will, darf er nach drei Jahren zum Studium der Heilkunst übergehen, dem er sich fünf Jahre widmen soll, wobei er die Chirurgie, welche ein Zweig der Medizin ist, innerhalb der vorerwähnten Zeit mitlernen muß. Nachdem er sich einer Prüfung entsprechend der Bestimmung des Hofes unterzogen und außerdem über die genannte Studienzeit ein diesbezügliches Zeugnis von den Magistern erhalten hat, darf ihm anschließend – und nicht vorher – die Bestallung zur Ausübung des Heilberufs erteilt werden. Ein solcher Arzt soll schwören, er wolle die bislang geltende Vorschrift des Hofes einhalten, wobei hinzuzufügen ist, er wolle dem Hof Meldung machen, falls zu seiner Kenntnis gelangen sollte, daß irgendein Apotheker minderwertige Heilmittel herstellt, und er werde Armen seinen Rat unentgeltlich erteilen ... Nach Abschluß der fünfjährigen Ausbildung soll ein Mediziner gleichwohl nicht selbständig, sondern ein volles Jahr lang nur unter Anleitung eines erfahrenen Arztes den Heilberuf ausüben dürfen. Die Magister indessen müssen während dieser fünf Jahre in den Vorlesungen anhand der echten Werke des Hippokrates wie des Galen sowohl in der theoretischen als auch in der praktischen Heilkunst unterrichten. Ferner bestimmen Wir mit dieser nützlichen Konstitution, daß ein Chirurg nur dann die Bestallung zur Berufsausbildung erhält, wenn er schriftliche Zeugnisse von an der medizinischen Fakultät lesenden Magistern beibringt, daß er wenigstens ein Jahr lang den Zweig der Heilkunde studiert hat, welcher die Kenntnis der Chirurgie vermittelt, und daß er besondes die Anatomie menschlicher Körper in den Vorlesungen erlernt hat und in demjenigen Zweig der Medizin ausgebildet worden ist, ohne den Operationen weder mit Aussicht auf Erfolg vorgenommen noch nach ihrer Ausführung ausgeheilt werden können.«

»Wir haben den besonderen Nutzen vor Augen, wenn Wir für die allgemeine Wohlfahrt der Getreuen Vorkehrungen treffen. Indem Wir also den schweren Nachteil und nicht wiedergutzumachenden Schaden erwägen, welcher aufgrund der Unerfahrenheit von Ärzten eintreten könnte, gebieten Wir, daß künftig niemand unter Führung des Arzttitels anders den Heilberuf oder die Heilkunst auszuüben sich unterfangen darf, als wenn er vorher zu Salerno auf einer öffentlichen Sitzung der Magister durch deren Ausspruch für tauglich befunden worden ist. Tritt er mit schriftlichen Zeugnissen der Magister ebenso wie der von Uns ernannten Beamten über seine Zuverlässigkeit und sein ausreichendes Wissen versehen vor Uns oder – im Fall Unserer Abwesenheit vom Königreich – vor denjenigen, welcher in Unserer Vertretung im Königreich zurückgeblieben ist, so soll er von Uns oder diesem Vertreter die Bestallung zur Ausübung der Heilkunst erhalten. Die Strafe der Einziehung des Vermögens und einjähriger Gefängnishaft droht denen, welche es wagen sollten, diesem Erlaß Unserer Durchlaucht zuwider künftig dem Heilberuf nachzugehen.« Weil der Staufer das Gesundheitswesen regelte, schuf er den Beruf des Apothekers gleich mit, dessen Ausübung ebenfalls an Kenntnisse gebunden war. Vor allem aber verbot er den Ärzten, selbst Heilmittel zu verkaufen oder auch nur Anteile an einer Apotheke zu besitzen.

Standen bei der Medizin Staatsinteresse und Friedrichs Eifer, öffentliche Dinge bis ins Detail von oben zu regeln, im Vordergrund, so hat er sich für Veterinärmedizin und Zoologie selbst sehr interessiert. Seine berühmten Menagerien dienten ihm zu Repräsentation, Unterhaltung und Wissenssteigerung; Viehzucht, vor allem Pferdezucht, war ihm durch die Domänenbetriebe vertraut, und alle wilden Tiere kannte er durch die Jagd. Jordanus Ruffus schrieb im Anschluß an byzantinische Traktate ein sechsteiliges Werk über die Pferdekunde, bei dem er »über alle beschriebenen Dinge in hohem Maße vom Kaiser selbst Belehrung empfangen« habe – die erste abendländische Veterinärkunde. Einen arabischen Traktat über die Vogeljagd ließ sich der Kaiser übersetzen, um ihn dann während der langen Belagerung von Faenza zu studieren.

Was den Kaiser seinen Mitmenschen zu einer unheimlichen Gestalt machte, waren seine Experimente, da der Epoche Versuch und Versuchung keinen großen Unterschied bedeutete. Friedrich wurde zu einer Art Magier stilisiert, und über seine Wißbegier gingen die seltsamsten Geschichten um. Für einen Salimbene von Parma waren die Experimente, die er vom Hörensagen kannte, schlicht »Wahnideen«; was davon einen wahren Hintergrund hatte, wissen wir nicht. So soll er einen Taucher in die Fluten der Straße von Messina geschickt haben, damit er die Tiefe ergründe, wobei dieser als Beweis, daß er auch wirklich den Grund erreicht hatte, einen vom Herrscher hineingeworfenen goldenen Becher heraufholen sollte. Außerdem soll er, um festzustellen, wer besser verdaue, zwei Männer haben speisen lassen, um danach den einen zur Jagd und den anderen zu Bett zu schicken. Anschließend habe er die Entleerung ihrer Bäuche angeordnet, um festzustellen, wer besser verdaut habe. Nach dem Urteil seiner Ärzte fördere der Schlaf die Verdauung. Angeblich wollte er wissen, welche Sprache Kinder sprächen, wenn man niemals mit ihnen rede oder ihnen »schöntue«. Infolge dieser unmenschlichen Behandlung seien alle verstorben. Friedrich habe auch einen Mann in ein Faß sperren und sterben lassen, um festzustellen, wo die Seele nach dem Tode bleibe. Das alles sind Gerüchte, die die antikaiserliche Propaganda ausstreuen ließ und die ob ihrer Schauerlichkeit offene Ohren fanden. Man wollte dem Publikum darlegen, daß für Friedrich ein Menschenleben nicht zähle und seine Neugier verderblich sei. Friedrich seinerseits berichtet sehr wohl von Experimenten an Tieren. Er ließ Falken die Augen vernähen, um feststellen zu können, ob sie Nahrung durch Sehen oder durch Riechen erkennen. Er veranlaßte den Bau von Brutkästen, um das Brüten, das Auskriechen oder die Lage der Küken im Ei verfolgen zu können. Beobachtung der Natur, danach strebte er.

Gelehrsamkeit und edles Vergnügen fanden sich im Jagdeifer des Kaisers zusammen. Falkenjagd und Falknerei waren seine große und bekannte Leidenschaft, über die man sich im Abendland Geschichten erzählte: »Der König der Tartaren schrieb an Kaiser Friedrich und forderte ihn auf, er möge sich bereitfinden, irgendein Amt an seinem Hof sich auszusuchen und sein Land von ihm zu Lehen zu nehmen. Darauf soll der Kaiser geantwortet haben, daß er mit Vögeln gut Bescheid wisse und zum Falkner wohl geeignet sei.« Die Jagd war der edelste Sport, eines Königs würdig, und die Vogeljagd die vornehmste Art zu jagen überhaupt. Dies geht daraus hervor, daß sie dem Jäger die äußerste Selbstzucht auferlegt, die nur durch eine asketische Lebensführung erreicht werden kann. Die Falkenjagd hat daher auch eine ethische Begründung. Er sammelte Falken aus der Arktis und Malteser Falken, korrespondierte mit aller Welt über diese Fragen und ließ auch ein einschlägiges Werk aus dem Arabischen übersetzen – sein Ruf als Experte war überragend. Es blieb dem Biographen seines Feindes Gregor IX. vorbehalten, Friedrich auch hierin zu schmähen: »Dieser Kaiser war tüchtig im Waffenhandwerk, aller Sprachen kundig, ausschweifend, epikureisch; er kümmerte sich um nichts und glaubte nichts, es sei denn Weltliches; er war der Hammer der Römischen Kirche. Er verwandelte den Namen der Majestät in das Amt eines Jägers, schmückte sich nicht mit Waffen und Gesetzen, sondern umgab sich mit Hunden und schreienden Vögeln, er vertauschte das Zepter seiner Erhabenheit mit dem Jagdspeer und unter Hintansetzung der Rache an seinen Feinden läßt er die Adler des Triumphes auf den Vogelfang los.« Auch wenn der Staufer die Staatsgeschäfte wichtiger nahm als seine geliebte Jagd, so war sie doch, wo immer er gerade Hof hielt, seine Zerstreuung. Seine Hauptstadt Foggia in Apulien umgab er mit einer Fülle von Jagdstationen und einem Kranz von Jagdschlössern, deren berühmtestes Castel del Monte ist.

Die Krone Apuliens

»Als weithin sichtbares, die unermeßliche Ebene beherrschendes Wahrzeichen nennt es das Volk das Belvedere oder den Balkon Apuliens. Man könnte es noch passender die Krone Apuliens nennen. Denn gleich einer Mauerkrone ruht dieses gelbe Schloß auf jenem Hügel. Wie das Diadem des Hohenstaufenreichs, das herrliche Land krönend, erschien es mir, wenn es die Abendsonne von Purpur und Gold funkeln ließ«, schrieb Ferdinand Gregorovius 1875 *(Abb. 46)*. Es ist das eigenwilligste Bauwerk, das unter Friedrich gebaut worden ist, und obwohl er es vielleicht niemals in seiner Vollendung gesehen hat, trägt es doch deutlich seine Handschrift. Die Baumeister selbst, wohl seine Zisterzienser-Bauhütte, übernahmen Formen der Frühgotik aus der Champagne und aus

Burgund, aber auch andere Elemente. Antikes, Orientalisches und Einheimisches flossen hier zusammen zu einer Form, die einmalig heißen darf. Donjon und quadratisches Kastell, das in seinen Grundformen bis zu den Römern zurückzuverfolgen ist, gehen hier eine Verbindung ein. Um einen zentralen achteckigen Hof, in dessen Mitte ein Brunnen gestanden haben wird, der aus Zisternen gespeist wurde, erhebt sich ein zweistöckiges Bauwerk, dessen Geschoßgliederung wie später in der Renaissancearchitektur durch einen umlaufenden Sims betont wird. Die Außenkanten dieses Oktogons werden jeweils durch einen achteckigen Turm abgeschlossen, der dem Gebäude vorgestellt ist und dieses kaum überragt. Die Sonne Apuliens läßt die Formen und Konturen des Baukörpers klar hervortreten. Das Eingangstor ist als Triumphbogen ausgeführt, was die kaiserlich-staufische Intention des Baues unterstreicht.

Im Inneren gibt es in jedem Geschoß acht trapezförmige Räume, die in der Manier der Zisterzienserarchitektur mit Kreuzrippen gewölbt sind *(Abb. 47)*. Von der sicherlich luxuriösen Ausstattung hat sich nichts erhalten, von den Sanitäranlagen, der Lüftung und vielleicht sogar einer zentralen Versorgung der Öllampen gibt es nur geringe Reste. Weil die Räume nicht gleichmäßig Durchgänge bieten und man von einzelnen Treppenaufgängen nur zu bestimmten Sälen gelangt, hat man vielfach über den Sinn dieses »Labyrinths« spekuliert, dabei den Fall der Schatten mit dem Lauf der Gestirne in Verbindung gebracht und in den Maßen Nachweise für Friedrichs wissenschafliche Interessen entdeckt. Überhaupt hat man in der Krone Apuliens alle möglichen Aspekte staufischen Geistes erkennen wollen. Immerhin wird man feststellen dürfen, daß Zentralbauten oft Herrschaftsarchitektur darstellen, sei es nun das Pantheon in Rom, San Vitale in Ravenna, die Hagia Sophia in Konstantinopel, die Aachener Pfalzkapelle oder auch der Felsendom in Jerusalem. Und das Achteck ist auch Symbol des Reiches selbst: Achteckig ist die Pfalzkapelle in Aachen, achteckig der goldene Leuchter, den einst Friedrich Barbarossa, der Großvater, diesem Krönungsort der deutschen Könige gestiftet hatte, und achteckig ist nicht zuletzt die Reichskrone. So wie die Erhabenheit der Kirchenbauten die Verbindung der Kirche mit Gott symbolisiert, mag Castel del Monte im Sinne der staufischen Reichsidee die unmittelbare Abkunft des Kaisertums von Gott darstellen.

Die Kunst mit Vögeln zu jagen

Als persönlichstes Dokument des Kaisers muß sein großes Buch über »Die Kunst, mit Vögeln zu jagen« (De arte venandi cum avibus), gesehen werden. Jahrzehnte trug Friedrich sein Wissen zusammen, und daraus ist ein gelehrtes Buch entstan-

Abb. 41
Das Kastell in Termoli

Abb. 42
In der Burg von Lagopesole

Abb. 43
Ruine des Jagdschlosses Gravina di Puglia

Abb. 44
Erklärung von Sternbildern, aus einer späteren Handschrift des Liber introductorius von Michael Scotus. München, Bayerische Staatsbibliothek, Cod. clm. 10268, fol. 82

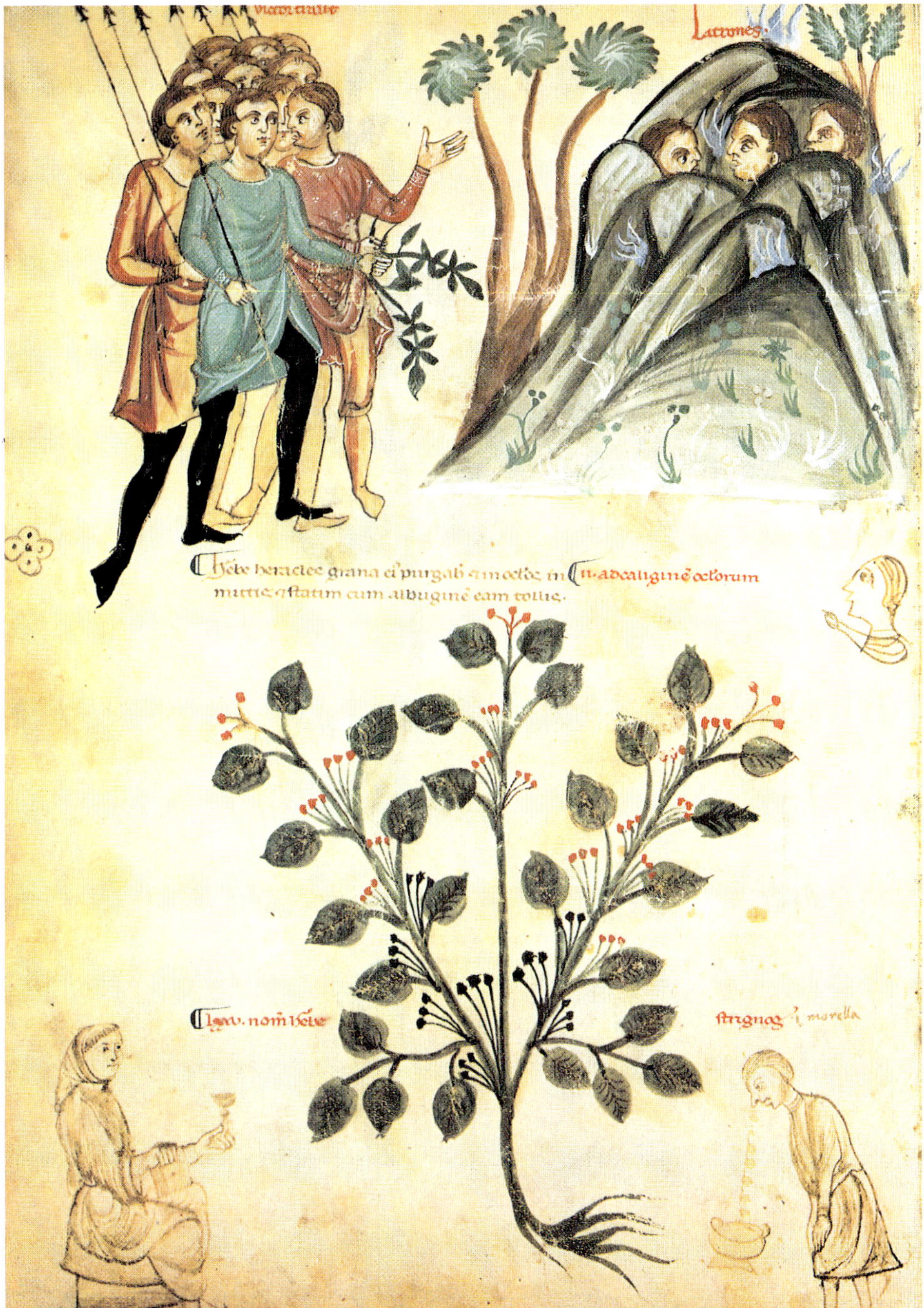

Abb. 45
Heilpflanzen – Darstellung aus einem Sammelband medizinischer Handschriften. Wien, Österreichische Nationalbibliothek Cod. Vind. 93, fol. 56v/57r

Abb. 46
Castel del Monte

Abb. 47
Sogenannter Thronsaal im Obergeschoß. Castel del Monte

Abb. 48
Der thronende Kaiser aus der »Manfred-Ausgabe« des Falkenbuchs. Rom, Biblioteca Apostolica Vaticana, Cod. Pal. lat. 1071, fol. 1v

den, das für Jahrhunderte zum Standardwerk wurde. Sein Sohn Manfred hatte ihn schließlich dazu überredet, sein Wissen niederzulegen: »Wir verschoben jedoch, obgleich Wir Uns seit langer Zeit vorgenommen hatten, Gegenwärtiges zu verfassen, Unseren Vorsatz, es schriftlich niederzulegen, fast dreißig Jahre lang, da Wir nicht glaubten, damals allem Genüge zu tun, und zwar nicht gelesen hatten, daß jemals einer vorhergegangen sei, der den Stoff dieses Buches zusammenzufassen versucht hätte, jedoch gewisse Stücke von einigen, lediglich vom Sehen bekannt und nicht kunstgemäß, überliefert waren. Deshalb haben wir oft und oft mit Sorgfalt untersucht, was diese Kunst betraf, indem Wir Uns theoretisch und praktisch darin übten, damit Wir einmal fähig sein könnten, das in einem Buche zusammenzutragen, was Unsere eigene Erfahrung gelehrt hatte oder die anderer, die Wir, weil sie in der Ausübung dieser Kunst erfahren waren, nicht ohne große Kosten aus der Ferne zu Uns berufen hatten und, von überall her berufen, bei Uns hatten, indem Wir alles, was sie besser wußten, benutzten und ihre Aussagen und ihr Verfahren dem Gedächtnis anvertrauten. Obgleich Wir häufig durch dringende und fast unentwirrbare Geschäfte gehindert waren, die die Lenkung des Reiches und der Länder mit sich brachte, so haben Wir doch dieses Unser Vorhaben den genannten Geschäften nicht hintangestellt.«

Bemerkenswert ist die Methode des Buches, das ein wissenschaftliches Werk genannt zu werden verdient. Nach strenger Methode vom Allgemeinen zum Besonderen fortschreitend, basiert es auf den Schriften der Alten, die jedoch an der eigenen Beobachtung und am Experiment gemessen werden. Und dies war der Zeit etwas durchaus Neues: »Beim Schreiben sind Wir auch, wenn es erforderlich war, dem Aristoteles gefolgt; in manchen Dingen scheint er jedoch, wie Wir aus Erfahrung lernten, besonders bezüglich der Natur bestimmter Vögel, von der Wahrheit abzuweichen. Deshalb folgen Wir dem Fürsten der Philosophen nicht in allem; denn selten oder niemals hat er die Jagd mit Vögeln ausgeübt. Wir aber haben sie immer geliebt und immer betrieben. Bei vielem aber, was er in seinem Buche über die Tiere erzählt, sagt er, so hätten es andere berichtet; das aber, was andere so sagten, sah er weder selbst, noch haben es seine Gewährsmänner gesehen; eine sichere Gewißheit erlangt man durch Hörensagen nicht. Daß aber viele mancherlei Bücher schrieben, keiner aber der Kunst gemäß, ist ein Zeichen dafür, daß diese Kunst außerordentlich schwierig und ziemlich ausgedehnt ist. Und Wir glauben, daß Edle, die weniger beschäftigt sind als Wir, sofern sie dieser Kunst ihre Mühe zuwenden, mit Unterstützung dieses Buches ein besseres verfassen können, da bei der Beschäftigung mit dieser Kunst unaufhörlich Neues und Schwieriges auftaucht.« Die Falknerei hatte am Hofe Friedrichs stets zwei Aspekte: Zum einen gehörte die Falknerei zum Amt des königlichen Jagdmeisters und galt als Handwerk, zum anderen aber war sie Wissenschaft eines Gelehrtenkreises, denn nur so lassen sich die zahllosen Einzelheiten, die im Werk verarbeitet sind, erklären.

Die heute erhaltene Prunkhandschrift aus dem dritten Viertel des 13. Jahrhunderts wurde auf Anregung König Manfreds abgeschrieben. Später kam sie als Kriegsbeute nach Frankreich und gelangte auf weiten Umwegen schließlich in den Vatikan. Es ist der Ersatz jenes Originals des Kaisers selbst, das offenbar während der Belagerung von Parma als Kriegsbeute in die Hände des Feindes gefallen ist. Mit diesem muß die Handschrift Manfreds in der Ausstattung weitgehend übereinstimmen, hat doch der Mailänder Guilielmus Bottatius das Original 1264/65 Karl von Anjou angeboten und in dem Schreiben jenen Codex beschrieben, das Werk Kaiser Friedrichs II., das diesem »mehr als alles, was ihn sonst freute, teuer war«. Es ist dies eine Handschrift, »deren bewunderungswürdige Schönheit und Bedeutsamkeit zu schildern Worte nicht im mindesten ausreichen dürften. Denn mit Gold- und Silberzier kunstvoll geschmückt und mit dem Bild der kaiserlichen Majestät versehen, vermittelt dieses Buch – umfangmäßig der Stärke zweier Psalter entsprechend – in wohlgeordneter Kapiteleinteilung alles Erfahrens- und Wissenswerte über Habichte, Falken, Gerfalken, Sperber und die übrigen edlen Vögel sowie über Hunde, deren Aufzucht und Abrichtung, ihre Krankheiten und deren Ursachen, Anzeichen und gleicherweise ihre Heilung. Dort wird auch dargetan, wie ein Beizvogel, wenn er abstreicht, auf wunderbare Weise zurückgeholt werden kann und soll. Außerdem werden die verschiedenen Jagdarten beschrieben, und es wird geschildert, wie der Jäger sich zu verhalten hat, will er es in der Kunst der Beize zur Vollkommenheit bringen. Zum Schmuck und zum Nutzen des Werks sind auf den Rändern des Buches aufs kunstvollste Hunde und Vögel dargestellt, ihre Krankheiten und deren Anzeichen, ihre Pflege und Unterweisung sowie alles, wie es im Text angegeben ist.«

Diesem eben geschilderten Original dürfte die Handschrift aus dem Vatikan selbst in Einzelheiten gleichen. Die Herrschergestalt der Einleitung *(Abb. 48)* gleicht in ihrer Form anderen Bildern des Kaisers aus der ersten Hälfte des 13. Jahrhunderts (vgl. Abb. 35). Einziger Hinweis auf den Platz im Falkenbuch ist der Raubvogel, der zur Linken des Kaisers auf einem Gestell sitzt. Von den zahlreichen Jagdszenen, Tierdarstellungen und Vögeln, welche die Ausführungen des Originals illustrierten, gibt auch die Abschrift noch eine lebhafte Vorstellung *(Abb. 49)*.

Das Falkenbuch des Kaisers ist ein Grundriß der Ornithologie, denn das erste Buch handelt von den Vögeln allgemein, das zweite wendet sich den Jagdfalken zu, denen Friedrichs ständige Aufmerksamkeit galt. Erst die letzten vier Bücher gehen auf das Thema der Abrichtung von Jagdvögeln ein. Tausende von Einzelbeobachtungen wurden hier in eine systematische Form gebracht, und Friedrich hat wohl

Zeit seines Lebens ergänzende Notizen gemacht, die sein Sohn Manfred später in eine Überarbeitung eingebracht hat. Die nüchterne Betrachtung der Welt so wie sie ist, kennzeichnet das Werk.

Sizilische Dichter

Die Beherrschung der Kunst des Waffenhandwerks, das Bemühen um die Bildung, die Pflege der Gerechtigkeit – dies alles waren Anforderungen, die die Zeit an einen ritterlich lebenden Idealherrscher stellte. Zu diesem Kanon gehörten auch das Spiel der höfischen Minne und die Dichtung. Wie sollte also der sizilische Großhof darin eine Ausnahme sein? Hier hat die italienische Dichtung ihren Ausgang genommen. Der Hof zog die Dichter aus dem Königreich ebenso an wie jene aus der Toskana und aus Ligurien. Sie schufen die sizilische Dichtung, die dem »dolce stil nuovo« eines Dante Alighieri direkt voranging. Dieser konstatiert denn auch: » Weil aber die erlauchten Heroen, Kaiser Friedrich und Manfred, sein wohlgeratener Sohn, Adel und Recht ihrer Form offenbarten ... haben die adligen Herzens und die Begnadeten der Erhabenheit solcher Fürsten anzuhangen getrachtet, so daß zu ihrer Zeit, was immer an hohen Geistern unter den Lateinern glänzte, zuerst am Hofe solcher Kronenträger aufkeimte. Und weil der königliche Thron Sizilien war, so ist es geschehen, daß alles, was unsere Vorgänger im Volgare hervorgebracht haben, sizilisch genannt wird; und das behalten auch wir bei, und unsere Folger werden es nicht ändern können«. Es gelang, aus dem rauhen und ungestalten Volgare des Südens eine neue, sich zur Dichtung eignende Volkssprache zu formen. Form und Inhalt blieben im Rahmen der Konvention. Reichsitalien pflegte damals provençalisches Liedgut, und wie die Lombarden etwas früher, hat man ebenfalls von dort die Themen übernommen. Allerdings ging bei der Verpflanzung der Dichtkunst aus der adlig-feudalen Kultur Südfrankreichs nach dem südlichen Italien der Großteil der dort geschätzten Themen verloren. Einzig die Liebesdichtung in einer reichlich konventionellen und erstarrten Form hat man übertragen. An Zeitsatire hatte der kaiserliche Hof keinen Bedarf. Die Wortbilder und -spiele entsprachen europäischem Geschmack der Zeit, wie man sie auch in der mittelhochdeutschen und nordfranzösischen Dichtung findet. Die Form ist zumeist die der Canzone, deren Wurzel allgemeineuropäisch ist. Eine genuine Leistung freilich war die komplizierte Liedform des Sonetts. Es wird zumeist dem begabtesten der Dichter, dem Juristen Giacomo da Lentini zugeschrieben, der in Dichterkreisen allgemein »der Notar« genannt wurde. Seine formale Brillanz und sprachliche Eleganz wurde von den Zeitgenossen sehr bewundert.

In den dreißiger Jahren des 13. Jahrhunderts zeigen sich erste Blüten dieser neuen Kultur, deren Anfänge wohl immer im Dunkeln bleiben werden. Auch der Kaiser selbst hat sich am galanten Wortspiel beteiligt, für ihn ein amüsanter Zeitvertreib; seine Reime entsprachen in Form und Inhalt völlig der Konvention:

Da es, o Liebe, dir gefällt,
Daß ich ein Lied soll singen,
So gib es auch in meine Macht,
Daß es mir glückt und ichs vollende.
Nur dies mein Herz in Atem hält,
Euch, Herrin, Lieb darzubringen,
Und darauf bin ich nur bedacht,
Wie ich vor euch wohl Gnade fände.
Ich werde mich von euch nicht trennen,
Die ihr so ausgezeichnet seid,
Und die ich liebe voller Zärtlichkeit.
Nehmt hin die Liebe, die ich spende.
Die Kraft mir, edle Herrin schenkt,
Daß sich mein Herz vor Euch nur senkt.
(Freie Nachdichtung von C. A. Willemsen)

Friedrichs Verdienst war es, seiner Umgebung am sizilischen Großhof jenes geistige Klima geboten zu haben, in dem die älteste Dichtung im Volgare ermöglicht wurde. Auch König Enzio, Manfred und Friedrich von Antiochien, seine Söhne, beteiligten sich am Spiel mit der gebundenen Sprache. Von ihnen sollen sich einige Gedichte erhalten haben, Enzio gedenkt seiner Liederhefte noch im Testament, und die Begeisterung Manfreds für Dichten und Singen wird einerseits gerühmt, andererseits angesichts der schweren Zeiten aber auch getadelt.

Neben Mitgliedern des staufischen Hauses finden sich im Dichterkreis Angehörige führender Familien des Königreichs. Nicht weniger als drei Grafen von Aquino haben sich als Dichter betätigt, von denen Rainald der begabteste gewesen ist. Er begann – und dies ist für etliche aus diesem Kreise typisch – als Valet, also Knappe, und Falkner des Kaisers, erlernte so die Haltung eines Ritters in der nächsten Umgebung Friedrichs. Freilich überwiegen doch die kaiserlichen Beamten, und dies mag die Verarmung im Inhalt bei aller Brillanz der Form zum Teil erklären. Petrus de Vinea, des Kaisers Propagandist und Richter, vermochte auch seinen Gedichten Glanz zu verleihen, doch muß sich juristische Klarheit nicht mit lyrischer Tiefe paaren. Des Giacomo da Lentini wurde bereits als Notar gedacht, hinter dem Pseudonym Giacomino Pugliese verbirgt sich Jakob von

Morra, der Generalvikar der Marken, und Percival Doria diente dem Herrscher als Podestà in Avignon und Parma. Leider erwies sich diese Blüte der Dichtung als kurz. Im Königreich fanden die schönen Künste nach Manfred keinen Förderer mehr, aber auch in Mittel- und Oberitalien waren es Juristen und Philosophen, welche nun – was kaum gut gehen konnte – zunehmend die letzten Fragen der Welt und der Wissenschaften in Reime gossen. Erst der »dolce stil nuovo« eines Dante brach der Volkssprache die Bahn.

Der Hammer der Erde

Papst Gregor IX. hatte Friedrich 1239 erneut mit dem Bann belegt, und daraus erwuchs ein Kampf, der bis zum Tode des Staufers dauern sollte. Beide Seiten schickten ihre Kanzleischreiber in eine Propagandaschlacht um die Meinung des Abendlands, wie sie die mittelalterliche Welt bis dahin noch nicht gesehen hatte. Ein Beispiel sind die prophetischen Verse, die die kaiserliche Partei in Rom verbreiten ließ:

Vorgeschick will und Sternenlauf zeigt und Flug auch der Vögel:
Bald fürwahr werde ich, Friedrich, zum Hammer der Welt!
Roma, wankend schon lang, erschlafft in alter Verwirrung,
Wird zerbrochen und bleibt nimmer des Erdenrunds Haupt.

Die Nachricht vom Banne traf den staufischen Hof zu Padua: »Als man in Padua vernommen hatte, daß der Kaiser vom Papste exkommuniziert worden sei, ließ er unverzüglich eine große Versammlung im Stadthaus von Padua zusammenrufen. Und während er dort in seiner Majestät thronte, erhob sich der kaiserliche Richter Peter von Vinea, der in mannigfacher Kenntnis der göttlichen und menschlichen Weisheit und auch in der der Dichter bewandert war. An die Spitze seiner Rede aber stellte er jenes Wort Ovids: ›Was nach Verdienst du erleidest, das mußt du geduldig ertragen; Strafe, die unverdient, gibt dir zur Klage ein Recht.‹ Und indem er diese Weisheit klug zu seiner Absicht verwandte, setzte er dem Volke geschickt auseinander, daß da der Herr Kaiser ein so gütiger und gerechter Fürst und Herr der Gerechtigkeit sei wie nur irgendeiner, der seit Karl das Reich regiert habe, er sich mit Recht über die Leiter der heiligen Mutter Kirche beklagen und beschweren könne. Der Herr Kaiser selbst auch verschmähte es nicht, vor allem Volke zu bezeugen, daß er, falls die Exkommunikation gegen ihn mit Recht über ihn verhängt worden sei, bereit sei, sich auf alle Weise allen Anordnungen und Befehlen der Kirche zu unterwerfen; da nun aber diese Strafe ungerecht sei, möge sich keiner wundern, wenn sie in jeder Beziehung zu beklagen sei; ja, wenn er die Strafe verdientermaßen erdulde, so würde er sich entschließen, sie leicht und willig zu ertragen. Er wunderte sich daher über die Diener der Apostolischen Heiligkeit, daß ihr Spruch so unbesonnen in einen solchen Abgrund stürzte, daß hier, wo kein Vergehen vorausgegangen war, eine so unerhörte Strafe verhängt wurde.«

Die Feindschaft der Kurie hatte einen Sinneswandel am staufischen Hof hervorgerufen und all die Tendenzen verstärkt, die Friedrich schon seit langem mit den antiken Gottkaisern gleichsetzten. Friedrich nannte Verräter »Vatermörder«, die sich an ihrem »Schöpfer und Bildner« vergangen hätten, und Terrisius von Atina, Verfasser eines Preislieds auf Friedrich, blieb es vorbehalten, Friedrich eine »Sonnengottheit« zu nennen. Vor allem aber betonte man jetzt die Priestergleichheit des Herrschers, seine Ähnlichkeit mit Christus. Sanctus wurde ein geläufiges Beiwort des kaiserlichen Namens. Weihnachten 1239 bestieg der Gebannte die Kanzel und predigte dem Volk. Wenig später ließ er sich ein Kreuz vorantragen, segnete die Menge, seine Kanzlei bezeichnete den Übertritt von Städten zu ihm als »Bekehrung«. Die Worte Johannes des Täufers: »Bereitet dem Herrn den Weg und machet richtig seine Steige«, kündeten die Ankunft des Kaisers, sein Erscheinen wurde »der Augenblick Eurer Erlösung«. Petrus de Vinea preist die Herrlichkeit des Kaisers: »Unter der Hut eines solchen Fürsten also möge die Welt jubeln; denn einen solchen ersehnte der ganze Erdkreis als Herrn, einen solchen suchte die Gerechtigkeit als Verteidiger, einen solchen, der in der Macht tatkräftig, in der Tatkraft herrlich, in der Herrlichkeit gütig, in der Güte weise, in der Weisheit fürsorglich, in der Fürsorge menschlich sein werde.«

Die Kurie, selbst eingebunden in die Spekulationen über das bevorstehende Ende der Welt, machte Friedrich zum apokalyptischen Drachen, zum Vorläufer des Antichrist, ja zum Antichrist selbst. Höchste kirchliche Kreise glaubten an ihre Propaganda, die Minoriten verbreiteten sie, und Kardinal Rainer von Viterbo sorgte dafür, daß diese Gedanken immer weiter getragen wurden. Der Staufer antwortete ähnlich, der Ton wurde immer gereizter. Jetzt gab man auch dem Geraune über Friedrichs Unglauben freien Lauf. »Dieser König der Pestilenz hat offen erklärt, daß – um seine eigenen Worte zu gebrauchen – die ganze Welt von drei Betrügern, nämlich Christus, Moses und Mohammed, getäuscht worden sei; zwei seien wenigstens in Ehren, Christus selbst aber am Holze gestorben. Außerdem hat er mit eindeutigen Worten zu behaupten oder vielmehr zu lügen gewagt, daß alle töricht sind, die da glauben, daß Gott, der die Natur und alles geschaffen hat, aus einer Jungfrau geboren werden konnte. Diese Häresie bekräftigte er durch den Irrtum, daß keiner geboren werden könne, es sei denn, daß seiner Empfängnis die Vereinigung von Mann und Frau vorausgegangen sei. Der Mensch dürfe nichts glauben, was nicht durch die Natur und die Wissenschaft bewiesen werden könne.« Der Ausspruch über die drei Betrüger war eine

Wandersage, die sich jetzt an die Person des Kaisers heftete und die man weithin glaubte. Man sagte ihm nach, er habe politische Gegner aus dem Wege räumen lassen, habe sich sogar mit der Mordsekte der Assassinen in Syrien verbunden, die die Anschläge für ihn verübt hätte. Kein Gerücht schien niederträchtig genug, um nicht auf offene Ohren zu stoßen. In Frankreich glaubte man: »Dieser Friedrich führte ein geradezu epikureisches Leben und glaubte nicht an ein anderes Leben. Dies war der hauptsächliche Grund, warum er ein Feind der Geistlichkeit und der heiligen Kirche wurde. Sicherlich war Friedrich kein katholischer Christ, da er ausschweifend lebte und mit den Sarazenen gemeinsame Sache machte, selten aber oder niemals am Gottesdienst teilnahm.« Und Albert von Beham, päpstlicher Agent und Propagandist, nannte Friedrich »Fürst der Tyrannei, Zerstörer der kirchlichen Lehre und Verderber der Geistlichkeit, Umstürzer des Glaubens, Lehrer der Grausamkeit, Erneuerer der Zeiten, Zersplitterer des Erdkreises und Hammer der ganzen Welt!«

Aber auch die Einlassungen der kaiserlichen Kanzlei gegen das Papsttum waren in harschem Ton gehalten: »Zu Beginn der Erschaffung der Welt hat die vorausschauende und unaussprechliche Fürsorge Gottes, an der fremde Ratschläge keinen Anteil haben, an das Firmament des Himmels zwei Lichter gesetzt, ein größeres und ein kleineres: das größere, damit es den Tag, das kleinere, daß es die Nacht beherrsche. Diese beiden Lichter haben im Bereiche des Tierkreises ihre besonderen Aufgaben, so daß, wenn sie sich auch oftmals von der Seite anblicken, doch das eine das andere nicht stört, ja, das, das höher steht, läßt das tiefere an seiner Helligkeit teilnehmen. Ebenso hat dieselbe ewige Vorsehung auf der Feste der Erde zwei Herrschaften haben wollen: das Priestertum nämlich und das Kaisertum; das eine zum Schutz, das andere zum Trutz, damit der Mensch, der allzulange in seine beiden Bestandteile aufgelöst war, durch zwei Zäume gezügelt und so der Friede für den Erdkreis durch die Eindämmung aller Ausschweifungen gestiftet würde. Der da aber auf dem Lehrstuhl der verkehrten Lehre sitzt, der Pharisäer, gesalbt mit dem Öle der Bosheit über seine Genossen, der römische Priester Unserer Zeit, er ist bestrebt zu vernichten, was aus der Nacheiferung der himmlischen Ordnung herabgekommen ist, und glaubt vielleicht, sich so mit den höheren Dingen in Einklang zu setzen, die von der Natur und nicht von der Willkür bestimmt werden. Den Glanz Unserer Majestät will er zur Verfinsterung bringen; denn mit zur Fabel verwandelter Wahrheit, voll von Lügen, werden päpstliche Briefe in die verschiedenen Teile der Welt versandt, und mit Deutelei, nicht mit Vernunft, beschuldigen sie die Reinheit Unseres Glaubens.«

Gregor würde es nicht beim Bann belassen, dies wußte Friedrich gewiß. So hat er in Furcht vor einem Angriff auf Sizilien sein Erbreich völlig umgestaltet, er richtete es auf eine Kriegswirtschaft ein. In Süditalien und auf der Insel Sizilien wurde ein Generalkapitän eingesetzt, der direkt vom Großhof, der jetzt stets mit dem Kaiser zog, seine Weisungen empfing. Das alte Familiarenkolleg, das bisher in Abwesenheit des Herrschers regiert hatte, wurde abgeschafft. »Ich habe überall Gesandte und Boten und erfahre alles, was geschieht«, beteuerte der Staufer einmal dem General der Dominikaner, und in der Tat konnte er sein Reich aus der Ferne regieren. Seine Beamten, mochten sie auch teilweise immer wieder zu Klagen – besonders über Korruption – Anlaß geben, hatten das Land in festem Griff, sein Spitzelnetz war fein gesponnen.

Das Erbreich wurde für die Außenwelt geschlossen, wer eintreten wollte, brauchte einen Paß. Grenzburgen wachten, und die Küstenkastelle wurden beschleunigt ausgebaut. Jedes Schiff wurde auf Nachrichten hin durchsucht, Verkehr mit Rom rundheraus verboten. Und hatte sich Gregor immer wieder beschwert, Friedrich unterdrücke die sizilische Kirche, jetzt erfuhr er, was Unterdrückung wirklich heißen konnte. Die Bettelmönche wurden als Parteigänger des Papstes aus dem Land gewiesen. Jedem Geistlichen war es freigestellt, sich an das Verbot der Gottesdienste zu halten, gehorchte er aber dem Papst, ging er des gesamten weltlichen Besitzes seiner Kirche verlustig. Außerdem war er politisch verdächtig. Bistümer besetzte Friedrich jetzt nach seinem Gutdünken, die päpstliche Enklave Benevent ließ er zerstören. Ohne Ansehen des Standes, sei er Laie oder Priester, wurde jeder Anhänger des Gegners durch Konfiskation und Ausweisung bestraft. Aber auch seine Verwandtschaft hatte zu leiden, »daß sie wüßten Gott sei ein Eifrer, die Schuld der Väter an den Söhnen zu rächen«. Unsichere Kantonisten unter dem Lehensadel wurden entweder ins kaiserliche Heer nach Norditalien oder aber zum Kriegsdienst nach Palästina geschickt. Nach dem anfänglichen vereinzelten Widerstand blieb Sizilien in all den Kämpfen ruhig.

Nach dem nämlichen Modell organisierte er Reichsitalien. Zehn Generalkapitäne, deren Höfe das Modell der späteren Signorien werden sollten, verwalteten das Land im Namen des Kaisers. Für die Aufgaben des Staates zogen sie einen Schwarm ausgebildeter süditalienischer Beamter nach. Nicht überall fand dieses bewährte sizilische Zwangsmodell Gefallen, man schimpfte über das »apulische Joch«, die Fremdherrschaft des Südens. Es war ein neuer Versuch, die Lombarden doch noch zu bezwingen.

In diese Zeit gehört auch das Kastell von Prato *(Abb. 50)*, das wie ein Fremdkörper in der toskanischen Stadt liegt. Der Bauherr war Friedrich von Antiochien, unehelicher Sohn des Kaisers und dessen Stellvertreter hier im Norden, 1246 dann Generalvikar der Toskana und Podestà von Florenz. Diese Zwingburg gegen die Stadt, das Castello dell'Imperatore, entstand in den Jahren 1238 bis

1247, und ein Nachbar, der florentinische Chronist Giovanni Villani, sah sehr richtig, daß diese Festung zu den Bauwerken Friedrichs II. zu zählen sei und zu dessen Bautätigkeit im Regno durchaus dazugehöre. »In allen bedeutenden Städten Siziliens und Apuliens ließ er feste und prächtige Burgen errichten, die noch heute stehen. So ließ er das capuanische Kastell in Neapel bauen und in Capua an der Brücke über den Volturno die Türme und Tore, die überaus wunderbar sind. Er ließ das Vogelgehege im Sumpfgebiet von Foggia in Apulien anlegen, ein Jagdrevier in der Nähe von Gravina und ein weiteres in den Bergen bei Melfi. Im Winter weilte er in Foggia zur Falkenbeize, im Sommer in den Bergen, um dort nach Herzenslust zu jagen. Er ließ ferner das Kastell in Prato errichten und die Burg von San Miniato und viele andere beachtenswerte Bauten.« Der strenge quadratische Grundriß und die Ecktürme von Prato sind für Mittelitalien einzigartig; Zutat des Nordens sind die Zinnen, die nach der Mitte gekerbt sind. Sie haben ihre Vorbilder in den Mauerkronen zahlreicher Ghibellinenburgen Oberitaliens.

Im Jahre 1239 hatte Friedrich, um die Verbindung zwischen Ober- und Unteritalien zu sichern, die Marken und das Herzogtum Spoleto besetzt. Die Rechte des Papsttums achtete er nicht mehr, nach seinen Vorstellungen sollten die Provinzen dem Reich verbleiben. Im folgenden Jahr fiel er mit Heeresmacht in den nördlichen Kirchenstaat ein. Überall wurde er freundlich begrüßt, Viterbo und eine Zahl anderer Städte gingen zum Staufer über. Auch in Rom selbst faßte die Opposition Mut. Ihr hatte Friedrich geschrieben: »Eines bleibt noch übrig: Wenn Uns das ganze römische Volk geneigt ist und, wie es damit bereits begann, Unserem Kommen zujubelt, dann würden wir Uns bereiten, glücklich in die Stadt einzuziehen und des Imperiums alte Fasten und die Lorbeeren des Triumphs, wie sie den siegreichen Adlern gebühren, zu erneuern.« Der Marsch auf Rom begann, das Ende der Päpstlichen schien gekommen. Da riß Gregor das Ruder herum: In feierlicher Prozession zog er zu Petri Stuhlfeier, am 18. Januar, durch die Stadt, von einer grölenden Menge verhöhnt. Er zeigte ihnen ruhig die Häupter der beiden Apostelfürsten: »Hier sind die römischen Altertümer, um derentwillen eure Stadt verehrt wird! Hier die Kirche und hier die Reliquien der Römer, die ihr bis zum Tode zu schützen habt! Ich kann nicht mehr tun als ein anderer Mensch: aber ich fliehe nicht, denn hier erwarte ich die Barmherzigkeit Gottes!« Dann nahm er sich die Tiara vom Haupt und setzte sie schützend über die Reliquien: »Ihr Heiligen, verteidigt Rom, wenn die Römer Rom nicht mehr schützen wollen!« Das brachte den vollständigen Meinungsumschwung. Die Menge riß sich die kaiserlichen Adlerzeichen von den Kleidern und steckte sich Kreuze als Zeichen des Kampfes für die Kirche an. Friedrich blieb nur, in sein Erbreich zu ziehen. Gegen die »vom Kelche Babylons trunknen Römer« stieß er heftige Drohungen aus, ihr Babel, ihr Damaskus solle vor seiner Macht fallen.

Papst und Kaiser zu versöhnen, versuchten zwar viele, doch eine Einigung lag in weiter Ferne. Alles und jedes wurde nun auf die große Auseinandersetzung bezogen und erhielt dadurch sein Gewicht. Die Mongolen überrannten die russischen Fürstentümer, schlugen die Ungarn verheerend, vernichteten bei Liegnitz ein europäisches Ritterheer und bedrohten Europa. Zunächst hatte man in ihnen die Streiter jenes sagenhaften Priesterkönigs Johannes gesehen, der, aus Indien kommend, den Islam ausrotten sollte. Die Juden verbanden mit ihnen das Erscheinen König Davids als Messias, der im Jahre 5000 ihrer Zeitrechnung erscheinen sollte. Durch den Schrecken, den die Mongolen verbreiteten, erinnerten sie an die apokalyptischen Völker Gog und Magog, und daß sie das Abendland verschonten, ist nicht Kaiser oder Papst zu danken, sondern dem Tod ihres Großkhans. Nur für die Propaganda waren sie von Nutzen: »Und es wurde durch die Welt berichtet, daß der Kaiser Friedrich durch einen Vertrag die Tataren habe kommen lassen, um die Christenheit zu vernichten« – dies hielt man in Frankreich fest.

Geglaubt wurde es um so leichter, als sich der Kaiser in den Augen des Abendlandes durch einen Frevel ins Unrecht gesetzt hatte. Gregor verfolgte hartnäckig die Idee, Friedrich auf einem Konzil zu Rom absetzen zu lassen. Da er den Staufer kannte, hatte er den Prälaten aus England, Frankreich, Spanien und den Italienern aus den lombardischen Städten den Seeweg empfohlen. Dieses Konzil durfte nicht zusammentreten, sollte sich die Lage des Herrschers nicht verschlechtern. Zunächst verlegte sich Friedrich aufs Drohen, ein kaiserliches Flugblatt sollte bei Empfindsamen Bedenken wecken: Mit sadistischer Lust wurden die Beschwerlichkeiten einer Seefahrt geschildert, vor allem alle Symptome der Seekrankheit mit der »satanischen Freude des Unbeteiligten« ausgemalt. Weiter hieß es, Friedrich besitze alle Häfen der ligurischen Küste außer Genua, aber vielleicht habe er auch die genuesischen Matrosen bestochen. Sparsam sei er aber mit Erbarmen und verschwenderisch mit Strafe, ein zweiter Nero, ein zweiter Herodes! Was sie in Rom sollten, wisse er nur zu gut: »Nach seinem Willen, einen anderen Kaiser zu setzen, wobei ihr, ob es euch gut scheint oder nicht, Rat und Zustimmung erteilen sollt, um die Rolle von Orgelpfeifen zu spielen, die ertönen nach Anschlag und Gefallen des Organisten.« Friedrich hatte sie alle gewarnt, die da in Genua ankamen. »In diesem Jahr [1241] trafen die Stadt große Unglücksfälle«, leitete der Stadtchronist von Genua seine Erzählung ein. Die Engländer unter ihnen, Männer einer Seefahrernation, bestiegen die überladenen Schiffe nicht, der Rest verließ unter dem Jubel des Volkes Genua. Vor Montecristo aber wartete bereits die sizilische Flotte, verstärkt durch die Geschwader von Pisa! Nur kurz war das Gefecht, drei Galeeren der Genueser wurden versenkt, zweiundzwanzig weitere geentert. Zwei Kardinäle, drei Erzbischöfe, hundert Prälaten, darunter die Äbte von Cluny, Cîteaux, Clairvaux und

Prémontré fielen in die Hände des kaiserlichen Admirals. Die Franzosen kamen bald frei, der Rest wanderte ins Gefängnis, die niederen Kleriker nach Pisa, die hohen in die Kerker Apuliens. Friedrich sah es als Gottesurteil. »Wo Verfolger nicht mangelten, durfte der Verteidiger nicht fehlen, zumal das Imperium über den Menschen hinausgeht und vor des Löwen Spur die einzelnen Tiere erzittern.« Seine Anhänger sahen das ähnlich, dem Rest Europas aber schien es eine Ruchlosigkeit, sich an Priestern zu vergreifen.

Diesen dramatischen Moment hat Matthäus von Paris, ein englischer Zeitgenosse, im zweiten Band seiner »Historia maior« festgehalten *(Abb. 51)*. Ein Turm, der Pisa symbolisieren sollte, und eine runde Stadt, ein imaginäres Genua, bilden den Rahmen, dazwischen sieht man die Seeschlacht. Die Galeeren erkennt man am Rudergestus der Matrosen, die Riemen selbst hat sich der Zeichner erspart. Ein Pfeilhagel der schwerbewaffneten Pisaner geht auf das feindliche Schiff nieder, dessen Fahrgäste man an Mitra, Tonsur und Krummstab als Prälaten erkennt. Der Schiffsführer blickt sich erstaunt um, die fünf gerüsteten Besatzungsmitglieder sind zu überrascht, um zu den Waffen zu greifen.

Wieder rückte Friedrich in den Kirchenstaat ein und suchte eine militärische Entscheidung, doch mit dem Tod des greisen Gregor in der Sommerhitze des römischen August verlor er seinen Feind. Ihn bekämpfte er, nicht die Kirche! »So sollte er, der Frieden und Verhandlung zum Frieden aufzunehmen abschlug, die Grenzen des Rächers Augustus [des Monats] nicht mehr überschreiten, er, der den Augustus zu beleidigen sich unterfing. Und wirklich, er ist tot! Durch ihn fehlte Friede der Erde und war der Zwist gewaltig und wie viele sanken in Todesgefahr!« Friedrich zog sich nach Apulien zurück und erwartete das Ergebnis der Papstwahl.

Alles hing nun von der Wahl eines Nachfolgers für Gregor ab, doch sehr schnell erwies sich das als schwieriges Geschäft. Zwei Kardinäle saßen in Apulien im Gefängnis, einer, Johann Colonna, war offen ins kaiserliche Lager gewechselt. Zehn Kardinäle saßen in Rom: eine größere Friedenspartei der Kaisernahen und eine kleinere Kriegspartei. Die alleinige Macht hatte der Senator von Rom, Matteo Orsini, ein Parteigänger Gregors IX. Der wollte keine langwierigen Beratungen, er brauchte einen Papst nach seinen Vorstellungen, und zwar schnell. Um die Kardinäle gefügig zu machen, ließ er sie im Septizonium, der Ruine eines alten Prachtbaus auf dem Palatin, einschließen »wie Diebe in einen Kerker«. Mangelhafte Verpflegung und das Verweigern ärztlicher Hilfe – ein Kardinal starb, mehrere erkrankten – führten bald zu einer Entscheidung. Man einigte sich schließlich auf Gaufried von Mailand, der sich Coelestin IV. nannte.

Dies war das erste Konklave der Weltgeschichte, die Papstwahl hinter verschlossenen Türen, und das unwürdigste dazu. Einzige Amtshandlung des Neugewählten war übrigens die Verhängung des Kirchenbanns über den Peiniger der Kardinäle, nach siebzehn Tagen war der Erwählte tot. Im Bewußtsein dessen, was sie gerade durchgemacht hatten, flüchteten mehrere Kardinäle nach Anagni, die Wahl eines neuen Papstes lag in weiter Ferne. Es dauerte noch zwanzig Monate, bis nach langen Verhandlungen in einem Wahlakt, zu dem der Kaiser auch seine zwei Gefangenen herausgerückt hatte, Sinibald, ein Genuese aus dem Geschlecht der Fieschi, Graf von Lavagna, zum Papst gewählt wurde. Er galt als Anhänger der Friedenspartei, und in seiner weiteren Sippschaft gab es einige Parteigänger Friedrichs. Sinibald, der sich Innocenz IV. nannte, war in vielem das Gegenteil Gregors, er war ein Lehrer des kanonischen Rechts von Rang, Verfasser eines Dekretalenkommentars, selbst ein Rationalist, ein Verstandesmensch, dem Mystik fremd war. Er war Diplomat mit kühler Überlegung, eigentlich jemand, von dem sich der Kaiser Kompromißbereitschaft erhoffen konnte. Entsprechend begrüßte er die Wahl eines »Freundes« und hoffte auf Einigung. Zu spät erkannte er: »Kein Papst kann Ghibelline sein.«

Zunächst aber ließen sich die Verhandlungen vielversprechend an. Zwar traute einer dem anderen nicht, aber immerhin wurde überhaupt ernsthaft geredet, was mit Gregor zuletzt nicht mehr möglich gewesen war. Friedrich wollte die Teile des Kirchenstaats, die er ans Reich zurückgenommen hatte, wenigstens als Lehen des Papstes behalten – für Innocenz eine Zumutung. Da störte der Todfeind des Kaisers an der Kurie, Kardinal Rainer von Viterbo, das Klima nachhaltig. Im Handstreich nahm er seine Heimatstadt, die kaiserliche Besatzung zog sich ins Kastell zurück. Der Kaiser persönlich nahm in seinem Zorn an einem Angriff teil, konnte aber auch nichts ausrichten. Innocenz suchte zu vermitteln, Friedrich zog nach Sizilien, seine Besatzung erhielt freien Abzug zugesichert. Als diese jedoch abrückte, wurde sie von der aufgebrachten Bevölkerung bis auf geringe Reste niedergemacht. Aber jetzt war der Staufer außer sich ob des Verrats. Er soll gefleht haben, »noch nach dem Tode möge sich sein Gebein zur Zerstörung Viterbos erheben, denn an dem Blute der Viterbienser könne er sich nicht satt trinken, wenn er nicht mit eigener Hand an die Stadt den Brand anlegte, und stünde er schon mit einem Fuß im Paradiese, so würde er ihn zurückziehen um der Rache an Viterbo willen...« Trotzdem verhandelten die Parteien weiter, und 1244 erreichte man eine vorläufige Einigung: Friedrich sollte den Kirchenstaat räumen, Buße tun und den gefangenen Prälaten den Schaden ersetzen. Die Lombardenfrage allerdings konnte nicht geregelt werden. Doch der Zank ging weiter, der Staufer weigerte sich, den Kirchenstaat schon sofort zu verlassen, wiegelte von neuem die Römer auf, und auch in Oberitalien kam es zu neuen Reibereien. Kaiser und Papst sollten sich in Narni treffen, um diese letzten Hindernisse aus dem Weg zu räumen, beim gegenseitigen Mißtrauen keine leichte Aufgabe. Doch dazu kam es nicht mehr: In einem nächtlichen Ritt floh Innocenz nach Civitavecchia, wo ihn genuesische Galeeren erwarteten, mit ihnen zog er im Triumph in seine Heimatstadt Genua ein. Doch auch die ligurische Seestadt schien ihm nicht sicher genug, er zog weiter nach Lyon in Burgund, zwar im Reich gelegen, aber außerhalb der Reichweite des Kaisers. Friedrich war außer sich: »Er selbst aber sprach zu ihnen folgende Worte: ›Als ich mit dem Papste Schach spielte, stand die Partie für mich bereits derart, daß ich ihm ›Schachmatt!‹ sagen oder doch den Turm nehmen konnte; da aber kamen die Genuesen, legten ihre Hände an das Brett und stießen das ganze Spiel um.‹«

Für Juni 1245 berief Innocenz ein Konzil nach Lyon, und was dieses sollte, daran zweifelte niemand – den Kaiser absetzen. Doch noch war es nicht soweit, das Abendland, allen voran der heilige Ludwig von Frankreich, drängte auf Frieden, denn gerade war Jerusalem erneut gefallen und ein Kreuzzug vorrangige Aufgabe aller Monarchen. Friedrich selbst bot Frieden an, er wolle selbst nach Palästina fahren, um seiner kaiserlichen Pflicht zu genügen. Innocenz ging darauf ein, konnte auch gar nicht ablehnen, wollte er nicht unglaubwürdig erscheinen. Dennoch scheiterten diese Versuche am Ende, das Konzil von Lyon nahm seinen Lauf.

Der Papst war entschlossen, gegen den Staufer vorzugehen: »Aber wie halte ich diesen Protheus? Und wenn ich ihm das [die Absolution] gewähre, er aber, wie ich nicht anders erwarten kann, wieder abspränge, wer wollte mir für ihn Gewähr bieten und ihn, wenn er abspränge, zu irgend etwas zwingen?« So versammelten sich etwa einhundertfünfzig Prälaten aus Frankreich, England und Spanien, kaum jemand aus Italien und Deutschland. Allgemein war diese Versammlung schwerlich zu nennen, doch das focht Innocenz nicht an. Die Engländer wollten über die Präpotenz seiner Steuereintreiber auf der Insel reden, er selbst nur Friedrich den Prozeß machen. Über eine Begründung seines Vorgehens machte sich der große Kanonist kaum weiter Gedanken, es entsprang der Fülle seiner Amtsgewalt. Auch daß das Verfahren vor einem Konzil stattfand, unterstrich nur die Feierlichkeit. Geschickt verteidigte der Großhofrichter Thaddeus von Suessa seinen Herrn, rügte das päpstliche Vorgehen und bezweifelte die Zuständigkeit der Versammlung. Das Urteil stand indessen längst fest, Innocenz brauchte nur noch den Prozeß, um seinen Wunsch als Richterspruch zu verkleiden.

Am letzten Sitzungstag, dem 17. Juli, verkündete der Papst das Urteil: Friedrich sei schuldig des Meineids, des Friedensbruchs, der Gotteslästerung und der Ketzerei. Der Staufer wurde als Kaiser und als König abgesetzt, die Fürsten sollten in Deutschland einen neuen König erheben, über Sizilien wollten er selbst und die Kardinäle entscheiden. Jedermann, der Friedrich Hilfe leiste, solle als exkommuniziert gelten, seine Untertanen seien vom Treueid gelöst. Innocenz und seine Prälaten löschten die Kerzen, die sie in Händen trugen, und stimmten das Tedeum an, während Thaddeus von Suessa, der Sachwalter des Staufers, an diesem »Tag des Zornes, des Unglücks und des Jammers« die Kathedrale verließ. Den Künstler Matthäus von Paris, Mönch von Sankt Alban, haben die Vorgänge in Lyon zu einer Zeichnung inspiriert *(Abb. 52):* Dem Papst auf dem Throne sitzen die Prälaten gegenüber, die ihm aufmerksam lauschen, während sich der Prokurator des Kaisers verstört abwendet.

In feierlicher Sitzung einen Kaiser zu verfluchen und für abgesetzt zu erklären, war eines, ihn aus seinem Reich zu treiben, etwas anderes. In Deutschland brachen wirre Zeiten an, da Heinrich Raspe und Wilhelm von Holland als Gegenkönige zu Lebzeiten Friedrichs und in Anwesenheit Konrads IV. wenig ausrichten konnten. Die Ghibellinenstädte Norditaliens verlachten das päpstliche Interdikt, während man es in Sizilien ignorierte. Was in Lyon vorgefallen war, erfuhr Friedrich in Turin. Schmerz, Zorn und Hohn mischten sich, als er befahl, seine Kronen zu bringen, von denen er eine aufsetzte, um zu zeigen, daß er sie noch besitze. Die Kirche hatte angegriffen, jetzt schlug der Kaiser zurück. »Lange genug war ich Amboß ... jetzt will ich Hammer sein«.

Was er darunter verstand, darüber ließ er die Welt nicht im unklaren: Er wolle die Aufrührer »zwischen Hammer und Amboß ... legen und mit so dichten Schlägen auf ihre Verstocktheit ... schmettern, daß sie unter das Joch des Befehls die Nacken fügten und welcher Gesinnung immer ihren wahren Herrn erkennten.« Einen Antichristen nannten sie ihn – jetzt wütete er wirklich. Und er hatte grausame Helfer. Ezzelino da Romano, ein Schwiegersohn des Kaisers, von Dante in einen Strom kochenden Bluts in die Hölle verbannt, der Herr von Padua, Verona und Vicenza, war der erste Tyrann neuen Stils. »Geißel, gesandt zur Strafe der Sünder«, nannte er sich. Tausende fielen seinem Wüten zum Opfer. Als er schließlich in die Hände seiner Feinde fiel, verweigerte er Nahrung und ärztliche Behandlung, um bald zu sterben. Den Priester verwies er des Raumes mit der Bemerkung, das einzige was er zu bereuen habe, sei, daß er sich habe gefangennehmen lassen. Sein Bruder war von ähnlichem Kaliber, sein Schwager Salinguerra, der Herr von Ferrara, lebte sein Motto: »Den Himmel dem Herrn des Himmels ... die Erde aber ist den Söhnen der Menschen gegeben.« Auch Uberto Pallavicini, der »Generalvikar in der Lombardei und ständiger Herr von Cremona, Pavia, Piacenza und Vercelli«, soll an seinem Ende den Segen der Kirche verschmäht haben. Und ein Guido von Sessa verweigerte Delinquenten zynisch den Beistand der Kirche, weil sie als Freunde des Papstes ja sowieso sofort in den Himmel kämen.

Das Terrorregiment hielt seine Anhänger beisammen: wenn nicht aus Zuneigung, dann aus Furcht. Die Kirche und die Kurie, derer Friedrich im fernen Burgund nicht leicht habhaft werden konnte, suchte er dadurch zu schwächen, daß er plötzlich als Anhänger ihrer apostolischen Armut auftrat: »Immer war es Unsres Willens Absicht, die Kleriker jeden Ranges – und am meisten die höchsten – dahin zu führen, daß sie, wie sie in der Urkirche gewesen sind, als solche auch am Ende verharrten: das apostolische Leben führend, die meisterliche Demut nachahmend. Denn solche Geistlichen pflegten die Engel zu schauen, von Wundern zu schimmern, Kranke zu heilen, Tote zu erwecken und durch Heiligkeit, nicht durch Waffengewalt Könige und Fürsten sich dienstbar zu machen. Dagegen diese, der Welt ergeben, von Genüssen trunken, setzen Gott hintan: ihnen wird aus dem Zustrom von Schätzen die Frommheit erstickt. Solchen also die schädlichen Schätze zu entziehen, mit denen sie sich fluchwürdig beladen: Das ist das Werk der Liebe.« Was Ketzer und Bettelmönche gefordert hatten, machte sich jetzt der Kaiser als Strafmittel gegen die Kirche zu eigen.

Die Ereignisse in Reichsitalien mußten entscheiden, und hier war dem Staufer mit dem kriegserprobten Kardinal Gregor von Montelongo ein gewaltiger Gegner aufgestanden. Aber insgesamt blieb die Herrschaft des Kaisers stabil, was die Kurie zu anderen Mitteln greifen ließ. Im März 1246 traf am Hof, der in Grosseto weilte, ein Bote des Grafen Richard von Caserta ein, der von einer breit angelegten Verschwörung berichtete. Bereits am nächsten Tag wolle man Friedrich und seinen Sohn Enzio ermorden, Einfälle ins Regno und das Herzogtum Spoleto seien geplant. Bevor noch eine sofort eingeleitete Untersuchung zu Ergebnissen gelangen konnte, hatten die Anführer das Weite gesucht: Pandulf von Fasanella und Jakob von Morra, beide bis vor kurzem Generalkapitäne, und vor allem Tibald Franciscus, des Kaisers Vertrauter und Podestà von Parma. Sie eilten nach Rom – hinter all diesen Machenschaften stand Innocenz IV. – und von dort ins Regno, um einen Aufstand anzuzetteln. Doch das Königreich war Friedrichs Land, dem Herrscher treu, der gleichwohl sofort erschien, denn »sein Augapfel dürfe nicht verletzt werden«. In der Burg Capaccio auf den Höhen hinter Paestum blieben die Aufrührer verschanzt, bis Wassermangel sie zur Aufgabe zwang.

Was folgte, läßt sich ahnen, das Strafgericht war exemplarisch. Geblendet und verstümmelt brachte man sie vor den Kaiser, der sie als »Vatermörder«, als Verbrecher gegen die Natur, durch die vier Elemente hinrichten ließ. Auf der Erde zu Tode geschleift, vom Feuer verbrannt, in der Luft aufgehängt, in Säcken, in die man Giftschlangen mit eingenäht hatte, im Meer ersäuft, endete die Verschwörung. Den Tibald aber, der sie angezettelt hatte, führte man vor seiner

Hinrichtung noch durchs Land und zeigte ihn dem Volk. »Laßt die Strafe dieses Verruchten durch des Auges Anblick, der den menschlichen Sinnen mehr Eindruck macht als was durchs Ohr geht, Eure Geister und Sinne belehren, damit kein Vergessen hinwegnehme, was ihr gesehen, und ihr des rechten Gerichtes Erinnerung für später bewahrt.« An die Stirn aber heftete man ihm eine gefundene Papsturkunde, damit jedermann sehen konnte, wer der wirklich Schuldige war: Innocenz IV. Mit dem Scheitern der Verschwörung brachen auch sämtliche militärischen Pläne gegen die Stauferfreunde zusammen.

Im Jahre 1247 schien es im Regno und in Oberitalien so ruhig, daß Friedrich ankündigte, er werde persönlich in Lyon erscheinen, um sich zu rechtfertigen, und dann Heinrich Raspe in Deutschland zeigen, wer herrsche. Und diesmal wollte er mit einem Heer kommen! Was dann der Kurie blühte, konnte sich bei diesem Herrscher, der nur noch Verräter, aber keine Feinde mehr kannte, jeder ausmalen. Den Bischof Marcellin von Arezzo, einen Legaten des Papstes, den man bei einem Gefecht eingefangen hatte, ließ Friedrich hängen, was beträchtliches Aufsehen erregte. Den Bettelmönchen, die vom Verbot des Gottesdienstes auf Anordnung des Papstes ausgenommen waren, mißtraute Friedrich besonders. Einen Prokurator der sizilischen Minoriten ließ er foltern; Bringer, Mitwisser und Empfänger päpstlicher Briefe waren sofort zu verbrennen. Überhaupt ging Friedrich jetzt gegen den Klerus auch in Oberitalien vor. Ortswechsel ohne Genehmigung des Podestà waren verboten; wer sich als Kleriker an das Interdikt halten wollte, der ging unter Einziehung des Vermögens in die Verbannung. Wenn der »vom Blute der Heiligen berauschte Pharao« in Burgund erschien, drohte Schlimmes!

Aufgehalten hat ihn dann ein Ereignis im Rücken des nordwärts eilenden Heeres. Einer Handvoll guelfischer Ritter war es gelungen, in einem Handstreich ihre Heimatstadt Parma zu nehmen; Gregor von Montelongo und die Mailänder warfen sich in die Stadt, von überall her zogen Papstanhänger herbei. Parma war der Ausgangspunkt der Hauptstraße nach Süden, nach Rom und Sizilien, unerläßlich für den kaiserlichen Nachschub. Sofort kehrte Friedrich um und unterstützte seinen Sohn Enzio, der bereits vor der Stadt lag. Die Belagerung erstreckte sich über den gesamten Winter, unterbrochen von wiederholten Scharmützeln. Es gelang, die Stadt von der Lebensmittelzufuhr abzuschneiden, nach der Eroberung sollte sie geschleift und dem Erdboden gleichgemacht werden. Statt ihrer gründete Friedrich eine neue, vorläufig seine Lagerstadt. Und zwar geschah dies in Überhöhung der »römischen« Vorstellungen in antik-heidnischem Stil. Nach dem Flug der Vögel wurde zu einer Stunde, in der Mars regierte, mit einem Pflug der Umfang der Stadt gezogen, die der Kaiser zuversichtlich Vittoria nannte. Doch es sollte anders kommen! Am 18. Februar 1248 ritt der Kaiser mit Gefolge zur Jagd auf Wasservögel, als er die Glocken von Vittoria Alarm geben hörte. Durch eine Finte war es den Belagerten, deren Lage inzwischen verzweifelt zu nennen war, gelungen, Vittoria zu erobern und zu zerstören. Tausenfünfhundert Ghibellinen waren tot, etwa dreitausend gefangen, die Beute unermeßlich. Gold, Silber, Perlen, Gemmen, Solitäre, Purpurstoffe, Prachtgewänder, das Szepter, das sizilische Königssiegel, die kaiserliche Prunkkrone, die bei öffentlichen Auftritten über Friedrichs Haupt schwebte, astrologische Zeichnungen, Himmelskarten, der kaiserliche Jagdpark, die Eunuchen und der Harem – alles fiel dem Gegner in die Hände. Der Tod des Thaddeus von Suessa, eines der wichtigsten staufischen Diplomaten, war besonders bitter. Daß Friedrich erschien, »rasend wie eine Bärin im Wald, der ihre Jungen weggenommen worden sind«, konnte auch nichts mehr ändern.

Die Geschehnisse vor Parma waren verheerend, weniger im militärischen Sinne, da hatte der Kaiser mit seinen Ghibellinen und seinen deutschen Söldnern die Lage bald wieder stabilisiert. Das Jahr 1248 zog vorbei: eine Folge von Einzelscharmützeln und Winkelzügen. Der Gegner hatte den Glauben an die Unbesiegbarkeit des Kaisers verloren und das Prestige Friedrichs im Abendland schweren Schaden genommen. Insoweit war die Schlappe ein Wendepunkt! Schwer wog auch, daß die kaiserliche Kammer und der Schatz in Vittoria den Gegnern in die Hände gefallen waren. Mit verzweifelten Manövern suchte der Hof, an Geld zu gelangen. Die Kollekte, die jährliche Kriegssteuer des Regno, belief sich deshalb auf fast das Doppelte des Üblichen, und dies war bereits eine schwere Belastung gewesen! Über Monate befand man sich in Geldnot, und ohne Sold oder zumindest die Aussicht darauf ließ sich mit den Miettruppen kein richtiger Krieg führen.

In all diesen Wirrnissen und Ränken wuchs Friedrichs Groll gegen Innocenz, seine Helfer in den Bettelorden, gegen die Prälaten allgemein. In einem Brief an seinen Schwiegersohn Johannes III. Dukas Vatatzes von Nikäa brachte er dies zum Ausdruck: »Wir nämlich, alle Könige und Fürsten der Erde, zumal die Eiferer für den rechtmäßigen Glauben und die Religion, haben einen offenen und gemeinsamen Haß gegen die Prälaten und mit Unseren Kirchenfürsten einen ganz besonderen, jedoch heimlichen Zwist. Diese nämlich treiben mit ihrer verderblichen Freiheit Mißbrauch, setzen durch geheime Umtriebe Unsere Güter und Titel herab, mißbrauchen die Wohltaten Unserer Ergebenheit, und wenn die Schädigungen einzelner zu Unserer Herabsetzung etwa nicht ausreichen, ergreifen sie gemeinsame Waffen und verschwören sich im geheimen, zur Vernichtung Unseres Lebens Heiliges und Unheiliges zu mischen. Und damit ihre Aufstände und Tücken um so wirksamer schaden, trennen sie Uns Herren von den Uns Ergebenen, vertauschen die Herrschaft und schütteln den alten

Herrn ab, um einen neuen zu erheben, und indem sie den einen vernichten, schmeicheln sie dem anderen. Und Wir beachten und verhindern es nicht. Solches aber wird am meisten in Unseren westlichen Gegenden, in Unserem Europa begangen. O glückliches Asien, o glückliche Machthaber des Ostens, die die Waffen der Untertanen nicht fürchten und die Erfindungen der Priester nicht scheuen!« Der Papst war entschlossen, nie wieder einen Staufer als Herrscher anzuerkennen. Da blieb für Vermittlung und Gespräche kein Raum mehr.

Das Jahr 1249 versprach ein Jahr der Schicksalsschläge zu werden. »Der Kaiser ritt nach Cremona, wo er den Petrus de Vinea als Verräter verhaften ließ«, melden die Annalen von Cremona. Was hinter dem Vorgang steckt, darüber rätselten und mutmaßten bereits die Zeitgenossen. Der Logothet Siziliens, der engste Berater des Kaisers, sein Sprachrohr, jene Person, durch dessen Hand alle Staatsbriefe gegangen waren, ein Verräter? Es mag eine Hofintrige gewesen sein; vielleicht hatte Petrus, der mittlerweile über ein gewaltiges Vermögen verfügte, sich bestechen lassen, vielleicht – seiner Stellung gemäß – mit großen Summen. So glänzend der Aufstieg, so fürchterlich der Abstieg! Eine Weile führte Friedrich den Verräter, den er hatte blenden lassen, noch auf einem Esel im kaiserlichen Zug mit. Im Kerker von San Miniato schließlich ist Petrus, vielleicht durch eigene Hand, gestorben.

Fast zur gleichen Zeit wurde ein Mordplan aufgedeckt: Friedrichs Leibarzt sollte ihn auf Anstiftung und mit Bezahlung der Kurie vergiften! Erst im letzten Augenblick hatte man das Komplott entdeckt, das ohne Beispiel war. »Nicht wenig wurde da des Papstes Ruf geschwärzt«, schrieb ein Chronist. Der Staufer nutzte die Gelegenheit zu einem Rundschreiben an die Fürsten Europas und teilte den Anschlag »dieses Priesters, dieses Hüters und friedfertigen Lenkers Unseres Glaubens, der, nicht zufrieden mit den zahllosen Anschlägen und würdelosen Aufwieglungen, mit denen er über seines Standes Regel hinaus … Uns befeindet, jetzt versucht hat, durch geheime Anschläge – oh Schande – Unser Leben zu vernichten.« Es waren Zitate aus dem Buch Hiob, die Friedrich einfielen. Um den Kaiser war es einsamer geworden, als er zum letzten Mal die Reise in sein Erbreich Sizilien antrat.

Schwer wog für Friedrich auch der Verlust König Enzios, den die Bolognesen gefangengenommen hatten, denn er war eine Hauptstütze des Kaisers in der Lombardei gewesen. Seinen Getreuen gegenüber ließ er sich nichts anmerken. »Wenn also der Unfall selbst, so es denn Unfall genannt werden muß, wodurch Unsere Sachen nicht umfallen, märchenartig schwer und gemeinhin fürchterlich erscheint, so erachten Wir ihn doch als leicht oder für nichts und Unsren Sinnes Erhabenheit beugen Wir deshalb noch in keiner Weise. Denn da der Kriege

Geschehen zweifelhaft sind und Unsrer Erlauchtheit Schoß überfließt von der Menge der Söhne, nehmen wir solche Nachrichten mit Gleichmut auf und stacheln Unsre machtvolle Rechte nur desto heftiger an zur Vertilgung Unsrer Rebellen.« Bologna aber drohte er: »Fragt eure Väter und sie werden euch erzählen, wie Unser Großvater glücklichen Angedenkens, der allersiegreichste Friedrich, als er es wollte, das euch voraufgegangene Geschlecht der Mailänder von den Laren vertrieb und verjagte und ihre Stadt selbst dreiteilte in Flecken. Wenn ihr Enzio, unseren geliebten Sohn, Sardiniens und Galluras König, aus seinem Kerker befreit, dann wollen wir eure Stadt über die anderen Städte Lombardiens erhöhen. Unterlaßt ihr aber, den Befehlen Unserer Macht zu gehorchen, dann erwartet Unser triumphierendes und unzählbares Heer... Ihr werdet sein eine Fabel und eine Schmach der Nationen und Euch wird dies vorgerückt werden in Ewigkeit.«

Der gefangene Enzio hat die Italiener noch lange inspiriert, galt er doch als Vorbild der Ritterlichkeit und als Dichter von Rang. Deshalb ist es wenig verwunderlich, wenn in der Florentiner Chronik des Giovanni Villani dieser Vorgang festgehalten ist *(Abb. 53)*. In der Gefangenschaft, aus der ihn die Bolognesen bis zu seinem Tode 1272 nicht wieder entließen, mußte Enzio den Untergang des staufischen Hauses miterleben. Er erfuhr vom Tod seines Vaters und auch davon, wie schon 1254 dessen Erbe Konrad IV. im Süden sein Leben ließ. Er hörte von den anhaltenden Kämpfen in Apulien, bei denen päpstliche Soldateska den Kaiserpalast zu Foggia zerstörte, und dann, daß zwei Jahre später sein Halbbruder Friedrich von Antiochien ebendort sein Leben verlor. Ihm wurde von der Blüte der Regierung seines anderen Halbbruders Manfred erzählt und von dessen schrecklichem Ende: dem Schlachtentod bei Benevent gegen das Heer Karls I. von Anjou, den die Kirche gegen den Staufer zu Hilfe gerufen hatte. Er mußte erfahren, daß ein rachsüchtiger Klerus diesem sogar das Grab verweigert hatte. Und er hörte von Konradin, dem fünfzehnjährigen Sohn Konrads IV., der nach Sizilien zog, um das staufische Erbe zurückzugewinnen, der bei Tagliacozzo dem französischen Heer unterlag und vom Anjou auf dem Markt zu Neapel auf dem Blutgerüst hingerichtet wurde. »Rottet aus Namen und Leib, Samen und Sproß dieses Babyloniers«, dieser päpstliche Fluch sollte in Erfüllung gehen, die »giftgeschwollene Natternbrut« vernichtet werden. Deshalb kann es wenig verwundern, wenn der heitere Staufer mit der Zeit immer schwermütiger und trübsinniger wurde:

Oh sieh, wie Schmerz und Qualen aus mir blühen.
Sie überströmen meines Herzens Ränder
Und überfluten mich mit solcher Macht,
Daß ich es nicht bezwing, ich bin nicht stärker.

Und ruhelos dahin die Tage ziehen,
So wie des Meeres ewge Wellenbänder.
War dir, mein Herz, denn so viel zugedacht?
Entflieh der Not, verlasse deines Körpers Kerker!
O käm doch die ersehnte Todesstunde,
Denn lieber sterben als nur dieses denken:
Es sei das Leben nicht mehr lebenswert
Für einen Menschen, dem nur Leid beschert,
An den sich Freude nie mehr will verschenken,
Und den das Glück vergißt bei jeder Runde.
(Freie Nachdichtung von C. A. Willemsen)

Die Gefangenschaft König Enzios war der Tief- und Wendepunkt der kaiserlichen Sache. Überall waren die Ghibellinen auf dem Vormarsch, ein Heer der Kirche, das Sizilien angreifen sollte, wurde geschlagen, die Genuesen wurden zur See besiegt, in Oberitalien wüteten Ezzelino da Romano und Uberto Pallavicini unter den Guelfen, in Deutschland ging Konrad IV. gegen Wilhelm von Holland in die Offensive. Dann kam das Papsttum in Schwierigkeiten: Ludwig der Heilige von Frankreich erwartete Entgegenkommen, da er für einen Kreuzzug Frieden brauchte, und zusätzlich ging Innocenz jetzt das Geld aus. Die Lage wurde so ungemütlich, daß er über einen Umzug der Kurie nach England nachdachte. »So also lenkt und leitet unsre göttliche Herrlichkeit, gestählt von des Himmels Voraussicht, das ganze ihr unterworfene Imperium in friedlicher Ordnung«, schrieb Friedrich dem griechischen Kaiser.

Es sollte anders kommen! Von seiner Residenz Foggia brach Friedrich Anfang Dezember 1250 in die Umgebung zu seinen Jagdrevieren auf, als ihn eine Dysenterie ereilte, die wegen nachlässiger Behandlung bald in schweres Fieber umschlug. Das Schlimmste ahnend, zog der Kaiser in der Burg von Fiorentino, das er bisher noch nie besucht hatte, seine Getreuen zusammen – er hatte nur noch wenige Tage zu leben. Und hier machte er ein Testament, das noch einmal seinen politischen Weitblick erkennen läßt. Zum Erben bestimmte er Konrad IV., Manfred sollte als Fürst von Tarent seinen Bruder im Regno ebenso wie in Reichsitalien vertreten, außerdem wurde das staufische Erbrecht für das Imperium – ein Wahlreich – verkündet. Das Kaisertum sollte wie alle anderen Besitzungen in der Hand seines Hauses bleiben. Der Kirche sollte zurückgegeben werden, was ihr gehörte, wenn sie ihrerseits die Rechte des Reiches achtete. Er befahl, zerstörte Kirchen wieder aufzubauen, das Vermögen der Tempelritter herauszugeben und alle Gefangenen – außer den Hochverrätern – freizulassen. Die Steuern sollten auf den Stand der Regierungszeit Wilhelms II. reduziert werden und schließlich sollten hunderttausend Goldunzen für einen Kreuzzug gestiftet werden. All dies klang versöhnlich, und in der Tat hat Friedrich zuletzt seinen Frieden mit der Kirche gemacht. Er erlangte die Absolution, hüllte sich in die graue Kutte der Zisterzienser, deren Frömmigkeit die seine war, und empfing von Erzbischof Berard von Palermo, seinem Wegbegleiter seit Jahrzehnten, die Sterbesakramente. Am 13. Dezember 1250 ist er, knapp 56 Jahre alt, verstorben.

Das Aufsehen in aller Welt war groß, als sich die Nachricht vom Tode Friedrichs verbreitete: »Untergegangen ist die Sonne der Welt, die über den Völkern geleuchtet, untergegangen die Sonne der Gerechtigkeit, der Hort des Friedens. Ein reicher Trost aber ist uns geblieben, glücklich und siegreich lebte Unser Herr Vater bis an sein Ende«, mit diesen Worten berichtete Manfred seinem Halbbruder Konrad IV. den Tod des Vaters nach Deutschland. »Er lebte bis zu seinem letzten Tage ruhmvoll und von dem ganzen Erdkreis bewundert, und er, der für alle unüberwindlich gewesen war, erlag einzig und allein dem Gesetz des Todes«, so sah man es auf staufischer Seite ebenso wie im papstfreundlichen Genua: »In diesem Jahr beschloß Friedrich II., einst Kaiser der Römer, König von Jerusalem und Sizilien, am Fest der heiligen Lucia seine Tage. Die Macht Gottes überwand ihn, den menschliche Kräfte nicht überwinden konnten.« Und selbst ein Feind wie Salimbene von Parma konstatierte: »Und um mich kurz zu fassen, wäre er ein guter Katholik gewesen, und hätte er Gott, die Kirche und seine eigene Seele geliebt, so hätte er wenige seinesgleichen unter den Herrschern der Welt gehabt.« Der Papst triumphierte verständlicherweise und schrieb den Baronen des Königreichs: »Jubeln sollen die Himmel, frohlocken die Erde, daß der entsetzliche Sturm sich in linden Tauwind umgewandelt hat, nachdem jener aus der Welt genommen, der die Kirche Gottes in Verwirrung stürzte.« Gar wenig christlich klingt ein anderes seiner Schreiben: »Ferne sei es, einem Manne oder seinem Schlangengezücht weiterhin das Zepter über das christliche Volk zu belassen, den übermäßiges Glück so aufgeblasen hat, daß er vergaß, daß er von Menschen abstammt, unmenschlich gegen Menschen wütet, die seine tierische Wut vernichtet wie die Schafe, und sich dadurch gegen den Schöpfer der Menschheit erhebt, dessen Antlitz er in dem menschlichen verachtet und in der Kreatur vernichtet. Deswegen soll sich jeder, der die Gerechtigkeit liebt, freuen, daß an dem Feinde aller für alle Vergeltung geübt worden ist, und sich die Hände im Blute des Sünders waschen.« Besonnener war der Kommentar des Engländers Matthäus von Paris, der den Konflikt nur aus der Ferne verfolgte: »Um diese Zeit aber starb Friedrich, der größte unter den Fürsten der Welt, zugleich das betroffene Staunen der Welt und ein wundersamer Verwandler.«

Das Porphyrgrab

In seinem Testament hatte der Sterbende festgelegt: »Ebenso bestimmen Wir, daß, sollten Wir an der gegenwärtigen Krankheit sterben, in der Kathedralkirche von Palermo, in der die Körper des göttlichen Kaisers Heinrich und der göttlichen Kaiserin Konstanze, Unserer Eltern seligen Angedenkens, bestattet sind, Unser Leib beerdigt werden soll.« Und so ist es auch geschehen. Manfred brachte seinen Vater nach Palermo und mit Erzbischof Berard sorgte er für die Beisetzung: In einem prächtigen Porphyrsarkophag, den er sich bereits im Jahr 1215 selbst als Grablege ausgesucht hatte, ruht Friedrich. Die Vorstellung vom toten Kaiser in einem Sarg aus kaiserlichem Stein nach byzantinischem Vorbild fügt sich wie von selbst in das Denken dieses letzten staufischen Caesaren. Seit dem Investiturstreit war die Imitatio Augusti auch für das Papsttum immer vordringlicher geworden; die eigenen Ansprüche auf eine kaisergleiche Stellung sollten dokumentiert werden. So hatte sich Innocenz II. als Grablege den Porphyrsarg des Kaisers Hadrian auserkoren, als er 1145 verstarb. Dies sowie die Konkurrenz mit Byzanz mag König Roger dann dazu veranlaßt haben, auch für sich und seine Gemahlin einen Sarg aus Porphyr zu wählen. Damals fand sich weder in Ägypten noch in Byzanz – den Basileis waren die Vorräte schon lange ausgegangen – geeigneter roter Stein, einzig die antiken Reste Roms erlaubten es, Porphyr zu gewinnen. Von dort stammt der Stein, von dort auch die Form der Grablegen, die etwas Neues darstellten.

Nicht die antiken Vorbilder fand er geeignet, der Hauteville kopierte die kaiserzeitlichen Prunkbecken, die einst die Caesaren in den Thermen Roms aufstellen ließen und die als Gräber zu begreifen, ein grobes Mißverständnis war. Von der Antike inspiriert sind auch die tempelartigen Aediculae über den Sarkophagen, die teilweise ebenfalls aus Porphyr gehauen sind. Der erste König Siziliens aus dem Hause der Normannen hatte den Dom von Cefalu, zu dem er aufgrund eines Gelübdes und aus Dank für die Errettung aus Seenot 1131 den Grundstein gelegt hatte, als seine letzte Ruhestätte gewählt. Dort standen auch die Porphyrmonumente; die erbitterte Konkurrenz um die Grablege der Könige sollte indessen bewirken, daß diese Jahrzehnte leerstanden. Das Erzbistum Palermo beanspruchte den toten König, der dort zunächst in einem anderen, sehr einfachen und neu gearbeiteten Grab ruhte, das allerdings von acht prächtigen Trägerfiguren gehalten wird. Später mischte sich auch noch der Erzbischof von Monreale in diese Konkurrenz um die Ehre der Grablege ein. Bereits 1215 ließ Friedrich II. beide Arbeiten aus der Mitte des 12. Jahrhunderts nach Palermo schaffen. Dort ließ er seinen Vater in einen Sarkophag umbetten, der nach Ausweis der byzantinischen Frauenkrone, die sich als Relief darauf findet, für die Königin bestimmt war. Je eine Imitation dieses Werkes diente sowohl der Kaiserin

Konstanze als auch in Monreale König Wilhelm I. als letzte Ruhestätte. Bei diesem Typus kennen wir sogar die genaue römische Vorlage: Es ist dies ein Porphyrbecken aus der Zeit Hadrians, das damals vor der Kirche Sancta Maria ad Martyres stand, also vor dem Pantheon. Heute befindet sich das Becken in der Capella Corsini der Lateransbasilika, da es Clemens XII. (gestorben 1740) so gut gefallen hatte, daß er es, versehen mit einem Barockdeckel, zur letzten Ruhestätte wählte. Dem Kaiser selbst blieb der Sarkophag seines Großvaters vorbehalten.

Das Kaisergrab ist das am reichsten geschmückte Monument, das auf der einen Seite im Relief Christus Pantokrator und auf der anderen Seite seine Mutter Maria, eingerahmt von zwei Evangelistensymbolen, zeigt *(Abb. 54)*. Es ruht auf Löwenpaaren. Aus reinem Porphyr ist auch der Baldachin mit seinen sechs Säulen und dem Giebeldach. Mag auch der Anlaß für die Verwendung des kaiserlichen Steins einst unter dem Großvater ein ganz anderer gewesen sein – er wollte mit dem Papst konkurrieren –, daß hier Friedrich seine Ansprüche wie vor ihm nur die Kaiser in Rom und Byzanz noch ein letztes Mal demonstrieren wollte, daran kann niemand zweifeln.

Als man am Ende des 18. Jahrhunderts in Palermo daranging, die Herrschergräber in eine Seitenkapelle zu räumen, hat man auch das Grab Friedrichs geöffnet, wovon der Augenzeuge Francesco Daniele eine Beschreibung und Stiche anfertigen ließ *(Abb. 55)*. Und da zeigte sich, daß Friedrich auch nach seinem Tode keine Ruhe gefunden hatte: Drei Tote lagen in dem Sarg, außer ihm noch ein Namensvetter aus dem spanischen Königshaus und eine Frau. Der Leichnam des Kaisers aber zeigte, daß, nachdem eine schlichte Zisterzienserkutte als Sterbegewand gedient hatte, für die letzte Ruhe wieder kaiserlicher Prunk aufgewendet worden war: eine Krone der offenen, abendländischen Form, eine Alba mit kufischen Schriftzeichen, die besagen, daß dieses Gewand einst für seinen Widersacher Otto IV. angefertigt worden ist, eine Dalmatica, ein Mantel mit staufischen Adlern und reicher Verzierung, Strümpfe, Schuhe, ein Schwert, das dem der Reichskleinodien ähnlich ist (vgl. Abb. 19), und ein Ring mit einem großen Smaragd.

Er lebt – er lebt nicht

Daß Friedrich von der Erde gegangen sei, das wollten viele nicht glauben. Die Endzeiterwartungen, das herannahende Zeitalter des Antichrist, Friedrich als der letzte Kaiser des Römerreichs – das alles stand dieser Nachricht entgegen. Und hatte nicht der Papst in den letzten Jahren öfter aus politischem Kalkül der Welt verkündet, der Staufer sei tot? Auch glaubte man an eine List des Fintenreichen. Wie ein Leitmotiv dessen, was folgen sollte, klingen Friedrichs Worte in seinem angeblichen Testament: »Im Hinblick auf die Vergänglichkeit des Menschen wollen Wir, Friedrich, von Gottes Gnaden immer erhabener Kaiser der Römer, König von Jerusalem und Sizilien, für das Heil unserer Seele sorgen und über Reich und Länder verfügen, da Uns das Ende des Lebens bevorsteht, in vollem Besitz der Sprache und des Denkvermögens, krank am Körper, aber bei klarem Verstande, auf daß Wir noch zu leben scheinen, auch wenn Wir dem irdischen Leben entrückt sind.«

Für Deutschland erzählte man: »Do der kaiser gestarp, die herren und sin gesinde waren so gar von im geriten, daz niemant pei im was wan der … capelan mit anderen pfaffen und begebenn leuten ezwie vil. Do begruben si in in der stat ze Fungia als haimlich an sant Luceintag, daz genug leut und herren in manigen landen wol vierzich jar in dem won waren, er wer niht tot, und waren sin wartent, also daz er solt wider reichsen mit solichem gewalt und hereschaft als er wol dreu und drizzich jar getan het …«

Mit dem Tod des Kaisers verloren Stauferfreunde und -gegner jene Gestalt, an der sich allerlei Endzeit-Erwartungen und Antichrist-Vorstellungen entzündet hatten. Und da nicht sein durfte, was nicht dem eigenen Denkhorizont entsprach, nahm man dankbar die Sage auf, daß dieser größte aller Staufer gar nicht gestorben sei. »Vivit et non vivit«, er lebt und er lebt nicht, lautete ein verbreiteter Spruch der Sibylle über Friedrich, den die Zeitgenossen nur zu gerne glaubten. Vom staufischen Hof hörte man Ähnliches: Der Kaiser selbst sei die im Westen untergehende Sonne, die eine neue Sonne gezeugt und auch hinterlassen habe.

Die Morgenröte der Sonne Konrads IV. erleuchte bereits den Osten und beginne, die Finsternis zu vertreiben. Der Sonnenkult hatte in den späten Jahren des Kaisers an seinem Hofe, in Anlehnung an das antike Kaisertum, begonnen wirksam zu werden.

Diese aufs höchste gesteigerte Kaiseridee der Endzeit kommt noch einmal in den Sonderaugustalen Friedrichs aus seinen letzten Jahren zum Ausdruck *(Abb. 56)*. Die ältere Forschung sprach von einem Strahlenkranz, einem Hinweis auf Kaiser Konstantin, der den Herrscher umgebe. In diesem Kaiserbild werden indessen die Beziehungen der südstaufischen Kunst zu Syrien deutlich. Der Kopf ist dem Typus Alexanders des Großen nachgebildet, insgesamt haben wir jedoch eine Helios-Darstellung vor uns, der Herrscher wird mit der Sonne identifiziert. Als »Sonne der Gerechtigkeit« hat sich Friedrich feiern lassen. Damit nahm er die Bezeichnung Christi bei den Propheten des Alten Testaments auf. So gewinnt dann auch der Adler, sein Zeichen, eine andere Bedeutung. Auch er ist Symbol der Gerechtigkeit, das hat Ambrosius dem Mittelalter aus der Antike vermittelt. Auf der Vorderseite der Münze der Imperator-Christus als Sonne, auf dem Revers der Adler, zugleich Sinnbild des Zeus wie des Evangelisten Johannes, der Legionsadler und das staufische Wappentier. Aber auch der tragende Grund ist Symbol: Gold ist das Vorrecht der Götter und Könige, in Byzanz dem Kaiser vorbehalten, Repräsentant und Bote des Herrschers, seine Verfälschung Sakrileg und Majestätsbeleidigung, die den Tod durch Verbrennen nach sich zieht. Auch Friedrichs Augustalis gehört in diesen Zusammenhang; er ist die Verkörperung des Sonnenkaisers, des Christuskaisers und des »Rex iustus« als Bringer des goldenen Zeitalters. Es war der Weg zurück vom Kaisertum von Gottes Gnaden zu den antiken Gottkaisern, der hier in Symbolen angesprochen wurde.

Der Kaiser lebt in seinen Söhnen – dies war die Nachricht des süditalienischen Großhofs an Europa. Petrus de Pece schrieb 1251 in einem Brief, daß der Kaiser der »Adler des Ostens« sei, der in seinen Söhnen um so lebendiger sei, die mit neuer Kraft auf die Jagd gingen. Unter diesen Vorzeichen rüstete das Kaiserhaus zum Endkampf gegen das Papsttum, und die Argumentation gewann zahlreiche Anhänger. Immerhin war die Idee so mächtig, daß man der staufischen Mythologie eine eigene französische Karlssage entgegenhielt: Die karolingische Tradition lebe in den Franzosen weiter, denen man einen Anspruch auf das Kaisertum zusprach, ja Karl von Anjou wurde so gar zu einem Karolus »redivivus«, der die legitime Herrschaft aufrichtet. Die französische Karlslegende gegen die deutsche Friedrichslegende, aus diesem Gegensatz speisten sich noch Jahrhunderte die Wortgefechte.

Ansonsten aber gaben die Gerüchte um den Tod des Kaisers zu allerhand Unfug Anlaß. Man verband uralte messianische Vorstellungen, Zaubersprüche der

Sibylle, die ihre Wurzeln in Byzanz und im Orient hatten, mit Elementen der Artussage zu einem Gespinst eigener Art. In Italien wollte ein Mönch gesehen haben, wie Friedrich im Ätna verschwunden sei, während seine feurigen Ritter zischend ins brausende Meer ritten. Den Sizilianern galt der Ätna schon lange als Sitz der Helden: Dort, wo auch König Artus weile, sei Friedrich verschwunden und habe sich zum Schlafe gelegt, um dereinst wiederzukommen. Es konnte nicht ausbleiben, daß seit 1260 ein Betrüger dort umherzog, um als Friedrich Anhänger um sich zu sammeln. In Florenz schloß man noch lange Jahre Wetten ab, ob denn nun Friedrich tot sei oder nicht. Auf der Jagd habe der Kaiser den unsichtbar machenden Ring des sagenhaften Priesterkönigs Johannes umgedreht und sei verschwunden. Doch noch stärker als in Italien wirkte die Sage vom lebendigen Staufer in Deutschland.

Dorthin aber drangen die Gerüchte aus Italien und ließen ratlose Zeitgenossen zurück. Jans Enikel beendet seine große Reimchronik mit den Worten:

Dar nâch der Kaiser wart verholn,
den kristen allen vor verstoln,
wan nieman west diu maere
wa er hin kommen waere.
ob er waer tôt an der zît,
da von ist waerlîch noch ein strît
in welhischen landen über al.
die einen jehent mit grôzem schal,
daz er sî erstorben
und in ein grap verborgen,
so habent sümlîch disen strît,
er leb noch in der werlt wît.
welhez under den beiden sî,
des maeres bin ich worden frî.

Auf diese Gerüchte traten an verschiedenen Stellen neue Friedriche auf – in Worms, in Lübeck, in Köln. Deutschland versank in der Anarchie des Interregnum, da mochte der alte Kaiserglanz um so heller strahlen. Auch als mit Rudolf von Habsburg ein König gefunden war, umgab den Namen Friedrichs weiterhin eine magische Aura. Ein neuer Friedrich trat auf und fand Anhänger: Reichsfürsten, die eine willkommene Gelegenheit sahen, den König zu schwächen, und Handwerker und kleine Leute aus den rheinischen Städten, die in ihm ihre messianischen Hoffnungen verwirklicht sahen. Diese seltsame Koalition trug den Betrüger aus Neuß zu ungeahnten Höhen, von denen er abstürzen mußte. Dieser Pseudofriedrich lud König Rudolf zu einem Hoftag nach Frankfurt, wo er – der

Kaiser – ihn als deutschen König bestätigen wollte. Diese Herausforderung der Majestät bewog den Habsburger zu einem Feldzug, und die Königlichen schlossen den Haufen des Prätendenten alsbald in Wetzlar ein. Der angebliche Friedrich wurde gefangen und als Ketzer und Zauberer verbrannt. Das regte aber die Phantasie nur aufs neue an, der Tod Friedrichs war nun noch weniger glaubhaft. Die Hinrichtung wurde bald mit außerordentlichen Wundern garniert und der Kaiser nicht nur unsterblich, seine Wiederkehr schien den Menschen Gewißheit.

Im Laufe des Spätmittelalters sollte sich dann die Kaisersage zunehmend mit sozialen Utopien verbinden. Auf den wiedererstehenden Kaiser richtete sich die Hoffnung auf Gerechtigkeit. Kritik an den sozialen Zuständen, an der Bedrükkung des kleinen Mannes, an der Kirche verbindet sich mit dem Namen des letzten staufischen Kaisers, der – ausgerechnet – das Reich der Gleichheit und der Gerechtigkeit heraufführen werde. Johannes von Winterthur repräsentiert dies in hervorragender Weise: »Er wird kommen, unser Retter Friedrich der Zweite, in gewaltiger Majestät, und wird die verderbte Kirche läutern und bessern. Er wird kommen, denn er muß kommen! Und wäre sein Leib in tausend Stücke zerteilt, wäre er zu Asche verbrannt, so wird er doch kommen. Denn also ist es im Rate Gottes beschlossen und kann nicht anders sein. Wenn er dann das Reich wieder hat, so wird er die Tochter des armen Mannes dem reichen Manne zur Frau geben; er wird die Nonnen verheiraten und die Mönche zur Ehe anhalten; den Witwen und Waisen und allen Beraubten wird er das Ihre geben und allen ihr Recht zuteil werden lassen, reichlich und vollauf. Die Kleriker wird er mit solchem Grimm verfolgen, daß sie ihre Tonsuren mit Mist bedecken, wenn sie nichts anderes haben, auf daß man sie nicht als Priester erkenne. Die Geistlichen aber, die die Bannsprüche des Papstes gegen ihn verkündet haben, zumal die Bettelmönche, wird er vom Erdboden vertilgen. Darnach, wenn all dies vollbracht ist, wird er mit großer Streitmacht über das Meer ziehen und auf dem Ölberg das Reich niederlegen.«

Doch damit hatte die Kaisersage kein Ende. Zweihundertsiebenundsechzig Jahre sollte der Kaiser nach den alten Verheißungen leben, und ebensoviele Jahre nach seinem Tode waren vergangen, als in Deutschland die Reformation anbrach. Und dies schien den Protestanten Verheißung; Martin Luther als Rächer der Staufer im deutschen Namen, diese Vorstellung erfreute noch die Geschichtsschreibung des 19. Jahrhunderts! So gewann man im Rückblick jenen großen Staufer, der der deutschen Geschichte weit entwachsen war, der deutschen Nationalbewegung zurück. Überhaupt wurde dem 19. Jahrhundert das Grab im fernen Palermo zu einem Pilgerziel. Der große Friedrich geriet zum Anwalt der Interessen der Gegenwart. Den Sieg gegen die napoleonischen Truppen stilisierte man zur Rache Deutschlands an den Franzosen für die Hinrichtung des jungen Konradin. Sizilien hatte es geschafft, sich von der Franzosenherrschaft, die ganz Europa unter ihren revolutionären Anspruch drücken wollte, freizuhalten. Das weckte die Erinnerung an die Sizilianische Vesper des Jahres 1282: Sizilien war der natürliche Verbündete Deutschlands gegen seinen Erbfeind Frankreich, Palermo wurde so zu einem Zentrum der deutschen Kaiseridee des 19. Jahrhunderts. Die Bauwerke des Mittelalters wurden den deutschen Reisenden so zu Zeugnissen ihrer eigenen Kultur. Wilhelm Waiblinger, der Name ist Programm, dichtete 1829:

Du hier, oh ew'ge Glorie des Vaterlands,
Des deutschen Szepters herrlicher Fürst und Held,
Du Schöpfer nie gewagter Taten,
Kämpfer des Lichts und der bessern Wahrheit.

Das Südreich der Staufer erscheint als die vorweggenommene Schaffung eines neuen Reiches, neben den Staufern zählte man großzügig auch gleich die Normannen zu den germanischen Vorläufern, denen man sich verbunden fühlte. August von Platen dichtete 1835 einen »Hymnus aus Sizilien«:

Germaniens Helden eroberten
Das Nordgefild samt wonnigeren Auen an dem Strand des Oreto selbst.
Dieses Gestad' ist noch des Ruhmes voll,
Den zurückließ ihre gewaltige Faust:
Wo Friedrich im Grabe schläft und Heinrichs
Frühbestatteter Leib zugleich ruht im porphyrnen Sarkophag.

Diese Verbindung einer Verherrlichung Siziliens und Friedrichs II. hielt sich über die erste Hälfte des 19. Jahrhunderts hinaus. Die Stimmung gibt am besten ein Brief Richard Wagners aus Palermo wieder: »Noch ist in ganz Sizilien das Andenken des Kaisers Friedrich II. mit Enthusiasmus lebendig, und von seinem Sohn Manfred weiß das Volk zu erzählen, während die Erinnerung an die Herrschaft der Franzosen nur mit finstrem Unmute erhalten ist. So tut es mir wohl, mich gerade hier wieder als Deutscher zu fühlen ...«

Daß Friedrich der deutschen Geschichte dennoch fremd geblieben ist, zeigt bereits ein Volksbuch aus dem Jahre 1519: Schon lange besaß der Kaiser auch in der Volkssage nördlich der Alpen einen Zauberberg, in dem er seine Wiederkehr erwartete. Daß dies der thüringische Kyffhäuser war, mag damit zusammenhängen, daß man im 14. Jahrhundert glaubte, Landgraf Friedrich der Freidige, ein Enkel des Kaisers, werde der ersehnte neue Fridericus sein. Zwei Jahre nach der Reformation verwechselte man erstmals Friedrich II. mit seinem Großvater

Barbarossa. Friedrich Rückert beschreibt, was die Geschichtsromantik des 19. Jahrhunderts dachte:

Der alte Barbarossa,
Der Kaiser Friederich,
Im unterirdschen Schlosse
hält er verzaubert sich

Er ist niemals gestorben,
Er lebt darin noch jetzt;
er hat im Schloß verborgen
Zum Schlaf sich hingesetzt.

Er hat hinabgenommen
Des Reiches Herrlichkeit
Und wird einst wiederkommen
Mit ihr zu seiner Zeit.

Der alte Kaiser sitzt in seinem Gemach und wartet auf seine Wiederkehr – ein Bild, dessen sich die Nationalbewegung des 19. Jahrhunderts annahm. Friedrich I., dessen eisgrauer Bart durch den Tisch hindurchgewachsen ist, werde Deutschland einst wieder aufrichten, so glaubte man. Das ist der gedankliche Hintergrund dafür, daß man den Hohenzollern Wilhelm I. nach 1870 als Barbabianca (Weißbart) dem alten Friedrich jubelnd zur Seite stellte. Mit der nationalen Einigung hatte dann auch die Staufersage als Mittel der Politik ausgedient. »Zum Friedensfest« schrieb Karl Gerock:

Nun alter Barbarosse
leg friedevoll Dein müdes Haupt zur Ruh,
Ottonen ihr, Du Kaiser Karl der Große,
Nun schlaft in Ehren in der Marmortruh:
Im Silberbart ein würdger Genosse
Gesellt sich eurem hohen Reigen zu.

Die Kaisersage, die »treueste Hüterin des deutschen Nationalgefühls« (F. Kampers), hatte mit der Errichtung des Nationalstaats ihre Aktualität verloren. Doch auch das zwanzigste Jahrhundert hat noch einmal versucht, Friedrich II. für sich zu reklamieren. Der Kreis um Stefan George sah in ihm das Vorbild und den Künder einer Erneuerung. Im Mai 1924, als sich die Gründung der Universität Neapel zum siebenhundertsten Male jährte, fand sich am Grab Friedrichs ein Kranz mit einer Binde: »Seinen Kaisern und Helden das geheime Deutschland«, niedergelegt wohl von Ernst Kantorowicz, dem großen Biographen des Kaisers. In Friedrich sah man all die elitären Vorstellungen historischer Größe verwirklicht, die man auch für sich in Anspruch nahm. Es sind die großen Männer, die die Geschichte bestimmen. Sie, die Heroen ohne Vorbild und Voraussetzung, vollenden ihren Weltenplan. Zu ihnen gehört eben auch Friedrich II., dessen wahre Größe aber weder die Deutschen des 13. noch des 20. Jahrhunderts fassen konnten. Ihnen gleich oder doch wesensverwandt zu sein, das nahm man gerne für sich in Anspruch. Stefan George dichtete:

Der Grösste Friedrich, wahren volkes sehnen,
Zum Karlen- und Ottonen-plan im blick
Des Morgenlandes ungeheuren traum
Weisheit der Kabbala und Römerwürde,
Feste von Agrigent und Selinunt.

Den Kult großer Männer, die ihrer Epoche Führer sein müssen, nahmen natürlich auch jene Horden gern für sich in Anspruch, die Ernst Kantorowicz erst vom Lehrstuhl und dann aus dem Land trieben. Und vereinzelt hat es auch nicht an Versuchen gefehlt, die Kaisertraditionen des 13. Jahrhunderts politisch nutzbar zu machen. Insgesamt aber konnte man weder Karl den Großen, den »Sachsenschlächter«, noch Friedrich, der das Wissenswerte und Nachahmungswürdige aller Kulturen aufzunehmen suchte, für die eigenen Anliegen brauchen. Daß die Gegenwart schließlich, die Epoche des Kults des Individuums, zunehmend nach der Privatperson Friedrich, nach seinen Gefühlen und seinem Denken fragte, kann da nicht mehr verwundern. So hat sich denn, wie dies bei Großen der Weltgeschichte zu geschehen pflegt, jedes Zeitalter, jede Generation und jeder Biograph seinen eigenen Kaiser Friedrich geschaffen. Auch künftige Generationen werden in seiner vielschichtigen Persönlichkeit die Probleme ihrer eigenen Gegenwart spiegeln. Das Schlußwort allerdings gehört einem Vertreter des staufischen Hauses, König Enzio, dessen Gedicht den Wandel der Zeiten begreifend aufnimmt und resignierend kommentiert:

Zeiten kommen, die führen zu Sternen,
Zeiten, die sich in Abgründe senken.
Zeiten zu lauschen, Zeiten zu lernen,
Zeiten zu reden und Zeiten zu denken,
Zeiten zu sorgen für Dinge in Fernen.
Zeiten, den Tadler nicht zu verlachen,
Zeiten, vor Drohungen nicht zu erschrecken,
Zeiten, um über die Ehre zu wachen.

Klüger doch ist es, man lerne die Kunst:
Nur auf Vernunft noch sein Handeln zu gründen,
Allem sich immer geschickt anzupassen,
Sich zu versichern der Masse Gunst.
Niemand wird dann einen Anlaß mehr finden,
Nach deinen Taten mit Tadel zu fassen.
(Freie Nachdichtung von C. A. Willemsen)

Abb. 49
Falkner. »De arte venandi cum avibus«, Rom, Biblioteca Apostolica Vaticana, Cod. Pal. lat. 1071, fol. 68r

Abb. 50
Staufisches Kastell in Prato

Abb. 51
Die Seeschlacht von Montecristo aus der Historia Maior des Matthäus Parisiensis, fol. 146r. Cambridge, Corpus Christi College

Abb. 52
Das Konzil von Lyon. Matthäus Parisiensis, Historia Maior, fol. 186 v. Cambridge, Corpus Christi College

Abb. 53
Die Bolognesen führen König Enzio in sein Gefängnis. Giovanni Villani, Chronik, ioteca Apostolica Vaticana, Cod. Chigi L.VIII. 296, fol. 82v

Abb. 54
Der Sarkophag Friedrichs II. Palermo, Dom

Abb. 55
Der Leichnam Friedrichs II. bei der Graböffnung im 18. Jahrhundert

Abb. 56
Sondertyp des Augustalis

Abbildungsnachweis

Abbildungsvorlagen der Autoren
1, 2, 5, 6, 7, 18, 24, 26, 27, 28, 29, 30, 31, 33, 35, 36, 37, 40, 41, 42, 43, 46, 47, 48, 49, 50, 51, 52, 54, 55

Archiv für Kunst und Geschichte Berlin
3

Domkapitel Aachen
14, Foto Ann Münchow

Burger-Bibliothek Bern
9, 11

Scala Mailand
4, 13

Staatliche Kunstsammlung München
34

Hessische Landesbibliothek Fulda
8

Ascoli-Club
16, 20, 21, 38, 39, 56

Hessisches Staatsarchiv Darmstadt
15

Kunsthistorisches Museum Wien
10, 17, 19

C. A. Willemsen
22, 23, 53

Staatliche Münzsammlung München
12

Bayerische Staatsbibliothek München
44

Österreichische Nationalbibliothek Wien
45

Deutsches Archäologisches Institut Rom
32

Fabbri
25

Zeittafel

1130–1154	König Roger II. von Sizilien, Begründer des Regnum Siciliae
1152–1190	Kaiser Friedrich I. Barbarossa
1154–1166	König Wilhelm I. von Sizilien
1166–1189	König Wilhelm II. von Sizilien
1186 Jan. 27	Konstanze Hauteville ∞ Heinrich VI. in Mailand
1189 Nov. 16	Tod König Wilhelms II. von Sizilien
1190 Jun. 10	Tod Friedrichs I.
1190–1197	Kaiser Heinrich VI.
1191 Apr. 14	Kaiserkrönung Heinrichs VI.
1191–1198	Papst Coelestin III. (Hyacinth Bobo-Orsini)
1192	Richard Löwenherz durch Leopold v. Österreich gefangengenommen
1194	Tod Tankreds von Lecce
1194 Dez. 25	Heinrich VI. wird feierlich in Palermo zum König gekrönt
1194 Dez. 26	Geburt Friedrichs II. in Jesi
1197 Sept. 28	Tod Heinrichs VI. in Messina
1198–1216	Papst Innocenz III. (Lothar von Segni)
1198 Mai 17	Königskrönung in Palermo (Pfingsten)
1198 Nov. 27	Tod der Konstanze
1198–1212	Deutscher Thronstreit
1208 Dez.	Beginn der selbständigen Regierung in Sizilien
1212–1220	Aufenthalt in Deutschland
1214	Schlacht von Bouvines: Philipp II. Augustus besiegt das englisch-welfische Bündnis
1216–1227	Papst Honorius III. (Cencius Savelli)
1215 Juli	Königskrönung in Aachen
1220	Hoftag zu Frankfurt: Friedrich II. setzt die Wahl seines Sohnes Heinrich zum deutschen König durch
1220 Nov. 22	Kaiserkrönung in Rom
1220 Dez.	Hoftag in Capua; Assisen von Capua

1221	Foggia wird neue Residenz
1221	Petrus de Vinea wird Berater des Kaisers
1222–1225	Kampf gegen die Araber in Sizilien. Beginn der Zwangsumsiedlung nach Lucera
1222 Juni 23	Tod der Konstanze von Aragon, beigesetzt im Dom zu Palermo
1223	Baubeginn des Palastes in Foggia
1224 Juli	Gründung der Universität Neapel
1225 Nov. 9	Friedrich II. ⚭ Isabella/Jolanthe von Brienne
1226	Erneuerung des Lombardenbundes gegen den Kaiser
1227–1241	Papst Gregor IX. (Hugo von Segni)
1227 Sept.	Gregor IX. bannt Friedrich
1228 Mai 8	Tod der Isabella von Brienne
1228–1229	Kreuzzug
1229 März	Königskrönung in Jerusalem
1230 Sommer	Frieden von San Germano
1231 Aug.	Konstitutionen von Melfi
1231	Beginn der Prägung der Augustalen
1231	Aufstände in der Lombardei
1232	Friedrich bestätigt das Statutum in favorem principum
1232–24	Aufstände im Königreich
1234	Bündnis Heinrich (VII.) mit den Lombarden gegen den Vater
1235–1236	Aufenthalt in Deutschland
1235	Unterwerfung Heinrichs (VII.) und dessen Absetzung
1235	Hoftag von Mainz; Mainzer Reichslandfrieden
1235	Friedrich II. ⚭ Isabella von England, Schwester des Königs Heinrich III. Plantagenet
1237 Nov.	Schlacht von Cortenuova
1238	Schwere Niederlage gegen die Lombarden bei Brescia, Bündnis zwischen Genua und Venedig gegen Friedrich
1239 März	Gregor IX. bannt Friedrich
1241 Mai	Seeschlacht bei Montecristo
1241 Dez. 1	Tod der Isabella von England
1242	Tod Heinrichs (VII.)
1243–1254	Innozenz IV. (Sinibald Fieschi)
1244	Flucht von Innocenz IV. über Genua nach Lyon
1245 Juli	Innocenz IV. setzt Friedrich auf dem Konzil von Lyon ab (in Deutschland in der Folge Gegenkönige)
1246 März	Verschwörung gegen Friedrich
1248 Feb.	Niederlage vor Parma
1248	Manfred ⚭ Beatrix von Savoyen
1248	Giftanschlag des Leibarztes

1249 Apr.	Tod des Petrus de Vinea in San Miniato al Tedesco
1249	Enzio von den Bolognesern bei Fossalta gefangengenommen
1250 Dez. 13	Tod Friedrichs II. auf Castello di Fiorentino
1251 Feb. 25	Beisetzung Friedrichs II. im Dom von Palermo
1252	Konrad IV. kommt nach Italien
1254	Tod Konrads IV. nahe Melfi
1254	Päpstliche Truppen schleifen den Kaiserpalast in Foggia
1258	Krönung Manfreds in Palermo
1258	Tod Friedrichs von Antiochien
1259	Tod des Ezzelino da Romano
1266	Tod Manfreds, Niederlage in der Schlacht bei Benevent, Karl von Anjou besetzt das Königreich
1268	Hinrichtung Konradins in Neapel nach der Niederlage bei Tagliacozzo
1272	Tod des Königs Enzio
1282 März 21	Sizilianische Vesper

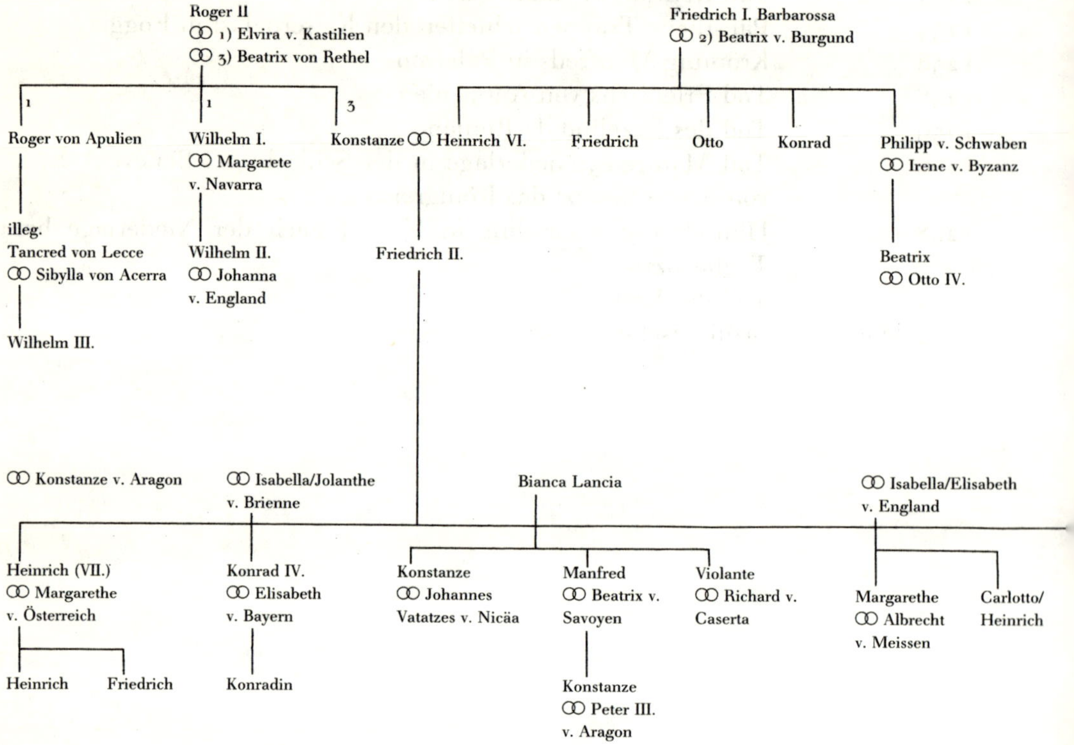
Roger II
⚭ 1) Elvira v. Kastilien
⚭ 3) Beatrix von Rethel
Friedrich I. Barbarossa
⚭ 2) Beatrix v. Burgund
1
1
3
Roger von Apulien
Wilhelm I.
⚭ Margarete
v. Navarra
Konstanze ⚭ Heinrich VI.
Friedrich
Otto
Konrad
Philipp v. Schwaben
⚭ Irene v. Byzanz
illeg.
Tancred von Lecce
⚭ Sibylla von Acerra
Wilhelm II.
⚭ Johanna
v. England
Friedrich II.
Beatrix
⚭ Otto IV.
Wilhelm III.
⚭ Konstanze v. Aragon
⚭ Isabella/Jolanthe
v. Brienne
Bianca Lancia
⚭ Isabella/Elisabeth
v. England
Heinrich (VII.)
⚭ Margarethe
v. Österreich
Konrad IV.
⚭ Elisabeth
v. Bayern
Konstanze
⚭ Johannes
Vatatzes v. Nicäa
Manfred
⚭ Beatrix v.
Savoyen
Violante
⚭ Richard v.
Caserta
Margarethe
⚭ Albrecht
v. Meissen
Carlotto/
Heinrich
Heinrich
Friedrich
Konradin
Konstanze
⚭ Peter III.
v. Aragon

Der Stammbaum strebt keine Vollständigkeit an.
Im Text erwähnte Personen sind nach Möglichkeit verzeichnet.
Als Grundlage diente die Stammtafel der Staufer II von Hansmartin Decker-Hauff.
Die Zeit der Staufer IV, Stuttgart 1977, Tafel XVI.

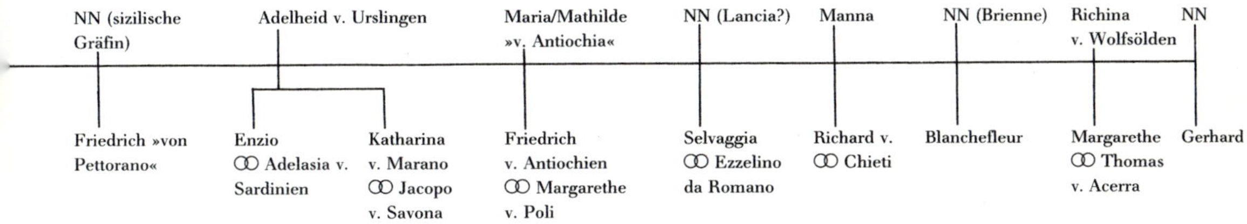

Bibliographische Hinweise

Bei der dichten Forschung zur spätstaufischen Zeit versteht es sich von selbst, daß die Angaben nur auf das Notwendigste beschränkt werden können, und nur als Hilfe für weitere Studien gedacht sind. Bereits die im einzelnen für die Darstellung herangezogene Literatur würde den Rahmen sprengen, neuere und weiterführende Titel stehen im Vordergrund. Verwiesen sei vor allem auf die genannten Biographien und Carl A. Willemsen, Bibliographie zur Geschichte Kaiser Friedrichs II. und der letzten Staufer, Monumenta Germaniae Historica. Hilfsmittel 8, München 1986, sowie auf die Literaturangaben in den genannten Biographien.

Die Person Friedrichs II. hat immer wieder *Biographen* angezogen, wobei die Qualität der Darstellungen sehr unterschiedlich ist. Zuerst ist hinzuweisen auf Ernst Kantorowicz, Kaiser Friedrich der Zweite 1–2, Berlin 1927–31. Zunächst erschien der Textband ohne Anmerkungen, der schnell vier Auflagen erlebte, nach erregten Diskussionen um die »Mythenschau« des Autors 1931 der Band mit den Quellennachweisen. Das Werk war lange vergriffen, erst 1963 gab Kantorowicz nach langen Bedenken seine Zustimmung zum Neuabdruck. Vieles, was er später zu diesem Thema gesammelt hatte, findet sich in Ernst Kantorowicz, Die zwei Körper des Königs. Eine Studie zur politischen Theologie des Mittelalters, München 1990. Von den älteren Werken ist wegen der Materialfülle nützlich, wenn auch nicht die gesamte Lebenszeit umfassend: Eduard Winkelmann, Kaiser Friedrich II. 1–2, Leipzig 1889–97 (ND 1963). Die Monographie von Franz Kampers, Kaiser Friedrich II. Der Wegbereiter der Renaissance, Monographien zur Weltgeschichte 34, Bielefeld–Leipzig 1929 gehört zu jenen Werken, die in Friedrich den Künder der Neuzeit sehen wollen. Karl Ipser, Kaiser Friedrich der Zweite. Leben und Werk in Italien, Denkstätten einer Völkergemeinschaft Bd. 2, Leipzig 1942 enthält wertvolles Bildmaterial, für die Darstellung aber ist auf das Erscheinungsjahr zu verweisen. Auch nach dem Kriege konnten sich die meisten Biographen der Faszination von Kantorowicz nicht entziehen. Georgina Masson, Friedrich II. von Hohenstaufen. Eine Biographie, Reinbek bei Hamburg 1991 (Erstmals London 1957) liefert ein anschauliches Lebensbild. Thomas Curtis Van Cleve, The Emperor Frederick II of Hohenstaufen. Immutator Mundi, Oxford 1972 ist sehr detailreich, die Forschungen stammen aber meist noch aus der Vorkriegszeit. Marcel Brion, Frédéric II de Hohenstaufen, Paris 1978 und Eberhard Horst, Friedrich der Staufer, Düsseldorf 1975 (5. Aufl. 1986) sind in ihren jeweiligen Erscheinungsländern populär gewesen. Humbert Fink, Ich bin der Herr der Welt, München 1976, sieht in Friedrich einen Tyrannen des 13. Jahrhunderts. Bruno Gloger, Kaiser, Gott und Teufel, Berlin/Ost 1970 beschäftigt sich mit der spätmittelalterlichen Wirkungsgeschichte und den damit zusammenhängenden Problemen. Walther Lammers, Friedrich II. (1212–1250), in: Helmut Beumann, Kaisergestalten des Mittelalters, München 1988, S. 199–239 gibt einen guten Überblick. Den Stand der Forschung bietet knapp Walter Koch, Friedrich II., in: Lexikon des Mittelalters Bd. 4, München-Zürich 1988, Sp. 933–938. David Abulafia, Herrscher zwischen den Kulturen. Friedrich II. von Hohenstaufen, Berlin 1991 (erstmals London 1988) versucht sich an einem »Anti Kantorowicz«, ohne zu überzeugen. Hans Martin Schaller, Kaiser Friedrich II. Verwandler der Welt, in: Persönlichkeit und Geschichte Bd. 34, 4. Aufl. Göttingen 1992 bleibt die beste und lesenswerteste kürzere Biographie. Die Biographie von Wolfgang Stürner, Friedrich II., Teil 1: Die Königsherrschaft in Sizilien und Deutschland 1194–1220, Gestalten des Mittelalters und der Renaissance, Darmstadt 1992, auf mindestens 2 Bände geplant, verspricht eine wissenschaftlich fundierte, nüchterne Darstellung mit wissenschaftlichem Anspruch zu werden.

Es gibt eine Reihe von *Kongreß- und Sammelbänden*, die durchgehend für das Thema heranzuziehen sind: Atti del Convegno Internazionale di Studi Federiciani, Palermo 1952. Josef Fleckenstein (Hrsg.), Probleme um Friedrich II., Vorträge und Forschungen 16, Sigmaringen 1974. Gunther Wolf (Hrsg.), Stupor Mundi. Zur Geschichte Friedrichs II. von Hohenstaufen, Wege der Forschung Bd. 101, Darmstadt 1966, 2. völlig neu bearb. Aufl. Darmstadt 1982. Leider decken sich beide Auflagen nicht in den Beiträgen, sodaß beide nebeneinander zu benützen sind. Weiters: Atti del convegno di studi su Federico II., Jesi 1976. Atti delle giornate federiciane (Oria), Manduria 1971, danach Bari 1973ff.. Maria Stella Calò (Hrsg.), Federico II e Fiorentino, Atti del Primo Convegno di Studi Medioevali della Capitanata, Galatina 1985. Gesammelte Aufsätze: Josef Deér, Byzanz und das abendländische Herrschertum. Ausgewählte Aufsätze, Vorträge und Forschungen 21, hrsg. v. Peter Classen, Sigmaringen 1977. Die zahlreichen wichtigen Arbeiten von Hans Martin Schaller finden sich jetzt in dem Band Ders., Stauferzeit. Ausgewählte Aufsätze, Monumenta Germaniae Historica. Schriften 38, Hannover 1993.

Eine Reihe von Bänden betreffen Thematiken, die sich auf die gesamte Regierungszeit beziehen. Zur sizilischen Geschichte der Zeit Salvatore Tramontana,

La monarchia normanno-sveva, Turin 1986. Graf Hubert von Waldburg-Wolfegg, Vom Südreich der Hohenstaufen, 3. Aufl. München 1948. Willy Cohn, Das Zeitalter der Hohenstaufen in Sizilien. Ein Beitrag zur Entstehung des modernen Beamtenstaates, Untersuchungen zur Deutschen Staats- und Rechtsgeschichte Heft 134, Breslau 1925. Grundlegend zur Beurteilung Siziliens durch die Zeitgenossen Folker Reichert, Der sizilische Staat Friedrichs II. in Wahrnehmung und Urteil der Zeitgenossen, Historische Zeitschrift 253, 1991, S. 21–50. Zur Sozialgeschichte: Illuminato Peri, Uomini, città e campagne in Sicilia dall'XI al XIII secolo, Bari 1978. Zur Militärgeschichte: Willy Cohn, Die Geschichte der normannisch-sizilischen Flotte 1060–1266, Breslau 1910 (ND Aalen 1978). Zu den Juden: Raphael Straus, Die Juden im Königreich Sizilien unter Normannen und Staufern, Heidelberg 1910 (ND Nendeln 1977). Willy Cohn, Juden und Staufer in Unteritalien und Sizilien. Aufsätze zur Geschichte der Juden im Mittelalter, ihr Verhältnis zu den Stauferkaisern und den Königen von Sizilien sowie zur allgemeinen Staufergeschichte, Aalen 1971 (Nachdruck verschiedener Aufsätze). Zu den Arabern: Michele Amari, Storia dei Musulmani di Sicilia 1–3, 2. Aufl. Catania 1933–39 (a cura di Carlo Alfonso Nallino). Francesco Gabrieli, Storia, cultura e civiltà degli arabi in Italia, in: Francesco Gabrieli/U. Scerrato, Gli arabi in Italia, Mailand 1979, S. 15–269.

Die *Quellen* sind zu zahlreich, um auch nur alle wichtigen zu nennen: Für die Urkunden und Briefe Friedrichs vgl. Jean-Louis Alphonse Huillard-Bréholles, Historia diplomatica Friderici Secundi 6 Bde. in 11, Paris 1852–61 (ND 1963). Unentbehrlich sind die Regesta imperii V 1–3. Die Regesten des Kaiserreiches unter Philipp, Otto IV., Friedrich II., Heinrich (VII.), Heinrich Raspe, Wilhelm und Richard 1198–1272. Nach der Neubearbeitung und dem Nachlasse Johann Friedrich Böhmers neu herausgg. und ergänzt von Julius Ficker und Eduard Winkelmann, 3. Bde. Innsbruck 1881–1901 (ND Hildesheim 1971) und Regesta imperii V 4. Nachträge und Ergänzungen, bearbeitet von Paul Zinsmaier, Köln-Wien 1983. Briefe des Petrus de Vinea in: Jean-Louis Alphonse Huillard-Bréholles, Vie et correspondance de Pierre de la Vigne, ministre de l'empereur Frédéric II, Paris 1865 (ND 1966). Eduard Winkelmann, Acta imperii inedita 1–2, Innsbruck 1880–85. Das heute verlorene Kanzleiregister, den Liber Augustalis und weitere Quellen veröffentlichte Gaetano Carcani, Constitutiones regum regni utriusque Siciliae mandante Friderico II imperatore per Petrum de Vinea Capuanum Praetorio Praefectum et Cancellarium ... et fragmentum quod superest Regesto eiusdem imperatoris anno 1239&1240, Neapel 1786. Text und deutsche Übersetzung bei Hermann Conrad/Thea von der Lieck-Buyken/ Wolfgang Wagner (Hrsg.), Die Konstitutionen Friedrichs II. von Hohenstaufen für sein Königreich Sizilien, Studien und Quellen zur Welt Kaiser Friedrichs II. Bd. 2, Köln/Wien 1973. Die Vorläufer und Quellen wies Hermann Dilcher, Die sizilische Gesetzgebung Kaiser Friedrich II. Quellen der Constitutionen von Melfi und ihrer Novellen, Studien und Quellen zur Welt Kaiser Friedrichs II. Bd. 3, Köln/Wien 1975 nach. Was Übersetzungen betrifft, so ist vor allem zu nennen: Klaus J. Heinisch (Hrsg.), Kaiser Friedrich II. in Briefen und Berichten seiner Zeit, 6. Aufl. Darmstadt 1978. Er sammelt und übersetzt vor allem die Staatsbriefe und Selbstzeugnisse. Die Mehrzahl der im Text zitierten Stellen wurde daraus entnommen. Ders., Kaiser Friedrich II. Sein Leben in zeitgenössischen Berichten, München 1977 gibt Auszüge aus Chroniken der Zeit wieder. Weiters Wolfram von den Steinen, Staatsbriefe Kaiser Friedrichs des Zweiten, Breslau 1923. Erzählende Quellen sind zu zahlreich, kaum ein zeitgenössischer Geschichtsschreiber ließ Kaiser Friedrich unbeachtet. Richard von San Germano: Ryccardi de Sancto Germano Chronica (ed. C. A. Garufi), Rerum Italicarum Scriptores 7/2, Bologna 1936–1938 (ediert auch in Monumenta Germaniae Historica, Scriptores 19) entstammt immerhin dem Königreich Sizilien selbst und schreibt aus dieser Perspektive. Der englische Chronist Matthew Paris, Chronica maiora, 7 Bde (ed. Henry R. Luard), Rolls Series, 1872–1883 (deutsche Übersetzung von Georg Grandaur/Wilhelm Wattenbach Leipzig 1880) würdigt Friedrich sehr ausführlich. Der Franziskaner Salimbene von Parma, Chronica (ed. G. Scalia) 1–2, Scrittori d'Italia, Bari 1966, auch in: Monumenta Germaniae Historica, Scriptores 32 (deutsche Übersetzung von Alfred Doren 1–2, 1914). Salimbene ist ein geschwätziger und boshafter Berichterstatter, gibt aber vor allem Stimmen und Stimmungen aus den Lombardenstädten wieder. Michele Amari, Biblioteca arabo-sicula, versione italiana 1–2, Turin/Rom 1880–81 und der Recueil des historiens des croisades, Historiens orientaux 1–5, Paris 1841 ff.. geben arabische Texte in italienischer und französischer Übersetzung wieder.

Für die *Kunstgeschichte* wichtig sind: Émile Bertaux, L'art dans l'Italie méridionale, Paris 1904 (ND Paris 1968), dazu Aggiornamento dell'opera di Émile Bertaux »L'art dans l'Italie méridionale«, sotto la direzione di A. Prandi, 3 Bde. Rom 1978. Die Zeit der Staufer. Geschichte, Kunst, Kultur. Katalog zur Ausstellung 1–5, Stuttgart 1977–1979. Percy Ernst Schramm/Florentine Mütherich, Denkmale der deutschen Könige und Kaiser. Ein Beitrag zur Herrschergeschichte von Karl dem Großen bis Friedrich II. 768–1250, Veröffentlichungen des Zentralinstitutes für Kunstgeschichte 2, 2. Aufl. München 1981. Maria Angiola Romanini (Hrsg.), Federico II e l'arte del Duecento Italiano 1–2, Atti della III settimana di studi di storia dell'arte medievale dell'università di Roma, Galatina 1980. Zum Aspekt politische Propaganda: Otto Vehse, Die amtliche Propaganda in der Staatskunst Kaiser Friedrichs II., München 1929. Kunibert Bering, Kunst und Staatsmetaphysik des Hochmittelalters in Italien. Zentren der Bau- und Bildungspropaganda in der Zeit Friedrichs II., Essen 1986. Regionale Zusammenfassungen: Apulien: Carl Arnold Willemsen/Dagmar Odenthal, Apulien. Land der Normannen, Land der Staufer, 3. Aufl. Darmstadt 1968. Carl Arnold Willemsen, Apulien, Kathedralen und Kastelle. Ein Kunstführer durch das normannisch-staufische Apulien, 2. Aufl. Köln 1973. Pina Belli d'Elia, Romanisches Apulien, Würzburg 1989. Rolf Legler, Apulien. 7000 Jahre Geschichte und Kunst im Land der Kathedralen, Kastelle und Trulli, Köln 1987. Valentino Pace, Apulien, Basilicata, Kalabrien. Kunstdenkmäler in Italien, Darmstadt 1994. Kalabrien: Carl Arnold Willemsen/Dagmar Odenthal, Kalabrien. Schicksal einer Landbrücke, Köln 1966. Sizilien: Stefano Bottari, Monumenti svevi di Sicilia, Palermo 1950. Guido Di Stefano, Monumenti della Sicilia Normanna, Palermo 1955. 2. Aufl., ergänzt und erweitert von Wolfgang Krönig, Palermo 1979. Wolfgang Krönig, Sizilien. Kunstdenkmäler in Italien, Darmstadt 1986. Architektur: Arthur Haseloff, Die Bauten der Hohenstaufen in Unteritalien 1, Leipzig 1920. Carl Arnold Willemsen, Die Bauten der Hohenstaufen in Süditalien. Neue Grabungs- und Forschungsergebnisse, Arbeitsgemeinschaft für Forschung des Landes Nordrhein-Westfalen, Geisteswissenschaften Heft 149, Köln-Opladen 1968. Corrado Ricci, Mittelalterliche Baukunst in Süditalien, Stuttgart 1928. Renate Wagner-Rieger, Die italienische Baukunst zu Beginn der Gotik 2: Süd- und Mittelitalien, Graz-Köln 1957. Hanno Hahn/Albert Renger-Patzsch, Hohenstaufenburgen in Süditalien, Ingelheim a. Rh. 1961. Arnaldo Bruschi/ Gaetano Miarelli Mariani, Architettura Sveva nell'Italia Meridionale. Repertorio dei Castelli Federiciani, Prato/Florenz 1975. Walter Hotz, Pfalzen und Burgen der Stauferzeit. Geschichte und Gestalt, Darmstadt 1981. Skulptur: Carl Arnold Willemsen, Die Bildnisse der Staufer. Versuch einer Bestandsaufnahme, in: Schriften zur staufischen Geschichte und Kunst Bd. 4, Göppingen 1977. Horst Schäfer-Schuchardt, Die figürliche Steinplastik des 11.–13. Jahrhunderts in Apulien 1–4, Bari–Weinheim 1987–1989. Goldschmiedekunst: Maria Accascina, Oreficeria di Sicilia dal XII al XX secolo, Palermo 1974. Zu den Herrschaftszeichen: Percy Ernst Schramm, Kaiser Friedrichs II. Herrschaftszeichen, Abhandlungen d. Akad. d. Wissenschaften in Göttingen, Phil.-hist. Klasse, 3. Folge 36, Göttingen 1955. Ders., Herrschaftszeichen und Staatssymbolik 1–3, Schriften der Monumenta Germaniae Historica 13, Stuttgart 1954–56. Ders., Le insegne di potere di Federico II, Atti del Convegno di studi su Federico II (Jesi 1966), Jesi 1976, S. 73–82. Angelo Lipinsky, Sizilianische Goldschmiedekunst im Zeitalter der Normannen und Staufer, Das Münster Bd. 10 (1957) S. 73–99 und 158–186.

Kapitel 1 (Der Verwandler der Welt): Zur Charakteristik Friedrichs sei auf die genannten Biographien verwiesen, für den Kaiserkopf vgl. die Angaben zu Kapitel 6. Für die Wirtschaft: Roberto S. Lopez, The Commercial Revolution of the Middle Ages, Princeton 1971. Für die neue Gelehrsamkeit ist die Literatur unüberschaubar: Vgl. Charles H. Haskins, The Renaissance of the Twelfth Century, Cambridge/Mass. 1927. Richard W. Southern, Geistes- und Sozialgeschichte des Mittelalters, 2. Aufl. 1980. Peter Weimar (Hrsg.), Die Renaissance der Wissenschaften im 12. Jahrhundert, Zürich 1981. Robert L. Benson/Giles Constable (Hrsg.), Renaissance and Renewal in the Twelfth Century, Oxford 1982 (Paperback 1985). Für die Zisterzienser Kaspar Elm/Peter Joerißen/ H. J. Roth, Die Zisterzienser. Ideal und Wirklichkeit. Schriften des Rheinischen Museumsamtes 10, Bonn 1980. George Duby, Der heilige Bernhard und die Kunst der Zisterzienser, Frankfurt 1991 (Paris 1979). Zu Joachim von Fiore vgl. Herbert Grundmann, Studien über Joachim von Floris, Leipzig–Berlin 1927. Ders., Neue Forschungen über Joachim von Fiore, Marburg 1950. Zu den Ketzern: Arno Borst, Die Katharer, Stuttgart 1953. Herbert Grundmann, Religiöse Bewegungen im Mittelalter, 4. Aufl. Darmstadt 1977. Herbert Grundmann, Ketzergeschichte des Mittelalters, Göttingen 1963. Malcolm D. Lambert, Ketzerei im Mittelalter. Häresien von Bogumil bis Hus, München 1981 (London 1977). Für die Franziskaner Raoul Manselli, S. Francesco d'Assisi, 2. Aufl. Rom 1981. Für den Traum des Papstes und das Fresko des Giotto in Assisi vgl. Dieter Blume, Wandmalerei als Ordenspropaganda. Bildprogramme im Chorbereich franziskanischer Konvente Italiens bis zur Mitte des 14. Jahrhunderts, Heidelberger Kunstgeschichtliche Abhandlungen Neue Folge Bd. 17, Worms 1983. Für Dominikus H.-M. Vicaire, Geschichte des heiligen Dominikus 1–2, Freiburg 1962–63 (Paris 2. Aufl. 1982). Zur Charakteristik des Königreichs Sizilien sind die Zitate aus Ibn Gubair und Benjamin von Tudela entnommen: Ibn Dschubair, Tagebuch eines Mekkapilgers, Bibliothek arabischer Klassiker Bd. 10, Stuttgart 1985. Benjamin von Tudela/Petachia von Regensburg, Jüdische Reisen im Mittelalter, Leipzig 1991. Das Zitat Friedrichs (S. 19) bei Heinisch, Kaiser Friedrich II. (Briefe), S. 405. Salimbene von Parma (S. 19–20) bei Heinisch, Kaiser Friedrich II. (Berichte), S. 197. Für al-Edrîsi: Idrisi, Il libro di Ruggiero (ed. Umberto Rizzitano), Palermo 1966.

Kapitel 2 (Der Erbe): Zu den Normannen vgl. John Julius Norwich, Die Wikinger im Mittelmeer. Das Südreich der Normannen 1016–1130, Wiesbaden 1968 (London 1967). Ders., Die Normannen in Sizilien 1130–1194, 2. Aufl. Wiesbaden 1973 (London 1970). Grundlegend bleibt Ferdinand Chalandon, Histoire de la domination normande en Italie et en Sicile 1–2, Paris 1907 (ND New York 1960). Erich Caspar, Roger II. (1101–1154) und die Begründung der normannisch-sicilischen Monarchie, Innsbruck 1904 (ND Darmstadt 1968). Zur Wirtschaft vgl. David Abulafia, The Two Italies. Economic Relations between the Norman Kingdom of Sicily and the Northern Comunes, Cambridge 1977. Zu den Aspekten der Königsidee: Reinhard Elze, Zum Königtum Rogers II. von Sizilien, in: Festschrift für Percy Ernst Schramm 1, Wiesbaden 1964, S. 102–116. Helene Wieruszowski, Roger II of Sicily, Rex Tyrannus in twelfth century political Thought, Speculum 38, 1963, S. 46–78. Francesco Giunta, Bizantini e bizantinismo nella Sicilia normanna, 2. Aufl. Palermo 1954. Josef Deér, Papsttum und Normannen. Untersuchungen zu ihren lehensrechtlichen Beziehungen, Köln-Wien 1972. Hubert Houben, Die Tolerierung Andersgläubiger im normannisch-staufischen Süditalien, in: Die Begegnung des Westens mit dem Osten, hrsg. v. Odilo Engels/Peter Schreiner, 1993, S. 75–87. Zur Kunst: Otto Demus, The Mosaics of Norman Sicily, London 1949/50. Ernst Kitzinger, The Art of Byzantium and the Medieval West. Collected Studies, hrsg. von W. E. Kleinbauer, Bloomington/Indiana 1976. Eve Borsook, Messages in Mosaic. The Royal Programmes of Norman Sicily (1130–1187), Oxford 1990. Zur Interpretation des Mosaiks in der Martorana vgl. Ernst Kitzinger, The Mosaics of St.Mary's of the Admiral in Palermo, Dumbarton Oaks Studies 27, Dumbarton Oaks 1990. Zur Palastkapelle vgl. Ernst Kitzinger, The Mosaics of the Cappella Palatina in Palermo. An Essay on the Choice and Arrangement of Subjects, Art Bulletin 31, 1949, S. 269–292. Wolfgang Krönig, Considerazioni sulla Cappella Palatina di Palermo, Atti del Convegno Internazionale di Studi Ruggeriani 1, Palermo 1955, S. 247–268. Ugo Monneret De Villard, Le pitture musulmane al soffitto della Cappella Palatina in Palermo, Rom 1950. Pietro Toesca, La Cappella Palatina, Milano 1955. Die Predigt (S. 29) findet sich in Caspar, Roger II. S. 459–468. Romuald über die Paläste bei Birgit Carnabuci, Sizilien. Insel zwischen Orient und Okzident, Köln 1992, S. 87. Das Alberti-Zitat (S. 31 f.) ebd. S. 372. Zur Zisa Giuseppe Caronia, La Zisa di Palermo. Storia e restauro, Bari 1982. Zu Friedrich Barbarossa und den Staufern vgl. Odilo Engels, Die Staufer, 4. Aufl. Stuttgart/Berlin/Mainz 1989. Ferdinand Opll, Friedrich Barbarossa, Gestalten des Mittelalters und der Renaissance, 2. Aufl. Darmstadt 1994. Gottfried Koch, Auf dem Weg zum Sacrum Imperium. Studien zur ideologischen Herrschaftsbegründung der deutschen Zentralgewalt im 11. und 12. Jahrhundert, Wien/Köln/ Graz 1972. Die zahlreichen Arbeiten von Heinrich Appelt sind jetzt zu benützen in: Ders., Kaisertum, Königtum, Landesherrschaft. Gesammelte Studien zur mittelalterlichen Verfassungsgeschichte, Mitteilungen des Instituts für Österreichische Geschichtsforschung. Ergänzungsband 28, Wien/Köln/Graz 1988. Zu den oberitalienischen Kommunen Renato Bordone, La società urbana nell'Italia comunale, Turin 1984. Alfred Haverkamp, Herrschaftsformen der Frühstaufer in Reichsitalien 1–2, Stuttgart 1970–1971. Zu Heinrich VI. und Konstanze von Hauteville vgl. Theodor Toeche, Kaiser Heinrich VI., Leipzig 1867 (ND Darmstadt 1965). Peter Csendes, Heinrich VI. Gestalten des Mittelalters und der Renaissance, Darmstadt 1993. Theo Kölzer, Costanza d'Altavilla, Dizionario biografico degli Italiani 30, Rom 1984, Sp. 346–356. Theo Kölzer, Sizilien und das Reich im ausgehenden 12. Jahrhundert, Historisches Jahrbuch 110, 1990, S. 3–22. Pier Fausto Palumbo, Tancredi conte di Lecce e re di Sicilia e il tramonto dell'età normanna, Rom 1991. Christoph Reisinger, Tancred von Lecce. Normannischer König von Sizilien 1190-1194, Kölner Historische

Abhandlungen 38, Köln 1992. Zu Petrus de Ebulo: Raoul Manselli (Hrsg.), Studi su Pietro da Eboli, Rom 1978. Grundlegend: Petrus de Ebulo, Liber ad honorem Augusti sive de rebus Siculis, hrsg. und kommentiert von Theo Kölzer und Marlis Stähli, übersetzt von Gereon Becht-Jördens, Sigmaringen 1994. Zum Krönungsmantel allgemein die oben genannten Werke, zu den Insignien und zur Übersetzung Tarif al-Samman, Arabische Inschriften auf den Krönungsgewändern des Heiligen Römischen Reiches, Jahrbuch der Kunsthistorischen Sammlungen in Wien, Bd. 78 (N.F. XLII), 1982, S. 7–34. Die Klage des Anonymus (S. 40f.) übersetzt nach Salvatore Tramontana, Lettera a un tesoriere di Palermo sulla conquista sveva di Sicilia, Biblioteca siciliana di storia e letteratura Quaderni 33, Palermo 1988.

Kapitel 3 (Puer Apuliae): Die Übersetzung des Gedichtes des Petrus de Ebulo (S. 42) Heinisch, Kaiser Friedrich II. (Berichte), S. 8. Friedrich II. für Jesi: Heinisch, Friedrich II. (Briefe) S. 452–453. Als Materialsammlung zum Thronstreit: Eduard Winkelmann, Philipp von Schwaben und Otto von Braunschweig 1–2, Leipzig 1873–1878 (ND Darmstadt 1968). Zu Innocenz III. Friedrich Kempf, Papsttum und Kaisertum bei Innocenz III. Die geistigen und rechtlichen Grundlagen seiner Thronstreitspolitik, Rom 1954. Manfred Laufs, Politik und Recht bei Innocenz III., Köln/Wien 1980. Zu den Wirren der Unmündigkeit: Ronald Neumann, Parteibildungen im Königreich Sizilien während der Unmündigkeit Friedrichs II. (1198–1208), Frankfurt/Bern 1986. Der Brief des Rainald von Capua (S. 48) Heinisch, Friedrich II. (Briefe) S. 10, das Briefgedicht ebd. S. 12–13 und der Brief des Jahres 1207 (S. 50f.) ebd. S. 16–18. Zur Gemme des Puer Apuliae vgl. Hans Wentzel, Die mittelalterlichen Gemmen der Staatlichen Münzsammlung zu München, Münchener Jahrbuch der Bildenden Kunst VIII, 1957, S. 45–49. Zur Stanza normanna im Palast zu Palermo Demus, The Mosaics of Norman Sicily, S. 180–183. Die Aussagen Papst Innocenz III. (S. 54) Heinisch, Friedrich II. (Briefe) S. 20. Für Otto IV. jetzt grundlegend Bernd Ulrich Hucker, Kaiser Otto IV., Monumenta Germaniae Historica. Schriften 24, Hannover 1990.

Kapitel 4 (Augustus und Kaiser): Das Zitat S. 60 Heinisch, Friedrich II. (Briefe) S. 27–28, Walther von der Vogelweide (S. 61) ebd. S. 30. Zu Bouvines: George Duby, Der Sonntag von Bouvines. 27. Juli 1214, Berlin 1988 (Paris 1973). Zu den Ereignissen auch Hucker (vgl. voriges Kapitel). Der Bericht zur Krönung in Aachen S. 62 bei Heinisch, Friedrich II. (Briefe) S. 35–36, das Privileg Friedrichs ebd. S. 147. Der Bericht über den Karlsschrein (S. 63) bei Heinisch, Friedrich II. (Briefe) S. 36. Zum Karlsschrein vgl. Schramm/Mütherich 1 Nr. 195, die Thesen von Hucker, Otto IV. a. a. O. sind umstritten. Eine staufische Krönung schildert Reinhard Elze, Eine Kaiserkrönung um 1200, in: Adel und Kirche, Festschrift

Gerd Tellenbach, Freiburg/Brsg. 1968, S. 365–373. Zu den Insignien vgl. Hermann Fillitz, Die Insignien und Kleinodien des Heiligen Römischen Reiches, Wien-München 1954. Vor allem ist auf die verschiedenen zitierten Arbeiten von Percy Ernst Schramm zu verweisen. Daneben grundlegend Josef Deér, Der Kaiserornat Friedrichs II., Dissertationes Bernenses, Bern 1952. Neuerdings vgl. auch Bettina Pferschy-Maleczek, Zu den Krönungsinsignien Kaiser Friedrichs II. Herkunft und Bedeutung der nimbierten Adler auf den Krönungshandschuhen und der Metzer »Chape de Charlemagne«, Mitteilungen des Instituts für Österreichische Geschichtsforschung 100, 1992, S. 214–236.

Kapitel 5 (Erste Bewährung): Zu Kirche und Krone grundlegend: Norbert Kamp, Kirche und Monarchie im staufischen Königreich Sizilien 1–4, Münstersche Hochschulschriften 10, 1973–82. Grabkrone der Konstanze: Vgl. die Arbeiten von Schramm und Deér sowie Angelo Lipinsky, »Sicaniae Regni Corona«. Il »Kamelaukion« detto »Cuffia di Costanza« nel tesoro del Duomo di Palermo, Miscellanea in memoriam di G. Rossi Taibbi. Bizantino-Sicula 3, Palermo 1975, S. 347–370. Lucera: Pietro Egidi, La colonia saracena di Lucera e la sua distruzione, Lucera 1915. Ders., Codice diplomatico dei Saraceni di Lucera, Neapel 1917. Ernesto Pontieri, Lucera svevo-angioina, Atti dell'Accademia Pontiniana ns 17 (1966) S. 5–26. Jean Claude Richard de Saint-Non, Voyage pittoresque ou description des royaumes de Naples et de Sicile 1–4, Paris 1781–1786 (ND 1–5, Palermo 1982). Willemsen, Bauten Kaiser Friedrichs II., S. 143–163. und Ders. in Stauferkatalog 3, Abb. 14 und 15. Für das Zitat S. 76f.. vgl. Heinisch, Friedrich II. (Briefe), S. 60. Gregor IX. (S. 78f..): Heinisch, Friedrich II. (Briefe), S. 66–67. Universität Neapel: Franco Cardini/Maria Teresa Fumagalli Beonio Brochieri, Universitäten im Mittelalter. Die europäischen Stätten des Wissens, München 1991. Für das Gründungsprivileg Heinisch, Friedrich II. (Briefe), S. 69–72. Pozzuoli: Angela Daneu Lattanzi, Petrus de Ebulo – Nomina et Virtutes Balneorum seu de Balneis Puteolorum et Baiarum, Codice Angelico 1474 (Faksimile-Ausgabe), Rom 1962. Charles M. Kauffmann, The Baths of Pozzuoli. A Study of the Medieval illuminations of Peter of Eboli's Poem, Oxford 1959. Für Benjamin von Tudela (S. 86) vgl. Kapitel 1. Zum Kreuzzug vgl. Thomas Curtis van Cleve, The Crusade of Federick II, in: Kenneth Setton, A History of Crusades 2, Philadelphia 1962. Hans Eberhard Mayer, Geschichte der Kreuzzüge, 7. Aufl. Stuttgart 1989. Ders., Das Pontifikale von Tyrus und die Krönung der lateinischen Könige von Jerusalem, zugleich ein Beitrag zur Forschung über Herrschaftszeichen und Staatssymbolik, Dumbarton Oaks Papers 21, 1967, S. 141–232 gegen Kantorowicz S. 183, der Friedrich II. mit Napoleon vergleicht. In seinem Sinne, aber einschränkend Helmuth Kluger, Hochmeister Hermann von Salza und Kaiser Friedrich II., Marburg 1987, S. 111. Das Schreiben Gregors IX. (S. 87f..) Heinisch, Friedrich II. (Briefe), S. 142–144 und Friedrich ebd. S. 155, das Schreiben des Patriarchen ebd. S. 181–182, der große Brief Friedrichs mit der Schilderung der Ereignisse (S. 91 f.) ebd. S. 173–178, die Verse (S. 93) Kantorowicz 1, S. 186. Zu S. 94 Heinisch, Friedrich II. (Briefe), S. 220–21. Der Brief an die Sarazenen (S. 97) ebd. S. 222. Bitonto: Die Interpretation folgt Schaller, in: Stupor mundi 2, S. 229–324 (jetzt auch gesammelte Aufsätze, dort neuere Literatur). Roger von Wendover (S. 97) Heinisch, Friedrich II. (Briefe), S. 220. Oria: Tommaso Martini, Oria e il suo castello svevo, Roma 1933. Die Predigt ist übersetzt von Gunther Wolf in Stupor mundi 2, S. 543–551.

Kapitel 6 (Vater und Sohn des Rechts): Zu den Konstitutionen von Melfi neben den im Abschnitt Quellen genannten Werken (dort auch eine deutsche Übersetzung), ansonsten Heinisch, Friedrich II. (Briefe), S. 225–235. Der Brief Gregors IX. (S. 99) Heinisch, Friedrich II. (Briefe), S. 228. Anna Laura Trombetti Budriesi (Hrsg.), Il Liber augustalis di Federico II di Svevia nella storiografia, Bologna 1987. Wolfgang Stürner, Rerum necessitas und divina provisio. Zur Interpretation des Prooemiums der Konstitutionen von Melfi (1231), Deutsches Archiv 39, 1983, S. 467–554. Paolo Colliva, Ricerche sul principio di legalità nell'amministrazione del regno di Sicilia al tempo di Federico II, Seminario giuridico della Università di Bologna 39, Mailand 1964. Das Triumphtor von Capua: Carl Arnold Willemsen, Kaiser Friedrichs II. Triumphtor zu Capua. Ein Denkmal hohenstaufischer Kunst in Süditalien, Wiesbaden 1953 (von dort stammen die Übersetzungen der Quellen). Dazu die Besprechung von Friedrich Baethgen im Deutschen Archiv 11 (1954/55) S. 623, dessen Kritik weithin akzeptiert ist, wohl aber zu kurz greift, da ikonographisch seit der Antike iustitia und concordia eng verwandt sind. Beat Brenk, Antikenverständnis und weltliches Rechtsdenken im Skulpturenprogramm Friedrichs II. in Capua, in: Musagetes. Festschrift Wolfram Prinz, Berlin 1991, S. 93–103. Peter Cornelius Claussen, Die Statue Friedrichs II. vom Brückentor von Capua (1234–1239), in: Festschrift Hartmut Biermann, Weinheim 1990, S. 19–39. Herrscherportraits: Zur Episode in Ravenna (S. 109) Heinisch, Friedrich II. (Briefe), S. 277–78. Guido von Kaschnitz-Weinberg, Bildnisse Friedrichs II. von Hohenstaufen, Mitteilungen des deutschen Archäologischen Instituts. Römische Abteilung 60/61, 62 (1953–55), S. 1–21 und 1–52. Helmut Buschhausen/Johann Szilvassy, Die Anwendung der forensischen Ähnlichkeitsdiagnose zur Identifizierung der antikisierenden Bildnisse Kaiser Friedrichs II., in: Ritratto ufficiale e ritratto privato. Atti della II conferenza sul Ritratto Romano, Rom 1988, S. 197–217 (dort weitere Arbeiten von Buschhausen genannt). Peter Cornelius Claussen, Bitonto und Capua. Unterschiedliche Paradigmen in der Darstellung Friedrichs II., Schriften zur staufischen Geschichte und Kunst 13, Göppingen 1993, S. 77–124. Zur Exultetrolle M. Avery, The Exultet Rolls of South Italy, Princeton 1936. Gerard Burian Ladner, The »Portraits« of Emperors in Southern Italian Exultet Rolls and the Liturgical Commemoration of the Emperor, Speculum 17, 1942, S. 181–200. Otto H. Becker, Zur Bedeutung der Farbe Grün für die späten Staufer, in: Festschrift Heinz Löwe zum 65. Geburtstag, Köln/Wien 1978, S. 490–502 (gegen Schaller, dem aber die Interpretation folgt). Zum Beamtenstaat: Wilhelm E. Heupel, Der sizilische Großhof unter Kaiser Friedrich II. Eine verwaltungsgeschichtliche Studie, Schriften des Reichsinstituts für ältere deutsche Geschichtskunde 4, Leipzig 1940. Zitat S. 155–156 Heinisch, Friedrich II. (Briefe), S. 497. Fiskalpolitik und Wirtschaft: Erich Maschke, Die Wirtschaftspolitik Kaiser Friedrichs II. im Königreich Sizilien, in: Stupor mundi 2, S. 349–394. James M. Powell, Medieval Monarchy and Trade. The Economic Policy of Fredrick II in the Kingdom of Sicily, Studi medievali 3a ser. 3 (1962). Wichtig dazu auch die Ausführungen in der Biographie von Abulafia, von dort (S. 224) auch die Übersetzung des Zitats auf S. 116f..

Kapitel 7 (Im Zenit der Macht): Foggia als Residenz: Dankwart Leistikow, Die Residenz Kaiser Friedrichs II. in Foggia, Burgen und Schlösser 18, 1977, S. 1–12. Benjamin von Tudela: vgl. Kapitel 1, S. 186: Kantorowicz 1, S. 297, die Warnung vor zu vielem Bauen Heinisch, Friedrich II. (Briefe) S. 375. Zu den Augustalen neben den genannten Katalogen: Herbert Kowalski, Die Augustalen Kaiser Friedrichs II., Schweizerische Numismatische Rundschau 55, 1976, S. 77–150. Hans Wentzel, Der Augustalis Friedrichs II. und die abendländische Glyptik des 13. Jahrhunderts, Zeitschrift für Kunstgeschichte 15 (1952) S. 183–187. Zum Netz von Kastellen: Eduard Sthamer, Dokumente zur Geschichte der Kastellbauten Kaiser Friedrichs II. und Karls I. von Anjou. Die Bauten der Hohenstaufen in Unteritalien. Erg. Bd. 2/1, Leipzig 1912 und 2/3, Leipzig 1926. Dankwart Leistikow, Burgen und Schlösser in der Capitanata im 13. Jahrhundert. Ein Überblick, Bonner Jahrbücher 171 (1971) S. 416–441. Der Einzug in Deutschland (S. 126) Heinisch, Friedrich II. (Briefe) S. 302, der Brief zum Tode Heinrichs (VII.) ebd. S. 309, der Brief an Konrad IV. (S. 129–130) ebd. 314–315. Zitate zu den Lombarden Heinisch, Friedrich II. (Briefe) S. 398–403.

Kapitel 8 (Stupor mundi): Grundlegend sind zwei Studien: Hans Niese, Zur Geschichte des geistigen Lebens am Hofe Kaiser Friedrichs II., Historische Zeitschrift 108, 1912, S. 473–540. Charles Homer Haskins, Science at the court of the Emperor Frederick II, in: Ders., Studies in the History of Medieval Science, Cambridge 1924, S. 242–271 (4. Aufl. New York 1960). Vgl. auch ders., Studies in mediaeval culture, Oxford 1929. Antonio di Stefano, La cultura alla corte di Federico II imperatore, Bologna 1950. Sergio Gensini, Politica e cultura nell'Italia di Federico II. Centro di Studi sulla civiltà del tardo medioevo. Collana e ricerche 1, Pisa 1986. Vgl. auch die Sammelbände zur Renaissance des

12. Jahrhunderts in Kapitel 1. Michael B. Wellas, Griechisches aus dem Umkreis Kaiser Friedrichs II., München 1983. Michael Scotus und der »Liber introductorius«: L. Thorndike, Michael Scot, London 1965. Zitate: Heinisch, Friedrich II. (Briefe) S. 77ff., zum Astrolabium (S. 141) ebd. 254, zur Heilkunst (S. 142–144) ebd. S. 94–96. Medizinische Sammelhandschrift: Ein vollständiges Faksimile bietet der Band Medicina Antiqua. Codex Vindobonensis 93, hrsg. von Franz Unterkircher/C. H. Talbot, Graz 1972. Eine Auswahl der Bilder und eine deutsche Übersetzung bei Hans Zotter, Antike Medizin, 2. Aufl. Graz 1986. »Versuche« Friedrichs II.: Carl Arnold Willemsen, Kaiser Friedrich II. als Wissenschaftler und Jäger, in: Schriften zur staufischen Geschichte und Kunst 2, Göppingen 1971, S. 31–66. Castel del Monte: Giorgio Saponario (Hrsg.), Castel del Monte, Bari 1981. Willemsen Carl Arnold, Castel del Monte. Das vollendetste Baudenkmal Kaiser Friedrichs II., Frankfurt 1982. Heinz Götze, Castel del Monte. Gestalt und Symbol der Architektur Friedrichs II., 3. Aufl. München 1991. Dankwart Leistikow, Castel del Monte. Baudenkmal zwischen Spekulation und Forschung, Schriften zur staufischen Geschichte 13, Göppingen 1993, S. 15–56. »De arte venandi cum avibus«: Willemsen Carl Arnold, Friderici Secundi De arte venandi cum avibus nunc primum integrum edidit Carolus Arnoldus Willemsen 1–2, Leipzig 1942 (Einbändige Taschenbuchausgabe Dortmund 1980). Carl Arnold Willemsen, Kaiser Friedrich II. Über die Kunst, mit Vögeln zu jagen. Kommentar zur lateinischen und deutschen Ausgabe 1–3, Frankfurt 1964–70. (Aus den Ausgaben von Willemsen auch die Zitate, ansonsten vgl. Heinisch, Friedrich II. (Briefe) S. 260–62). Die sizilische Dichterschule (neben den oben genannten Werken und Sammelbänden): Carl Arnold Willemsen, Kaiser Friedrich II. und sein Dichterkreis. Staufisch-Sizilische Lyrik in freier Nachdichtung, 2. Aufl. Wiesbaden 1977 (von dort die Nachdichtung und das Dantezitat). Dante e la cultura sveva. Atti del convegno di studi tenuto a Melfi 1969, Florenz 1970. F. Jensen, The Poets of the Scuola siciliana, New York 1986.

Kapitel 9 (Der Hammer der Erde): Rhetorik der Spätzeit: Friedrich Graefe, Die Publizistik in der letzten Epoche Kaiser Friedrichs II., Heidelberg 1909. Zitat S. 150 Heinisch, Friedrich II. (Briefe) S. 471, 150f. ebd. 421–22, S. 151 ebd. S. 204. Umorganisation des Königreichs und der Lombardei: Margarete Ohlig, Studien zum Beamtentum Friedrichs II. in Reichsitalien von 1237 bis 1250 unter besonderer Berücksichtigung der süditalienischen Beamten, Kleinheubach am Main 1939. Zitate S. 152 Heinisch, Friedrich II. (Briefe) S. 525 und 424–425. Zu Montechristo Kantorowicz 1, S. 468–70, 521 und 498–502 sowie Heinisch, Friedrich II. (Briefe) S. 521. Zu Viterbo (S. 157) und der Flucht des Papstes Heinisch, Friedrich II. (Briefe) S. 545–46 und 558. Zur Apostolischen Armut (S. 160) Heinisch, Friedrich II. (Briefe) S. 605–608, zur Bestrafung der Aufrührer ebd. 613–617. Das kirchenfeindliche Zitat aus dem Brief an Vatatzes (S. 162)

Heinisch, Friedrich II. (Briefe) S. 623 und zum päpstlichen Giftanschlag (S. 163) ebd. 618–620. Das Kastell von Prato: Wolfgang Braunfels, Mittelalterliche Stadtbaukunst in der Toskana, 5. Aufl. Berlin 1982, S. 36, S. 192. Heinz Schomann, Kunstdenkmäler in der Toskana, Darmstadt 1990, S. 455–458. Zu den letzten Jahren und die Problematik Oberitaliens John Larner, Italy in the Age of Dante and Petrarch 1216–1380, London 1965. Gina Fasoli, Aspetti della politica italiana di Federico II, Bologna 1964. Das Gedicht des Enzio aus Willemsen, Dichterkreis (wie Kapitel 8). Zitate zum Tode bei Heinisch, Friedrich II. (Briefe), S. 638–39 und ders., Friedrich II. (Berichte), S. 171–172. Das Grab in Palermo: Grundlegend Josef Deér, The Dynastic Porphyry Tombs of the Norman Period in Sicily, Dumbarton Oaks Studies V, Cambridge/Mass. 1959. Die Nachrichten bei Francesco Danieli, I Regali Sepolcri del Duomo di Palermo riconosciuti e illustrati, Neapel 1784.

Kapitel 10 (Er lebt – er lebt nicht): Das Testament bei Heinisch, Friedrich II. (Briefe), S. 638, der Chronist ebd. S. 639. Zur Symbolik des Sonderaugustalen vgl. Elisabeth Nau, Staufer-Adler, Jahrbuch der staatlichen Sammlungen in Baden-Württemberg 5 (1968) S. 21–56. Ansonsten Franz Kampers, Die deutsche Kaiseridee in Prophetie und Sage, München 1896. Franz Kampers, Vom Werdegang der abendländischen Kaisermystik, Leipzig–Berlin 1924. Karl Hampe, Friedrich II. in der Auffassung der Nachwelt, Stuttgart 1925. Moritz Brosch, Die Friedrichsage der Italiener, Historische Zeitschrift 1976, S. 17–31. Für die Gedichte und das Wagner-Zitat vgl. Ernst Osterkamp (Hrsg.), Sizilien. Reisebilder aus drei Jahrhunderten, München 1986. Das Gedicht des Enzio vgl. Willemsen, Dichterkreis (wie Kapitel 8).

Namensregister

Süditalien zur Zeit Friedrichs II.

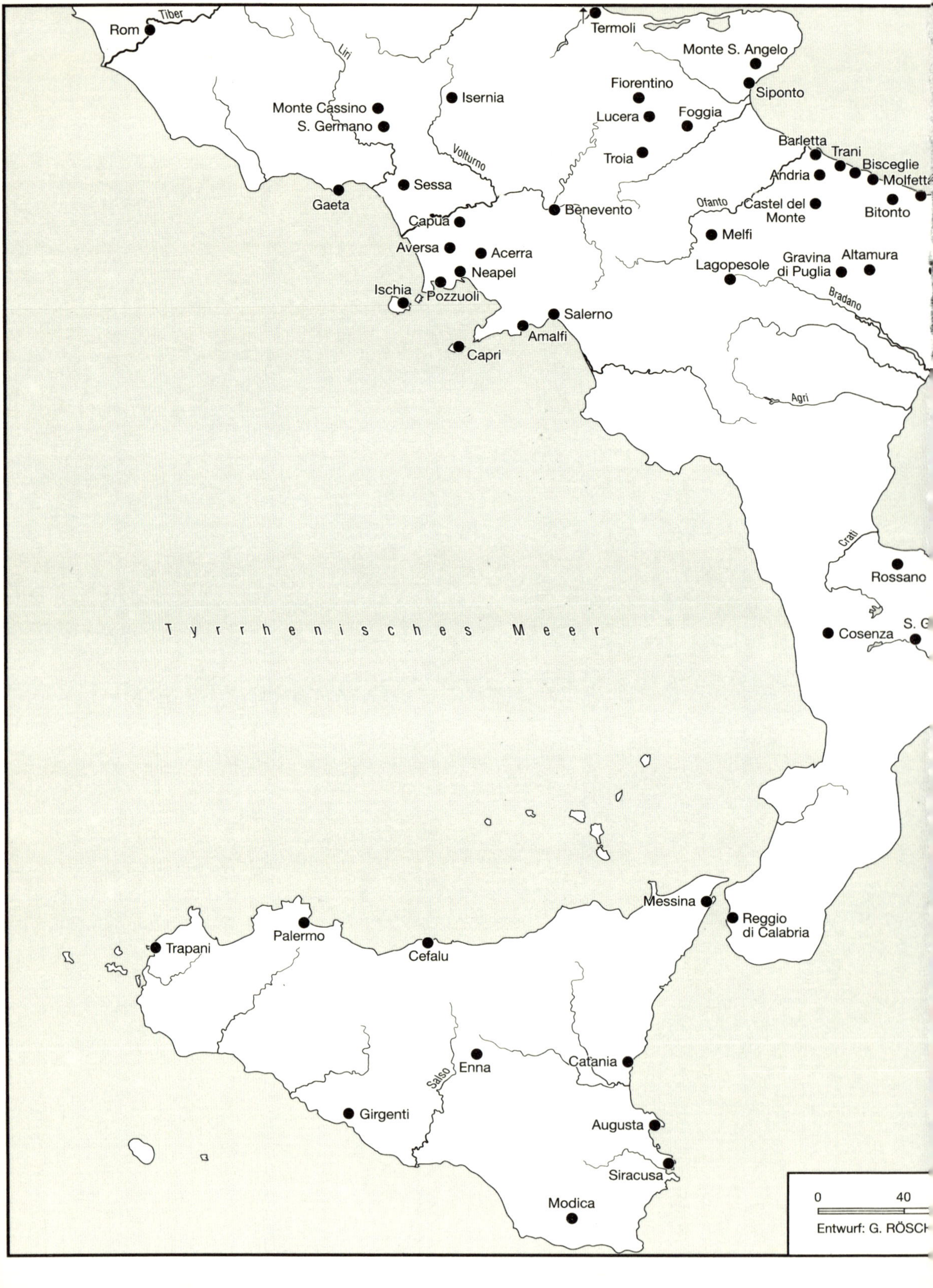